KB112969

무예 자체, 신체 자체를 위한

신체적 존재론

나는 이 책을 세계 무예 마스터십 대회를 창설한 이시종(李始鍾) 충청북도지사·세계 무예마스터십 위원회 위원장에게 바친다. 이 지사는 17대(2004년), 18대(2008년) 국회의원을 지내면서 전통무예진흥법안을 만들었을 뿐만 아니라 5회(2010년), 6회(2014년), 7회(2018년) 충청북도지사를 지내면서 천대받고 있는 우리나라 무예인들의 무예정신을 회복하고, 나라 전체의 상무정신을 회복하기 위해 남다른 노력을 기울인 인물이었다. 아울러 세계 무예 마스터십 대회가 세계 무예인의 올림픽이 되기를 기원한다.

무예 자체, 신체 자체를 위한

신체적 존재론

– 살을 사는 것이 삶이다

My body is not my body.
Mon corps n'est pas mon corps.

나에게 니체, 들뢰즈, 데리다를 말하지 말라. 나는 인류의 멸종을 걱정하는 철학자이다. 나는 인류의 멸종을 지연시키려는 자이다.

"우리(인간)가 찾은 신은 처음부터 유물이고, 기계였던가? 그렇다면 우리가 찾지 않는 신은 우리의 신체란 말인가? 진정한 존재는 우리가 몰랐던 것이 아니라, 결코 보지 못했던 신체였다. 그 신체는 그동안 사유(앎)를 단지 담고 있다고 비하된 신체이다. 그래서 우리는 우리의 신체를 기계로 바꾸고 있는 문명에 대해 경각심을 가져야 한다. 기계가 우리의 또 다른 신체가 되고 만 현대에 이르러 새롭게 깨닫는 사실은 신체야말로 존재라는 점이다. 나는 신체이고, 신체야말로 신과 만나는 지점(집)이고, 신체야말로 존재이고 신이다. 自身, 自信, 自新, 自神이여! 신이 죽은 게 아니라 우리 모두에게 '내가 신이다'. 신체는 존재의 시종(始終)이자, 종시(終始)이다. 더 정확하게는 무시무종(無始無終)이자, 무종무시(無終無始)의 존재이다."

– 박정진

추천사

박치완

한국외국어대학교 철학과 교수, 인문대학장

코로나-19로 전 세계가 몸살을 앓고 있는 때에 우리의 삶과 문화 전체를 다시금 되돌아보게 하는 옥고가 출판되었습니다. 정신, 영혼, 이성, 남성, 권력을 중심에 두고 있는 서양철학의 연구 경향에 대해 통렬한 비판과 반성을 촉구하고 있는 박정진 박사의 『무예 자체, 신체 자체를 위한 신체적 존재론』이 바로 그것입니다.

우리가 매일의 생활에서 사용하는 몸, 단순히 정신의 대상으로서 육체가 아니라 오히려 정신이나 영혼을 담는 그릇으로서의 몸, 신체. 어쩌면 두뇌도 신체의 일부일 뿐인데 그동안 우리는 머리(뇌)에 너무나 큰 의미를 부여한 것은 아닌지…. 이제 우리의 몸, 신체에 대해 본연적 의미와 가치부여를 해야만 하는 시대에 들어선 것 같습니다.

이러한 시대정신을 간파하고 일찍이 새로운 몸철학, 여성철학,

소리철학, 평화철학을 주창해 오신 분이 바로 박정진 선생님입니다. 박정진 선생님과는 그가 〈세계일보〉 초대 평화연구소장 시절부터 가깝게 지냈습니다. 언론인으로서, 인류학자로서 남다른 감각과 문화 통섭적 시각을 가진 분으로 인류의 미래에 대한 깊은 사려와 그의 풍모에서 풍기는 예감적인 분위기에 매력을 느껴서입니다. 나중에 안 일이지만 그는 백 권의 책과 천여 편의 시를 쓴 장인이기도 했습니다.

인류학자로서 가진 동서 문명에 대한 남다른 혜안과 통찰력, 철학과 예술에 대한 깊은 조예, 지칠 줄 모르는 창조력과 생산력, 박 선생님을 뵐 때마다 저는 저의 뇌가 리셋 되는 것을 절감하곤 했습니다. 철학은 대학의 철학과에서만 가르치고 배우는 것이 아니라는 것을 깨달은 것입니다. 제가 한국 동서 철학회 회장(2018년 6월)으로 있을 때 "동양은 어떻게 서양을 계몽했는가?"를 주제로 한 춘계학술대회에 기조강연을 감히 부탁드린 것도 이런 이유 때문이었습니다. 그 자리에서 박 선생님은 "서양철학에 영향 미친 성리학 및 도학"을 발표해주셨고, 그 해 추계학술대회(2018년, 12월)에서는 "'둥지의 철학'은 한국자생철학의 둥지가 될 것인가"를 발표해주셨습니다.

박 선생님께서는 이번에 『무예 자체, 신체 자체를 위한 신체적 존재론』이라는 책을 펴내면서 전체 원고를 보내왔습니다. 그의 신체적 존재론은 메를로-퐁티의 신체적 현상학을 뛰어넘어서 신체 자체를 존재론적 차원에서 논의하는 내용으로 채워져 있음을 확인했습니다. 인간의 신체를 존재론적 차원에서 논의하는 책은 많지 않은 것 같습니다. 이 책은 사물이나 신체에 대한 논의를 사물 자체나 신체 자체에 대한 논의로 깊이를 더하는 것이었습니다.

그의 신체적 존재론은 신체를 육체로 보는 현상학적인 논의와 달리 신체를 존재론적인 차원에서 의미부여하는, 다시 말하면 동양의 도(道)나 불교의 무(無), 공(空)사상 등과 연결하는 차원의 논의입니다. 그렇게 보면 인간의 신체는 주체(주관)-대상이라는 이분법의 대상이 되는 육체(물질)가 아니라 존재의 본질에 이르는 '신비스러운 존재'가 됩니다. 말하자면 인간의 신체는 앎(지식)이 규정하는 육체가 아니라 태초의 신비를 담고 있는 존재라는 뜻입니다.

그의 신체적 존재론에서는 신체를 상징-의례의 틀에서 다루면서 축제나 의례를 신화의 세계와 연결시키고 있기도 합니다. 그리고 스포츠와 무예의 신체적 상징성을 토대로 '몸의 테크닉'과 '몸의 상상력'을 융합함으로써 존재론에 이르고 있습니다. 신체적 존재론은 무엇보다도 신체를 어느 개념이나 이론적 틀에 한정시키는 태도를 지양합니다. 그는 신체의 신성성을 이렇게 묘사하고 있습니다.

"정신의 세계는 세계의 전체성(총체성, 존재 그 자체)을 잃어버리고 세계의 개별화(원자화, 파편화)를 시도함으로써 세계의 신성성을 잃어버렸다. 그렇지만 인간에게 신체가 있는 한, 그 신체를 통해서,

신체의 수련과 경기라는 실천을 통해서 '훈육된 몸'을 관객에게 전달함으로써 그 신성성을 달성한다. 스포츠 경기장에서의 선수와 관객이라는 것은 거대한 의례(축제, 제의)에 참가하고 있는 원시인과 같다. 이것이 바로 '희생제의로서의 스포츠'의 의미이다."

박 선생님은 인간의 문화를 크게 신화(mythos)와 과학(logos)으로 분류하면서 신화의 계열에 '신화와 축제-스포츠와 예술'을 놓고, 과학의 계열에 '역사와 철학-과학과 기술'을 대치시킵니다. 스포츠와 예술의 언어는 바로 신화의 신체적 언어인 상징적 의례, 혹은 의례적 상징을 부활시키는 것이라고 말할 수 있기 때문일 것입니다.

올림픽 경기의 상징성과 의례성에 대해 많은 글을 발표해온 그는 최근 인류학적 철학, 철학적 인류학에 남다른 관심을 보이면서 특히 비교인류학적인 입장에서 서양의 철학과 동양의 도학을 논하는 것을 즐겨합니다. 그에 따르면 철학은 존재를 이데아나 이성, 이론이나 체계로 바꾸는 능력을 말합니다. 신체적 존재는 그러한 철학의 전통적인 프레임이나 굴레를 벗어난 철학입니다.

신체적 존재론은 동서철학의 밖에서(정확히는 위에서) 철학을 들여다본 것이고, 그렇기 때문에 철학 자체에 대한 반성적 작업으로서 신체를 동원하는 가무나 무예에 대해 언급하고 있습니다. 철학은 전통적으로 이론(competence, langue, theoria)에 속하지만 인간의 삶이라는 것이 결국 활동(performance, parole, praxis)일진

댄 후자의 입장에 대한 철학적 권리를 회복할 필요가 있음을 환기시키고자 하는 것이 바로 그의 신체적 존재론의 핵심입니다.

신체적 존재론은 그의 '삶의 철학'에 대한 결정판이라 할 수 있습니다. 『네오샤머니즘』(2018)에 이은 그의 이번 역작은 한국적 철학의 새로운 탄생을 알리는 신호탄이라 할 만합니다. 동서철학의 비교작업에 이은 한국자생철학의 탄생에 목표를 두고 있는 그의 최근 작업에 응원과 감사의 말씀을 함께 전합니다.

코로나 19로 전 세계가 새로운 가치와 문명의 질서를 요청하고 있는 오늘날, 이 땅에서 『무예 자체, 신체 자체를 위한 신체적 존재론』이 탄생한 것을 더 없이 기쁜 마음으로 공감하며 독자 제현에게 이 책을 두 손 모아 추천하는 바입니다.

2020년 12월

박치완

추천사

공종원

전 조선일보 논설위원

　박정진 선생은 인류학자로서 남다른 시대정신과 함께 그것을 개념화할 수 있는 능력과 문화 통섭적 시각을 가진 분이다. 그는 언론인으로서 자랑스러운 후배이지만 서울대학교에서 철학을 전공한 나로서는 가끔 만날 때마다 철학적 담론을 나누는 사이이다. 그는 이미 백 권의 책과 천 편의 시를 쓴 글쓰기의 장인이기도 하다.

　박 선생은 인류학적 인문학, 철학인류학 등의 이름을 내걸고 그동안 철학 관련 학회에서도 기조강연을 하는 등 성가를 높여왔다. 그는 한국하이데거학회(59차), 한국해석학회(119차)가 공동주최한 2017년 한국현대유럽철학회 하계학술발표회(중앙대학교, 7월)에서 "존재론의 미래로서의 네오샤머니즘"을 발표했다.

　그가 이번에 상재한 『무예 자체, 신체 자체를 위한 신체적 존재론』은 메를로-퐁티의 신체적 현상학을 뛰어넘어 신체 자체를 존재론적 차원에서 논의하는 내용으로 구성되어 있다. 모르긴 해도 인간의 신체를 현상학이 아닌 존재론적 차원에서 논의하는 책은 드물었던 것 같다.

평소에 불교에 관심을 가져온 나로서는 그의 신체적 존재론이 동양의 도(道)나 불교의 무(無), 공(空)사상과 연결되는 것에 공감하는 바가 많다. 우주를 생멸하는 존재로 보는 그는 인간의 신체가 주체(주관)-대상(객관)이라는 이분법의 대상이 되는 육체(물질)가 아니라 존재의 본질이나 신과 만나는 신비스러운 존재로 보는 것 같다. 신체는 앎(지식)이 규정하는 육체가 아니라 태초의 신비를 담고 있는 존재로 우리에게 다가오게 된다.

올림픽경기의 상징성과 의례성을 주제로 박사학위를 받고 많은 글을 발표해온 그는 특히 비교인류학적인 입장에서 서양의 철학과 동양의 도학을 대비하는 것을 즐겨한다. 그에 따르면 철학은 존재(자연)를 존재자(존재하는 것)의 관점에서 설명하는 능력을 말한다. 그리고 신체적 존재론은 그러한 철학의 전통적인 프레임이나 굴레를 벗어난 새로운 철학이다.

흔히 신체는 육체라는 의미로 통하고, 메를로-퐁티에 의해 신체적 현상학으로 이해되어 왔다. 신체적 존재론이라는 말은 신체와 존재론이 또 다른 차원에서 통합된 인상을 받는다. 아무튼 신체적 존재론은 살아있는 세계에 대한 필자의 독창적인 명명이라고 보여진다. 죽은 철학, 잠자는 철학이란 조소를 받는 우리 철학의 현실에서 펄펄 살아 숨 쉬는 철학의 약동성이 느껴진다.

차(茶) 전문잡지 「차의 세계」의 편집주간인 저자와 나는 자주 만나서 차를 마시며 다담을 나누는 사이다. 그런 인연으로 나는 이미 여러 차례 저자의 저술에 추천사를 쓴 바 있다. 저자의 첫 철학 저술이라고 할 수 있는 『철학의 선물』 『선물의 철학』 『일반성의 철학과 포노로지』 『니체 동양에서 완성되다』 등에서 추천사를 쓴 것이 그것이다. 여러 차례 추천사를 써온 나로서는 그 어느 때보다 기대감이 크다. 그도 어느 덧 고희를 넘었기에 인생의 결산 같은 묵직한 내용이 담겨있을 것 같기 때문이다.

저자는 인문학 서적 100여 권을 집필할 정도로 왕성한 필력을 보여 왔다. 이에 더하여 최근에는 '박정진의 인류학토크'를 통해 인류문화와 철학에 대한 강의를 종횡무진 전개하고 있다. 주술에서 언어상징, 과학기술에 이르는 인류문화의 원시고대에서부터 현대에 이르기까지 일관성 있게 설명하고 일이관지하는 모습은 새삼 괄목상대하게 한다.

그는 한·중·일 삼국의 차(茶) 문화에도 일가견을 가지고 있다. 나는 그와 더불어 여러 번 세계선차문화교류대회에 참가하면서 우정을 나누었다. 그는 무예(武藝)에도 상당한 조예를 드러내고 있다. 충주에서 열린 '제1회 세계 무예 마스터십 대회'에서 기조강연을 할 정도이다.

무예 자체, 혹은 신체 자체에 대한 존재론적인 해석을 필요로 하는 시대에 맞추어 빛을 본『무예 자체, 신체 자체를 위한 신체적 존재론』은 그의 무예사랑과 철학공부가 만나서 빚어낸 작품임에 틀림없다. 신체를 가지고 무예와 스포츠에 종사하는 사람들에게 큰 감명을 줄 것이라고 기대된다. 끝으로 저자의 인문학자로서의 행운을 빌어본다.

2020년 12월

숭봉(崇峰) 孔鍾源

추천사

이시종

충청북도지사, 세계 무예마스터십 위원회 위원장,
유네스코 국제무예센터 이사장

우리 전통무예의 생생한 역사를 담아낸『한국의 무예 마스터들』의 출판과 함께 세계 무예 마스터십의 철학을 논의한『무예 자체, 신체 자체를 위한 신체적 존재론』이 자매처럼 출판된 것을 진심으로 축하드립니다.

세계 무예 마스터십 관계자들도 마스터십 대회의 철학을 정립하기 위해 그간 노력을 해왔습니다. 그것이 바로 무예 마스터십 대회의 삼재(三才)라고 할 수 있는 '존엄과 융화, 평화와 공존, 수행과 배려'였습니다. 그리고 그 비전으로서 '자아완성, 인류평화와 화합 조성, 인간과 자연의 능동적 관계수립'이 채택되었습니다. 그러나 이것이 근대올림픽을 부활시킨 쿠베르탱의 올림피즘처럼 철학적 맥락의 수준에는 아직 도달하지 못하였습니다. 그런데 이번에 박정진 박사의 수고를 통해서 마스터십 대회의 철학적 논의가 이루어진 것을 참으로 기쁘게 생각합니다.

언제부터인가 우리 한민족은 중국의 문화적 압도에 밀려 사대를 하다가 무예의 독립정신을 잃음과 동시에 서서히 민족적 정체성을 상실하기 시작하여 일제 식민지가 되는 비운을 맞이했습니다. 철학이 없는 민족은 역사에서 사라지기 마련입니다.

전통무예는 반만년 역사의 우리 민족이 수많은 외침을 받을 때마다 나라를 수호하고 한민족을 결속시킨 호국무예로서 민족의 혼과 함께 역사의 굽이굽이마다 면면히 배어 있습니다. 하지만 일제 강점기에 도입된 일본무도와 서양에서 들어온 스포츠에 가려 점점 설자리를 잃고 국가로부터도 아무런 지원 없이 방치된 상태에 있었습니다.

이에 전통무예의 뿌리를 보존·계승·발전시켜 우리 무예 문화유산이 올곧게 후대로 이어질 수 있도록 해야 한다는 절박한 심정으로 당시 국회의원이었던 저는 2005년 10월, 31명의 동료 의원과 함께「전통무예진흥법」을 발의하였고, 2009년 3월 법이 시행되었습니다.

역사적으로 '무(武)'는 개인에게는 신체단련과 정신수양의 수단이고 국가에는 자주성과 독립성을 유지하는 기반이었습니다. 그러나 아직도 우리 사회는 '武(무)'를 문화의 주체로 바라보지 않고 있습니다. '문(文)'을 숭상하고 '무(武)'를 천시하는 조선 성리학의 뿌리 깊은 역사가 남아 있는 것입니다. 대부분의 국가들은 '무'를 근간으로 존립하였으며 그 위에 '문'이 더해지면서 찬란한 문화를 꽃

피웠습니다. 이제라도 '무'와 '문'이 함께 존중받는 사회가 되어야 합니다.

아무쪼록 이번에 출간되는 『무예 자체, 신체 자체를 위한 신체적 존재론』이 무예인들과 후손들에게 자신감과 자부심을 불러일으켜 국가의 독립정신을 다지는 초석이 될 것을 충심으로 기대합니다.

2020년 12월

이시종

머리말

　나의 신체적 존재론에 이르는 길은 동서고금의 철학이 도달할
수 있는 길 가운데 결코 쉬운 길이 아니었다. 우선 신체적 존재론
의 신체는 정신이 규정한, 소위 객관적으로 바라보는 물질로서의
육체가 아닌 그 무엇이다. 이것은 보편성이라는 이름으로 추구하
는 추상의 세계가 아닌 그 무엇이고, 초월적 관념론이 추구하는 형
이상학의 세계가 아닌 그 무엇이다. 그렇다고 이것을 형이하학이
라고 하면 종래 형이상학과 형이하학을 가른 이분법의 족쇄에 걸
려버리게 된다.

　인류는 철학이라는 이름으로 구체의 세계(존재)를 잃어버린 지
오래되었다. 도리어 가장 극단적으로 관념적이고 추상적인 세계를
가장 구체적이고 질료적인 세계인 것처럼 착각하는 전도된 의식
속에 살고 있는 것이 현대인이다. 현대는 자유-자본주의든 공산-
사회주의든 모두 유물론과 과학 기술 만능의 기계적 환경에서 살

고 있다. 지독한 물신 숭배 속에 살고 있는 셈이다. 그러면서도 그 전도된 세계를 잘 모르고 있는 것이 현대인이다.

생각하는 인간의 자기기만은 실로 너무나 은밀하게 흘러넘쳐서 마치 야바위처럼 눈 깜짝할 사이에 미끄러지면서 스스로를 속이고 있기 때문에 여간 의식에 침잠하지 않고서는 이 속임수를 알 길이 없다. 오늘날 서구 중심의 인류 문명이 이룬 성과는 인문학(철학)의 절대론(유심론과 유물론)과 자연과학 기술이다. 몇몇 서양 철학자들이 과학 기술 문명에 대항하여 본래존재의 면모를 찾으려고 안간힘을 쓰고 있지만 기술 문명의 도도한 흐름을 거스를 수 없다.

세계를 물질로, 육체(노동)로 규정한 마르크시즘이야말로 가장 고도의 추상이며 관념이라는 것을 아는 것은 웬만히 이름난 철학자라고 해도 힘든 일이다. 더구나 추상이 바로 기계라는 것을 아는 것은 더욱 힘들다. 몇 해 전에 숨진 프랑스의 세계적인 철학자 질들뢰즈조차도 '추상 기계'라는 복합어를 만들어냈으니 그것을 모른다고 할 수 있다. 누가 쉽게 알 수 있으리. '손으로 잡을 수 있는 물질성의 기계가 어찌 추상이라는 말인가!'라고 사람들은 생각할 것이다. 바로 그렇기 때문에 구체의 존재론인 신체적 존재론에 도달하기는 어렵다고 말하는 것이다. '세계는 신체이다!' 이 말을 기억하고 넘어가자.

인류사를 통해 볼 때 철학과 음악의 작곡은 남성의 전유물처럼 되어왔다. 그 이유는 잘 모르겠지만 철학은 고도의 추상화(개념화) 작업이고, 음악은 보이지 않는 소리의 언어화(부호화) 작업이기 때문일 것이다. 그런 반면에 남성의 철학은 생성되는 존재, 생멸하는 생명에 대해서 무지하다. 남성의 철학은 세계를 보편과 추상으로 만들어버리고 끝내 세계를 기계(기계적 세계, 물리적 세계)로 만들어버리고, 세계를 기계처럼 조작하고자 한다. 이는 분명 세계가 본래 있는 대로 있는 존재(본래존재)가 아니라 인간의 대뇌가 규정한 대로, 언어화된 세계로 있게 하고, 자기가 규정한(설계한) 세계를 여행하는 것에 불과한지도 모른다.

흔히 남성들은 아이를 낳는 '여성의 자궁'을 마치 '아이 낳는 기계'처럼 연상하고, 공장에서 제품(공산품)이 생산되는 것처럼 생각하는지도 모르겠다. 그래서 여성의 아이 낳는 행위에 '생산(生産)'이라는 이름을 붙였는지도 모르겠다. 흔히 남성들은 자연을 자연과학과 동의어로 생각한다. 남성들은 대체로 추상적·관념적·기계적 삶을 산다. 이에 비해 여성은 구체적·신체적·생물적 삶을 산다. 이것은 자연이 인간의 남녀에게 부여한 숙명인지 모르겠지만, 그로 인해 철학의 운명은 추상과 기계의 덫에 걸렸다. 바로 추상과 기계의 덫에서 탈출하려는 철학이 신체적 존재론이다.

신체적 존재론은 머리를 많이 쓰는, 자신의 머리가 좋다고 생각하는 오만한 사람들, 흔히 철학자들이라고 하는 사람들은 이해하기 어려울 것이다(철학은 어쩌면 유물론으로 종말을 고했다). 그래서 스포츠맨이나 무예인, 무용가, 사냥꾼, 그리고 신체에서 출발할 수밖에 없는 예술가들에게 우선 호소할 수밖에 없다. 예술은 얼핏 머리로 하는 것 같지만, 예술의 상상력이나 상징은 신체(질료)로부터 발동을 걸어서 머리에서 완성된 형태(형상)를 잡는 것이다.

신체의 본래존재성(본성)이나 자연 본래의 권위를 회복하는 일은 과학 기술 문명이 고도로 발달한 지금 그 무엇보다도 중요한 일이다. 어쩌면 신체로부터 세상의 모든 일을 생각하는 것은 인간의 행불행을 좌지우지할지도 모르는 긴박한 일이다. 그러한 점에서 신체적 존재론은 시대정신을 개념으로 잡아내는 철학의 사명에 충실한 것일 수밖에 없다. 왜냐하면 현대인은 신체를 잃어버리고 이미 '기계화된 환경'에서 '기계적인 육체'로 살고 있기 때문이다.

신체적 존재론은 우리가 살고 있는 세계가 사물(물질)이나 기계로 가득 찬, 그렇고 그런 무미건조한 '세속적인 세계'가 아니라 지금도 천지 창조가 일어나고 있는 태초의 '성스러운 세계'이며, 지금도 시시각각 생멸하고 있는 세계를 인류에게 되돌려준다는 점에서 '일상의 종교의 출발점'이라고 할 수 있다. 신체적 존재론을 이해한다면 세계는 바로 성소(聖所)이며, 내 몸이 바로 교회가 된다는 성경의 진실을 터득하게 될 것이라는 점에서 일종의 철학적 복음(福音)과도 같다.

니체는 기독교를 '대중적 플라토니즘'이라고 했다. 나는 반대로 철학을 '대중적 기독교(종교)'라고 말하고 싶다. 나는 세계의 신체(존재)로부터 존재의 소리를 듣는다. 그 소리의 공명(共鳴)은 세계가 무시무종(無始無終)의 세계, 하나의 세계라는 것을 시시각각 깨닫게 해준다.

생멸(生滅)하는 존재(본래존재)를 생사(生死)의 세계(존재자의 세계)로 해석한 인간현존재는 시간적 존재라는 삶의 조건을 벗어날 수 없다. 인간을 죽음이 예정된 '죽을 인간'으로 규정한 하이데거는 종말 구원을 기다리는 초기 기독교인들의 역사를 개인의 존재사에 대입시킨 존재론을 전개할 수밖에 없었다. 어쩌면 인간은 스스로 자아와 시간을 만들었기 때문에 스스로 죽을 수밖에 없는 운명적 존재가 되었는지도 모른다.

하이데거의 존재론은 이 책에서 전개되는 신체적 존재론에 의해 보완되고 있음을 독자들은 기억해 둘 필요가 있다. 아무튼 서양 철학자들은 '구성된 세계'와 '생성되는 세계'를 구분하지 못하는 천재들이다. 이는 생성(生成)을 구성(構成)으로 해석하지 않고는 못 배기는 문화적 습벽·편견이라고 할 수 있다.

신체적 존재론은 나의 철학적 위상인, 종래 보편성의 철학에 대한 일반성의 철학, 개념 철학에 대한 소리 철학, 남성 철학에 대한 여성 철학, 전쟁 철학에 대한 평화 철학, 기계 철학에 대한 생태 철학의 종합판이라고 할 수 있다. 나의 신체는 태초가 함께하는, 창조와 종말이 함께하는, 신이 함께하는 성소다. 나아가서 만물은 각자 자신의 신체를 가진 만물만신(萬物萬神)이다.

나의 최근 저작인 『위대한 어머니는 이렇게 말했다』『네오샤머니즘』에 이어 어려운 출판환경에도 불구하고 선뜻 이 책이 세상에 빛을 보게 해준 심만수 사장과 편집진 여러분에게 고마움을 표하고 싶다. 이 원고의 첫 독자가 되어준 진형준 교수(전 홍익대)에게도 동학의 동지로서의 마음을 다시 확인해 본다. 그리고 이 철학서가 나오기까지 항상 철학적 대화를 통해 최고의 완성도를 높인 조형국 박사(한국현대유럽철학회 대회협력이사)에게 감사를 드린다.

　나이가 들면 생각이 같은 사람을 만나거나 생각이 같지 않더라도 이야기를 나눌 수 있는 사람을 만나거나, 다행스럽게도 완전히 통하는 사람을 만나면 이보다 좋은 일은 없다. 그래서 공자님도 "먼 데서 친구가 왔으니 이 또한 즐겁지 아니한가"라고 했는가 보다. "남이 나를 알아주지 않아도 성내지 않으면 군자가 아니겠는가"에 이르는 것은 쉽지 않다. 더구나 "70세가 되어 마음을 따라 욕구를 해도 법도를 넘지 않았다"는 경지는 부럽기 짝이 없다. 부처님과 공자님과 예수님의 말씀이 하나처럼 들린다. 그 말씀들은 자연의 소리처럼 내 귓가에 울린다.

2020년 11월 17일 칠순을 맞으며

心中 박정진

차례

추천사_박치완 5

추천사_공종원 11

추천사_이시종 15

머리말 18

1. 신체와 상징, 그리고 문화 ——————— 27

2. 제의적 상징체계로서의 스포츠 ——————— 35

3. 신체적 상징-의례와 신체적 존재론 ——————— 47

4. 스포츠와 무예의 상징적·신화적 성격 회복 ——————— 67

5. 존재로서의 신체를 위하여 ——————— 73

6. 신체적 존재론을 위한 철학인류학적 경로 ———————— 105

7. 몸은 육체가 아닌 세계 그 자체다 ———————— 207

8. 도학(道學)으로서의 철학 ———————— 263

9. 신체적 존재론과 평화에 대한 철학인류학적 해석 ——— 273

10. '알-나-스스로-하나' 철학 ———————— 313

Abstract: 신체적 존재론 – 신체는 존재이다 343

부록: 천지인 사상과 세계 무예 마스터십 대회 349

박정진 박사 논문 총목록 372

심중(心中) 박정진(朴正鎭) 연보 375

1

신체와 상징, 그리고 문화

인간의 상상력은 어떻게 일어나는가? 인간의 상징(象徵, symbol)은 또한 어떻게 일어나는가?

대부분의 사람들은 상상력과 상징이 인간의 대뇌에서 출발하는 것처럼 생각한다. 과연 그럴까?

아마도 이것은 인간의 정신 중심주의 혹은 인간 중심주의의 결과라고 할 수 있을 것이다. 인간이 자신을 중심으로, 또한 호모 사피엔스의 특징인 생각하는 힘을 중심으로 상상하고 상징한다고 주장하는 것은 불합리한 것이라고 할 수 없을 것이다.

인간은 그 정확한 연대를 알 수는 없지만 언제부턴가 자신의 머리를 중심으로 세계를 구성하고 해석하기 시작한 것 같다. 신체는 머리를 받치는 혹은 머리를 담고 있는 그릇에 불과한 것이 되었다. 정신은 신체의 지배자나 명령자가 되었고, 마치 하늘(天)의 천부적 특권을 받은 양 행세하기 시작했다. 특히 이러한 정신 우위론은 심신 이원론에 기초해서 근대 합리론을 전개한 데카르트에 의해 심화된 것 같다.

발생학적으로 보면 머리가 먼저 생기는 것은 아니다. 그런데 우리는 마치 머리에서 신체가 시작되는 양 착각을 하고 산다. 머리는 신체의 일부에 지나지 않는다. 살갗의 피부 세포가 형성되듯이 머리 세포가 형성된다는 것을 알면 우리는 머리에서 발생하는 모든 우주적 사건이나 해석을 어떻게 해석해야 할까? 우주에도 도덕과 윤리가 있을까? 참으로 난감해지지 않을 수 없다. 동시에 양성(兩性) 생물의 재생산을 위한 섹스가 도덕적 잣대로 판단되어야 하는 당위성을 어디에서 찾아야 할까?

인간의 이성이 욕망과 긴밀한 관계에 있다는 것을, 더욱이 욕망이 신체적 이성이고 이성은 대뇌의 욕망이라는 것을 안다면, 우리는 인간의 문화라는 것에 대해 새로운 정의를 하지 않을 수 없다. 우리는 아래의 명제를 금과옥조로 삼을 수밖에 없다.

모든 문화는 인간에 의해 구성(構成)된 것이다.
모든 존재는 생성(生成)된 것이다. 지금도 생멸하고 있다.
구성도 생성의 일부다. 대뇌가 신체의 부분인 것처럼.
모든 구성된 것은 새로워지지 않으면 안 된다.

여기서 '구성'이라는 말에 주목할 필요가 있다. 보통으로 생각하는 이상의 결정성과 함의가 있기 때문이다.

구성은 사물(thing=it)과 시공간(time-space)과 텍스트(text)와 테크놀로지(technology)로 외연을 한없이 넓힐 수 있는 개념이면서 인간의 힘(권력)이다. 필자는 이것은 '4T'라는 개념으로 묶어서 인간 문명, 특히 서구 근대 문명의 특징으로 설명한 바 있다.[1] 한마디로 구성이 없다면 현상(대상)도 있을 수 없다는 점에서 구성은 현상과 같은 개념이다.

이에 비해 '생성'은 '구성'과 반대되는 개념으로, 바로 생멸하는 존재 그 자체를 말하는 것이다. 그런 점에서 생성은 존재와 같은 개념이다. 그렇기 때문에 생성은 인간이 손과 생각과 언어로 잡을 수 없는 것이다. 만약 인간의 생성하는 신체가 인간이 잡을 수 있는 물질로 구성된 육체나 기계가 아니라면 그 신체를 한없는 상상과 상징의 출발점으로 삼아도 좋을 것이다.

존재에 대한 깊은 이해는 개별적인 존재 이해(기표적記標的 이해, 기표 연쇄)에서 다시 존재의 깊은 연대를 통해 존재를 통찰(洞察)하는 것(기의적記意的 이해, 의미 연대)인데, 여기에 이르면 '구성된 존재'가 아니라 존재의 거대한 흐름이나 존재의 바다를 만나게 된다. 존재의 바다에 침잠한 자만이 어떤 세계의 기원(origin)이 될 수 있는 자격을 갖추게 되며, 존재를 새롭게 구성할 수 있는 힘을 얻게 된다. 이때의 새로운 구성은 구성이라기보다는 생성에 속한다. 그

1　박정진, 『평화는 동방으로부터』(행복한에너지, 2016), 246~251쪽.

런 점에서 인간의 구성도 존재의 생성의 한 지류라고 할 수 있다. 존재의 거대한 흐름이나 존재의 대양(大洋)이 바로 필자가 말하는 신체, 즉 '존재론적 신체' '신체적 존재'라고 말할 수 있을 것이다.

인간은 누구나 자신의 삶(행복한 삶)을 위해서 세계를 구성한다. 그런 점에서 집단-역사적 존재(현상학적 존재자)이기 이전에 개인-존재적 존재(존재론적 존재)다. 이 지점에서 구성 철학과 존재 철학은 접점(경계)을 이룬다. 존재 철학은 구성 철학의 밖에서, 혹은 구성 철학의 근원(근거 아닌 근거)에서 존재를 보고 있다는 점에서 존재 철학이라고 비유할 수 있을 것이다. 존재 철학은 텍스트 밖에서 텍스트를 보고 있는 철학이라고 말할 수도 있다. 그런 점에서 존재 철학의 진리는 '사유 진리'가 아니라 '존재 진리'가 된다.

하이데거의 존재론을 두고 프랑스 철학자들은 "존재는 누구인가?"라고 묻는다. 현상학적 전통의 프랑스 철학자들에게는 '누구(who)'가 불분명한, 혹은 관념론적 성격의 하이데거 존재론을 참을 수 없었을 것이다. 그래서 프랑스 철학은 존재의 현상학에 머물게 된다. 바로 독일의 관념론적 존재론과 프랑스의 현상학적 존재론의 제3의 통합(변증법적 통합)을 위해 필자의 신체적 존재론이 등장하게 되었다. 신체론 존재론은 바로 그 '누구'의 자리에 '신체'를 집어넣은 것이다. 따라서 신체적 존재론이 진정한 존재론이 되기 위해서는 그 신체는 인간에게만 해당되는 신체가 아닌, 만물에 해당하는 신체가 되어야 하는 것이 분명하다.

문화학자들은 처음부터 신체를 소외시키는 데 익숙하다. 문화학자들은 상징이나 은유(metaphor)를 비신체적인 맥락(non-somatic context)에서 바라본다. 그 대표적인 학자가 레슬리 화이트(Leslie A. White)다. 상징은 기본적으로 언어의 문제이고, 언어는 비신체적인 것이 될 수밖에 없기 때문이다. 화이트는 상징을 상징물(象徵物, symbolate)이라고 말하기도 했다.[2] 그러나 비언어적인 신체가 가지는 상징성(symbolism)을 간과하는 것은 인류의 문화, 그것도 특히 축제나 의례를 파악하는 데 실패할 수밖에 없다. 도리어 신체는 비언어적이기(말이 없기) 때문에 더 풍부한 상징, 다원다층의 의미를 내포하고 있고, 그것을 운반하는 매개라고 할 수 있을 것이다.

과연 신체는 우리가 흔히 말하는 육체이고, 혹은 물질일까? 여기에 필자는 오래 동안 회의를 품어왔다. 우리가 육체·물질이라고 하는 것은 알고 보면 정신이 규정한 것에 지나지 않는다. 정신이 자연(자연적 존재)을 대상으로서 바라보고 그것에 물질·육체라는 이름을 붙여주었다. 인간의 정신은 자연을 바라볼 때 '대상적 사유'를 하는 기관이다. 그 결과가 자연을 으레 '사물(thing)'이라고 명명하게 한다. 인간의 인식은 너무도 자연스럽게 자연적 존재를 사물로 보는 것을 당연시 여긴다. 자연과 신체는 인간의 정신(주체)의 대상으로서 존재하는 것인가?

인간은 오래전부터 언어를 사용하는 상징적 존재로서 존재해 왔

---

2   레슬리 A.화이트, 이문웅 옮김, 『문화의 개념』(일지사, 1978), 40~55쪽.

다. 상징이 신체적 동작을 수반할 때는 의례(ritual)라고 부른다. 말하자면 인간의 문화는 '상징-의례'의 연속이라고 할 수 있다. 상징-의례는 현대에 이르러 담론의 시대를 맞아 '언설(discourse)-실제(practice)'의 모습이 되었지만, 그 뿌리는 같은 것이라고 할 수 있다.

인간은 '말을 하면서 행동을 하는 존재'다. 이것을 스포츠에 빗대어 말하면 거꾸로 '행동을 하면서 말을 하는 존재'로 역치시킬 수 있을 것이다. 그리스의 고대 올림픽은 희생 제의를 경기의 정점으로 하여 구성된 스포츠 제의다. 이때 제의라는 말은 장례(葬禮)와 제례(祭禮)를 함께 포함하고 있다.

올림픽이 평화를 지향하는 것은 경기의 승자에게 월계관을 씌워주고 그 승자를 제우스 신에게 바치는 제의를 실행하기 때문이다. 이 상징적인 의례를 통해 올림픽 게임은 승자가 패자를 지배하고 노예화하는 역사적인 전쟁과는 정반대의 모습을 보여준다. 올림픽 제의의 기발한 발상은 '왜 승자를 제물로 했느냐'에 있다. 승자가 평화를 지향하지 않으면 인류 사회에 평화는 결코 존재하지 않는다. 그만큼 평화는 승자의 선택권에 속하는 것이기 때문이다. 인류의 지혜는 승자 희생이라는 것을 통해 전쟁과 전쟁의 사이에서 잠시나마 평화를 유지하였던 것이다.

고대 올림픽이 쿠베르탱에 의해 근대 올림픽으로 부활한 것은 참으로 인간의 신체가 가지는 상징성 회복에 결정적인 영향을 끼쳤음은 물론이고, 신체가 가지는 평화에의 상징성과 메시지를 집약해서 전달한 획기적인 사건이었다. 곰곰이 생각해 보면 올림픽은 물론이고 스포츠는 근대적인 희생 제의라고 할 수 있다. 그 희생 제물(victim)을 받은 주인공은 신(divinity)이 아니라 수많은 관객(spectator)이다. 그런데 그 관객은 제물을 받으면서 동시에 제물을 바치는 희생 제의의 주체(sacrifier)이기도 하다.

쿠베르탱은 이 점을 선각적으로 인식한 인물이며, 올림픽 철학자라고 할 수 있다. 그의 올림피즘(Olympism)은 근대 종교들이 정신(경전)을 특권화하는 것에 반해서 몸의 중요성과 상징성을 일깨움으로써 신체(의례)의 신성(神性)을 회복한 사상이라고 할 수 있다. 그는 종교의 사원(temple)을 대신하는 것으로서 김나지움(gymnasium)을 떠올렸으며, 올림픽 메인 스타디움은 거대한 제의 장으로 관중을 압도하게 하였다.

그는 "예전보다 더 많은 거대한 우상들이 숭배를 받고 있지만 우상의 닫힌 입술로부터는 어떠한 신탁도 나오지 않는다"고 말하고, "우리 시대에는 실제로 어떤 대중 종교도 더 이상 가능하지 않다"고 선언했다. 쿠베르탱의 이 말은 올림픽의 제의성과 신성성을 세계에 선포하는 발언이었다. 의례의 중요성을 잃어버린 현대인에게 내리는 그의 경고였다. 그의 메시지는 올림픽을 통해 현대인의 종교성을 신체의 의례를 통해 회복하겠다는 의지의 발현으로 보이기에 충분했다.

2

제의적 상징체계로서의 스포츠

스포츠로서의 몸은 흔히 '몸의 테크닉(body technique)' '테크닉으로서의 몸'을 의미한다. 이때의 테크닉이라는 말은 신체를 조작하고 사용하는 방식 혹은 기술을 의미한다. 이것은 신체로부터 '몸의 상상력(body imagination)'을 어떤 방식으로든 제한하는 것을 말하고, 나아가서는 신체로부터 고정된 기능 이외의 의미를 제한하는, 다시 말하면 신체적 기능 이외의 다른 상상적 의미, 다원 다층의 의미를 없애는 것을 의미한다. 그런 점에서 스포츠는 '몸의 테크닉'과 '몸의 상상력'의 교집합 혹은 교차점에 있다.

신체는 분명히 지금 여기에서 생멸하는 생명체임에도 불구하고, 고정된 기능(의미)을 덮어씌움으로써 도리어 의미를 없애는 것을 의도한다. 그런데 스포츠의 과정, 즉 신체적 훈련 과정과 경기 과정은 이러한 테크닉으로 점철되어 있는 데 반해 스포츠 전체로서의 의미, 과정적 의미는 인간의 어떤 문화적·예술적 행위보다도 상징적 의미, 의례적 의미로 가득 차있다. 이는 신체야말로 상징과 의미를 일으키는 존재 그 자체이기 때문이다.

이는 마치 언어가 의미를 발생시키는 수단(기호)이지만, 동시에 언어가 의미를 고정시키는 역할을 함으로써 의미를 제한하는 것에 비할 수 있다. 언어의 진정한 의미가 역설적이게도 무의미에 이르는 것으로써 보다 많은 의미, 상징적 의미, 은유적 의미를 생산하는 것과 유사하다. 인간의 문화에서 언어의 역할과 스포츠에서 테크닉의 역할은 매우 유사한 것 같다.

언어는 의미이면서 동시에 무의미이듯이 스포츠는 테크닉이면서 동시에 테크닉이 아니다. 여기에 신체의 존재론적 의미가 있다. 인간의 관습과 문화는 제도적 존재자를 자연적 존재로 은연중에 인식하게 하고 있는데 스포츠도 여기서 예외가 아니다. 문화적 인간은 언어와 테크닉을 마치 자연인 것처럼 받아들임으로써 자신도 모르게, 무의식적으로, 신체적으로 자연의 거대한 상징과 의례에 참여하게 된다. 그러한 점에서 인간의 문화는 '몸의 세계'에서 '정신의 세계'로의 후퇴라고 말할 수 있다.

정신의 세계는 세계의 전체성(총체성, 존재 그 자체)을 잃어버리고 세계의 개별화(원자화, 파편화)를 시도함으로써 세계의 신성성을 잃어버렸다. 그렇지만 인간에게 신체가 있는 한, 그 신체를 통해서, 신체의 수련과 경기라는 실천을 통해서 '훈육된 몸'을 관객에게 전달함으로써 그 신성성을 달성한다. 스포츠 경기장에서 선수와 관객이라는 것은 거대한 의례(축제, 제의)에 참가하고 있는 원시인과 같다. 이것이 바로 '희생 제의로서의 스포츠'의 의미다.

희생 제의를 뜻하는 '새크리파이스(sacrifice)'는 성스럽다는 뜻의 'sacer'와 만든다는 뜻의 'facere'가 조합된 라틴어 단어 'sacrificium'을 어원으로 한다. 희생 제의에는 무언가를 성스럽게 하는 행위라는 의미가 들어있다. 희생 제의는 희생 제물을 매개로 하여 실현되는 세속과 신성의 커뮤니케이션(소통)이다. 따라서 희생 제물이 무엇인가에 따라서, 또 그것을 어떻게 처리하는가에 따라서 제의의 성격이 달라진다.

희생 제의는 제물에 성스러움을 응축하고 다시 이 성스러움을 희생 주체나 특정 대상에게 전달하는 것을 목적으로 한다. 즉, 희생 제의는 제물을 통해 성스러움을 생산하고 관리하고 분배하는 역할을 수행한다. 더욱이 희생 제의는 성스러움 만들기에서 그치는 것이 아니라 성스러움을 효과적으로 전달하고 전파하는 데 더 많은 관심을 갖는다. 이러한 관점에서 스포츠 제전을 '신체 에너지의 의례적인 희생 제의'라고 정의한 데이비드 샌슨(David Sansone)의 주장은 같은 맥락으로 받아들여진다.[3]

신체 문화의 의례적인 현상은 동서양을 불문하고 광범위하게 분포되어 있다. 소가와 쓰네오(寒川恒夫)는 고대 올림픽의 종합 격투기인 판크라티온(pankration)과 중앙아시아의 격투기를 동일한 장

---

3   이창익, 『종교와 스포츠: 몸의 테크닉과 희생제의』(살림, 2004), 61쪽.

례 의식과 제례 의식으로 분류하였으며, 일본의 스모(相撲), 몽골의 부흐(bökh), 중앙아시아의 크라쉬(kurash), 이란의 주르하네(zurkhane) 등 전통 스포츠(traditional sports and games)를 제례 의식의 신체 행위로 규정하였다. 이러한 소가와의 의견을 구체적으로 표현한 미야모토 도쿠조(宮本德藏)의 스모와 제례 의식에 대한 주장을 살펴보면 다음과 같다.

머리카락을 틀어 올리고 손과 발은 강하고 두텁고 부인과도 같은 풍만한 가슴을 가진 두 사람은 서로 맞잡고 힘을 겨루는 모습보다는 동양의 전통 호흡법인 아음(阿吽)의 호흡을 하고있는 두 역사의 모습을 통해 동양 신체 문화의 정수를 볼 수 있다. 아음의 호흡은 내뱉는 '호(呼)'와 들이 쉬는 '흡(吸)'의 아음의 호흡 방법으로, 영령으로써 기(氣)를 겨룬다.[4]

이와 같이 일본의 스모는 주체자인 리키시(力士)의 신체를 통해서 신성(神性)과 세속(世俗)의 매개적 존재로서 스모가 이루어지는 장소인 도효[土俵]의 신성함을 강조한다. 리키시의 신체 테크닉을 통해서 신의 존재를 확인하고 이를 통해 당해 년의 길흉화복을 점복(占卜)하는 신성한 신체로서 인식된다.

한편 김복희는 그리스의 고대 운동 경기와 희생 제의라는 관계

---

4 宮本德藏, 『力士漂白』(講談社, 2009), 12쪽.

에서 고대 그리스인들의 제전 경기에 주목하였다. 특히 고대 그리스 올림피아 제전 경기의 창설 목적을 사회적 위기를 극복하는 중요한 메커니즘으로 주목하였다. 즉, 전염병이 발생하고 전쟁으로 사람이 다수 죽게 되자 올림피아 제전 경기를 창설하여 전쟁을 중지하게 함으로써 사회적 위기를 해소했다는 것이다. 이러한 고대 올림피아의 영역에서는 신은 사회적 영역이었으며, 희생 주체는 관객으로 설정하고 희생 제물은 운동선수(athlete)라고 하는 제각기의 역할 분담이 이루어져 있다.

여기서, 희생 제의가 인간과 신이 만나는 다양한 통로 가운데 하나인 것처럼 스포츠 또한 인간과 사회가 만나는 하나의 통로가 되었다. 희생 제의는 사회적 위기를 극복하고 도시 국가 간의 결속을 강화하며 신과 인간의 매개자를 통해서 신성화된 제물들은 다시 숭배자들에게 부활의 양상으로 환원하는 순환적 사회 구조를 이루고 있음을 이해할 수 있다. 이러한 제례 행사에서 운동선수들은 희생 제물이 되기 위해서 가장 우수하다는 것을 인정받아야 했다. 물론 우승한 선수는 제물의 가치가 입증되었다. 따라서 우승한 선수는 몸을 양털 실타래로 장식하고 올리브 관을 썼으며 신들의 대리인으로서 희생 제물에 점화하는 영광이 주어지기도 했음을 알 수 있다.[5]

이러한 신화와 종교를 둘러싼 신체 문화 양태는 점차 인식의 폭

---

5 김복희, "고대그리스 경기와 희생제의", 『체육사학회지』 제15집(2010), 67~82쪽.

을 넓혀오면서 지식의 축적에 의해 계승·발전되었다. 그 시초는 암묵지(暗默知, tacit knowledge)적인 지식 체계로부터 점차 명시지(明示知, explict knowledge)적인 지식 체계로의 전환 과정을 통해 세밀화시켜 왔다. 그 과정에서 가장 큰 역할을 한 것이 문자의 발달과 금속 활자와 같은 인쇄술의 획기적인 문명 이기(利器)였다. 이러한 변화의 연장선상에서 16세기부터 시작된 종교 개혁은 종교와 신체 활동 영역에 그야말로 획기적인 변화를 가져왔다.

종교 개혁이 이루어지기 전 모든 신화와 종교는 전통적으로 몸의 기호(記號)가 신앙 체계를 이룬 주된 기제였다. 이러한 신체 기호는 일상생활에서 발생하는 신체 활동이 아닌, 매우 정제되고 의미가 부여된 움직임을 대상으로 하였다. 신에 대한 경배법이나 교회·성당과 같은 신성한 장소에서의 극히 제한적이고 권위와 위엄이 부여된 신체 행위를 통해 타인과의 공동체적 연대감을 공유한다는 의미에서 신체 행위는 매우 중요한 기제로 해석할 수 있다.

이러한 몸짓에 의한 의례가 쇠퇴하게 되고 말(언어)과 경전에 의존하는 기도와 성서 중심주의가 종교의 정신화(spiritualization) 혹은 내면화(interiorization)와 종교의 개인화(individualization)라는 현상을 가져왔다. 그 결과 종교적인 활동은 현실 공간보다는 내면 공간에서 펼쳐지게 되었으며, 이로 인해 종교의 단위가 집단에서 개인으로 전환되었다. 그리고 종교의 내면화와 개인화를 통해 점차 인간성이라는 범주가 공고해지고 이를 통해 정신의 표준화가 이루어졌다.

이러한 변화는 신체의 암흑기라고 일컬어지는 서양 중세에 대한 반발적 작용에 의해 뚜렷하게 나타나게 되었다. 중세의 주된 교육은 수도원을 통해 이루어졌으며, 철저한 금욕주의에 의해 신체의 억압을 강조하는 교육이 강조되었다.

본래 금욕주의라는 뜻을 가진 영어 단어 '어세티시즘(asceticism)'의 어원은 그리스어 'askesis'다. 이 말은 군인과 운동선수의 육체적인 훈련을 의미한다. 금욕주의는 몸의 훈련, 즉 몸의 테크닉을 통한 구원이라는 관념을 중심으로 한다. 금욕주의는 몸의 훈육을 통해 정신을 성스럽게 조형하는 것이다. 이때 몸은 정신의 거울이 되며, 몸의 테크닉은 항상 정신의 테크닉을 의도한다. 세속적인 몸은 욕망으로 뒤엉켜 있는 것이어서 성스러움을 감당할 수 없다. 따라서 인간이 성스러움에 참여하기 위해서는 인간의 몸을 먼저 성스럽게 만들어야 한다. 그러므로 금욕주의에서는 몸의 성스러움은 정신의 성스러움과 등가적인 것이다.

그러나 종교 개혁을 거치면서 몸의 테크닉은 정신의 테크닉으로 분리되었다. 즉, 몸의 테크닉은 세속의 영역에, 정신의 테크닉은 신성의 영역에 할당된 것이다. 그러므로 중세의 금욕주의는 프로테스탄트 종교 개혁과 무관한 것이 아니며, 외부 세계보다는 내부 세계를 중시하는 이러한 분위기 속에서 그리스도교는 서서히 자신을 순수한 의식의 종교로 정신화시켜 나갔던 것이다. [6]

6　이창익, 앞의 책, 27쪽.

이러한 금욕주의의 신체에 대한 인식은 르네상스와 계몽주의적 인식 체계를 거치면서 점차 세속화되며 교육 체계로서 자리를 잡아갔다. 특히 19세기 독일의 투르넨(Turnen) 국민 체조는 이러한 신체를 통한 강력한 국가 건설을 위한 교육 시스템을 구축하는 데 매우 중요한 역할을 하게 되었다.

서구의 이러한 신체 발달 및 세속화는 근대 올림픽 경기라는 커다란 유럽 중심주의를 잉태하게 되었다. 올림픽은 시대를 초월한 인류 유산이라고 할 수 있다. 고대 그리스인들이 발전시켰던 아곤(agon, 경쟁)과 아레테(arete, 덕성)를 구체화하는 그 끈기 있는 성질은 올림픽 정신의 가장 중요한 구성 요소로서 보존되었고 지속되었다.

근대 스포츠의 출발점을 제공한 윌리엄 페니 브룩스(Wiliam Penny Brooks)와 피에르 드 쿠베르탱, 그리고 자파스(Evangelos Zappas)는 올림픽을 통해 헬레니즘의 이상적인 신체를 세계화하고자 했다. 브룩스는 고대 그리스 체육인들이 추구했던 정신, 신체, 그리고 영혼 발달에 대한 인식에 주목하였고, 1850년 웬록(Wenlock) 올림픽협회를 조직하여 사람들의 도덕·신체 그리고 지성 발달을 증진하고자 하였다. 또한 쿠베르탱과 국제올림픽위원회(IOC)는 원반던지기 같은 경기를 부활시켰고 전설을 토대로 마라톤 경기를 새로이 발명했으며, 고대에는 없던 역도·펜싱·조정·사이클링 같은 유럽적인 경기를 새로 추가했다. 근대 올림픽이 행한 가장 중요한 역할 가운데 하나는 기록(record)과 승리(victory)라

는 요소를 스포츠에 도입한 것이다.[7]

그러나 현재의 유럽을 중심으로 하는 스포츠 경기는 기계론적 신체관에 근거한 체육의 전개 양상으로 변질되었으며, 실제로 과도한 경쟁과 승리 지상주의, 또는 결과 우선주의라는 폐단과 함께 몸으로서 존재하는 우리 인간의 순수한 인간성을 상실시키는 현상에 이르게 되었다. 우리는 유령이 아니라 구체적이고 생생한 몸으로 이 세상에 살아있는 세계 내 존재로서, 대상화되는 다른 존재들과는 다르게, 다른 대상들에게 그 존재의 의미를 부여하면서 스스로의 존재 방식에 대하여 지속적으로 문제 삼아 그 대안을 선택하며 실존하기 때문이다.

신체적 상징은 유동적 전체성으로서의 신체를 말하는 것이면서 동시에 신체의 다의미성을 내포하는 용어다. 인간의 생각에 절대성을 부여한 근대 인간은 과학 기술 문명의 정점에서 도리어 신체가 본래 지니고 있는 존재성 혹은 존재론적 의미에 대해서 다시 생각해 보아야 하는 시점에 이른 셈이다. 말하자면 인간의 정신이 신체를 대상으로 보는, 즉 육체나 물질로 보는 것에 대한 반성이다. 인간의 신체에 대해 우열을 따지거나 지배 대상이나 기계처럼 대하는 태도에 대한 전면적인 부정이다. 인간의 신체 속에는 자연의 선물로서의 존재성으로 인해 이미 축제성이 내포되어 있다.

---

7 Robert A. Mechikoff 외, 김방출 옮김, 『스포츠와 체육의 역사 철학 2』(무지개사, 2005), 405~411쪽.

최근에는 정신 우위의 심신관과 신체론에 대한 반동 작용으로 자크 데리다(Jacques Derrida, 1930~2004)를 중심으로 하는 해체론자들의 주장이 새롭게 조명되고 있다. 이들은 구조화된 기존의 질서인 이성 중심주의와 과학 중심주의, 그리고 이성에 의한 철저한 타자(他者)의 지배 사상이었던 유럽의 근대 주지주의(主知主義) 사상과 근대 스포츠가 타자의 지배를 목적으로 한다는 점에서 문제의 귀착점을 찾았으며, 새로운 관점에서 그 문제의 해결 대안으로서 타자 부정이 아닌 타자 긍정의 대안이 모색되어야 한다고 주장한다.[8]

데리다의 타자 긍정이라는 것이 타자 지배를 완전히 극복하는 것은 아니지만, 타자 긍정을 통해 열린 미래로 나아갈 가능성을 보이고 있다. 오늘날 올림픽이 마치 역사적 전쟁처럼 타자 지배의 모습을 나타내고 있다고는 하지만 올림픽의 본래 정신을 회복할 필요가 있다.

올림픽을 제의적 상징(ritual symbol)의 관점에서 역사적 전쟁과 비교하면 [표 1]과 같은 대비가 가능해진다. 물론 보는 이에 따라서는 제의와 전쟁이 서로 자리를 바꿀 수도 있다. 역사적 전쟁이 도리어 수많은 희생을 치르는 경우도 많기 때문이다. 그렇지만 올림픽 제의는 어디까지나 상징적인 것이고, 역사적 전쟁은 실제적인 사건이다.

---

8 최종균·김종필, "동양무예수행에 있어서 비언어적 수련체계의 의미", 『대한무도학회지』 제18권 3호(2016), 47~48쪽.

[표 1] 올림픽 제의의 구조

	승자가 제물	패자가 제물	제의(상징)	전쟁(실제 사건)
올림픽 제의 (인류의 평화)	+	−	+	−
역사적 전쟁 (지배-피지배)	−	+	−	+

스포츠와 무예의 희생 제의는 무엇을 지향하는가? 바로 인류의 평화다. 올림픽이 승자를 제물로 바침으로써 평화를 지향한다면 전쟁은 승자가 패자를 지배하는 '죽음의 제의'라고 말할 수 있다. 축제는 전쟁을 예방하거나 막는 '평화의 제의'다.

3
―
신체적 상징-의례와 신체적 존재론

고대 올림픽이 제우스 신에게 승리자를 상징적 희생물로 바치는 것에서 그 절정을 이루고, 동시에 평화(평화의 신)를 추구하는 신화체계로 환원되는 것은 미토스(mythos)의 세계를 추구한 것이라고 볼 수 있다. 오늘의 현대인은 미토스보다는 로고스(logos)에 전적으로 의지해서 살고 있다고 해도 과언이 아니다. 그렇기에 역설적으로, 신을 잃어버린 현대인에게 신화의 세계를 다시 돌려주는 것으로서 스포츠의 의미와 기능을 찾아볼 수 있다.

올림픽과 스포츠는 인류에게 잃어버린 본래존재를 깨닫게 하는 제전이면서 인류 구원의 의미마저 있게 된다. 인간에게 미토스와 로고스는 둘 중에 어느 하나를 선택하여야 하는 선택 사항이 아니라 상호 보완적 이야기(신화·전설·설화)–설명(논리·설명·검증) 체계다.

신화와 이야기·노래·음악·드라마·게임·축제 그리고 무엇보다도 인간의 삶은 '반복적·순환적'인 특성을 가지고 있다. 이는 바로 생멸하는 우주(자연)의 리듬을 닮아있기 때문이다. 이에 비해 무엇을 설명하는 논리와 과학, 그리고 소위 앎이라는 지식 체계는 '선형적-인과적'인 특성을 가지고 있다. 과학이라는 것이 그것의 시원과 상관없이 가장 극성한 시기로 볼 때 근대 문명의 특성임이 확실하다면, 발생학적으로 이야기 속에, 혹은 이야기의 변형에 과학을 포함하는 것이 보다 합리적일 것이다. 말하자면 이야기의 상징 구조 속에 과학의 논리 구조가 들어가는 셈이다.

이를 상징-의례론으로 접근하면 설명 체계보다는 이야기 체계가 더 원류(원형)에 가까우면서 우선한다고 볼 수 있다. 호모 사피엔스 사피엔스인 인류의 긴 역사로 볼 때 로고스라는 것은 미토스의 일부로서, 즉 그 기원은 그리스라고 할 수 있지만 근대에서 특별하게 불거진 담론(discourse) 체계라고 볼 수도 있다.

초기 올림픽 우승자들에게 올리브 잎으로 만든 월계관 이외에 별다른 포상은 없었지만 여러 가지 특전을 주었다. 우승자의 출신 도시에서는 기념으로 조각상을 세워주었고, 때로는 경기에서 우승한 영웅을 맞아들이기 위해 일부러 성벽에 구멍을 뚫고 그곳을 통해 들어오게 했다. 특히 일부 도시에서는 우승자를 공적인 행사 때 최고 상석에 앉게 하고 세금도 면제해 주었으며 식사도 무료로 제공한 만큼 그리스 젊은이들이 열광하는 것은 당연한 일이었던 것이다. 이들 경기 제전들은 개인적으로는 평소에 체력 단련을 통해 심신의 건강을 유지하게 하고, 최종적으로 전인적인 인간상을 도모케 하는 한편 승리자에게는 영광이 주어졌다.

올림픽은 집단적으로는 전쟁이 빈번한 시기에 간접적으로 신체적 기량을 겨루는 것을 통해 군사적 잠재력과 우월성도 확인할 수 있는 계기가 되었다고 볼 수 있다. 종합적으로는 신체 경기를 통해 경쟁 욕구를 해소하면서도 정작 실질적인 전쟁은 피하게 함으로써 이웃 나라 국민들 사이에 평화와 친선을 도모하고 우호적인 관계를 다지는 효과를 거두었다.

올림픽과 같은 지구촌 규모의 스포츠 제전과 각종 운동 경기가 신체적 경쟁을 통해 열광에 빠져들면서도 결과적으로 인류의 평화에 기여하는 이유는 무엇인가? 이는 경쟁 자체가 인간의 생존에 따른 욕구와 욕망을 해소할 뿐만 아니라, 규칙에 따른 공정한 경쟁은 승패를 떠나서 경쟁자 모두에게 만족감과 함께 우의를 다질 수 있는 기회를 주기 때문이다. 또 신체를 사용하는 게임은 인간의 공통적 기반으로서의 신체를 확인함으로써 인류애를 느끼는 기회도 되었다. 이를 철학적으로는 신체를 통해 자연적 존재로서의 인간을 회복하기 때문이라고 말할 수 있다.

인간은 일상에서 대체로 제도적 존재 혹은 소유적 존재로서의 삶을 살게 된다. 이는 결국 자신을 어떤 제도와 틀에 얽매이게 한다. 그러나 스포츠 축제의 공간은 이를 벗어나게 한다. 비록 어떤 축제와 제전의 제도적 목적이 있긴 하지만 그 목적은 겉으로 내세우는 것일 뿐, 속으로 달성하는 것은 자연성의 표출, 본능의 충족,

그리고 각종 제도적 압력(stress) ——자연의 생존 경쟁 과정에서 습득된 경쟁 본능과 집단적 구성원으로서의 권력 경쟁 등 ——에 따른 스트레스의 해소, 그리고 총체적으로 인간의 본래존재를 회복하는 행위다.

　그리스 신화는 자연을 신화로 만들었고, 기독교 신화는 예수의 역사를 신화로 만들었다. 신화는 언어로 구성되지만 자연의 신체적 구체성과 이미지와 상징성을 완전히 잃지 않았고, 이에 반해 역사와 종교는 개념과 추상의 언어로 구성되기 때문에 로고스를 중시함으로써 자연의 신체성을 잃어버리게 된다. 그래서 종교는 신체성을 회복하기 위해 의례를 집전함으로써 신화를 회복하게 된다. 신화는 의례를 동반함으로써 고대의 예술 축전이 되었고, 오늘날 스포츠와 예술은 그것의 신체성으로 인해 고대의 신화의 역할을 대신하고 있다고 볼 수 있다.

　신화-축제는 집단적으로 예술 행위를 하는, 살아있는 삶의 퍼포먼스(performance)다. 신화는 옛날의 죽은 이야기가 아니라 오늘도 살아있는 역사이며, 어쩌면 영원히 살아있기에 세대를 이어 전승되는 역사이며, 이를 위해 인류는 역사를 신화로 둔갑시켜 축제를 벌이는 것이다. 이러한 축제에서는 항상 신이 부활한다. 신화가 되지 않는 역사는 어떤 점에서 '죽은 역사' '무의미한 역사'라고 할 수 있다. 역사는 신화가 됨으로써 살아있는 현재가 되고, 신화가 되지 않는 역사는 단지 과거의 기록이나 기억에 지나지 않는다.

　신화는 흔히 유일신의 관점에서 보면 범신론의 체계이지만, 실은 범신론이 아니라 자연을 바라보는 최초의 '시(詩)의 예술'이고 '시의 철학'으로서, 인간이 집단적으로 노래-이야기꾼이었던 시절의 세계관이었다. 신화-시는 본래 하나의 세계였다. 그러던 것이 신화가 철학과 역사로 대체됨으로써 시를 잃어버리게 되었고, 삶의 축제적 성격을 잃어버리게 되었다.

신화는 로고스의 역사와 철학이 아니다. 신화는 미토스로서 언제나 축제와 의례를 통해 살아있는 신체를 동반하여 노래와 이야기를 신체로 소생(蘇生)·부활(復活)시킴으로써 몸을 입게 된다. 이것이 축제의 육화(肉化, incarnation)로서의 기능이다. 축제는 신화적 상징을 신체적 참여에 의해서 현재적이고 실존적인 것으로 부활시키는 문화적 장치인 것이다.

후대의 그리스에서는 플라톤의 이원적 구분을 더 강조해서 로고스(logos, 담론을 뜻하면서 동시에 계산도 뜻하는 모호한 그리스어)를 시인들, 예술가들, 신비론자들에게 할당된—마치 아메리카에서의 인디언 보호구역이 그러했듯이—방법과 대립시키고는 후자를 쉽사리 미토스(mythos, 역시 담론의 하나임에는 틀림없지만, 우화나 환상적인 이미지, 비실증적 비현실성을 지닌 담론으로 경멸적인 의미가 부여된다)의 항목으로 묶어버렸다. 그런데 오늘날 우리는 아주 오랫동안 갈라져 있던 이 두 방식이 서로 접근하더니, 나아가 오늘날의 문명이 가져온 의미론적 공통분모의 품 안에서 서로 합쳐지려는 경향을 목도하고 있다.

현대인은 스포츠와 예술을 통해 잃어버린 신화를 회복하거나 신화의 역할을 대신하게 하고 있다. 따라서 스포츠와 예술은 현대의 살아있는 신화를 접하는 계기가 된다.[9]

인간이 존재를 회복하여야 하는 이유는 좀 더 자연의 삶에 기쁨을 느끼고, 자연의 죽음에 두려움 없이 돌아가기 위함이다. 인간은 두렵기 때문에 욕망의 노예가 된다. 그런 점에서 천국을 간다는 것도 욕망이고, 극락을 간다는 것도 욕망이다. 심지어 깨닫는다는 것도 욕망이다. 모든 것을 놓을 줄 아는 것이 진정한 깨달음이다. '지금, 여기'가 우주의 전부이다. 이것이 평화이고, 나눔이고, 행복이다. 존재를 회복하는 가장 일반적인 방법은 스포츠와 예술의 가치를 아는 일이다. 스포츠와 예술은 '살아있는 신화'이기 때문이다. 스포츠와 예술은 '살아있는 사람의 목소리', '몸의 목소리'이다. 스포츠와 예술을 통해 자연(physics)의 소리를 들으면 삶의 금상첨화이다. 수단과 소유는 인간을 병들게 하고 있다. 자연으로 돌아가는 것이 인간의 할 일이다. 자연은 진정한 '자기(Self)'이다.

스포츠와 예술은 역사적·사회적이면서도 동시에 오감(五感)의 체계에 호소하는 자기체계(self-system)이다. 자기체계는 부분과 전체가 하나이기 때문에 부분이 곧 전체이고, 전체가 곧 부분이다. 바로 신화도 그렇다. 신화는 역사적이고 사회적인 사실도 들어있고, 그

---

9 질베르 뒤랑, 유평근 옮김, 『신화비평과 신화분석』(살림, 2002), 69쪽.

것을 때때로 재료로 삼지만 결코 그 사실을 위한 것이 아니다. 신화, 스포츠, 예술은 인간의 상상력의 산물이다. 인간은 상상력의 우주를 가지고 있고, 그것이 만족되어야 살아가는 이상한 존재이다. 스포츠와 예술은 그러한 점에서 신화이다.[10]

신화를 바탕으로 하는 축제는 신화 체계를 몸에 담은(소화한), 즉 육화(신체화)의 과정 혹은 전시라고 할 수 있다.

신화와 역사의 차이점 가운데 가장 중요한 것은 신화는 대체로 축제를 수반한다는 점이다. 신화는 신체가 참여하는 축제를 통해서 전승되고 체화된다는 점이다. 이에 비해 역사(기술된 역사)에서는 축제가 크게 부각되지 않는다. 역사에도 축제가 수반될 수는 있지만 그것은 매우 변증법적인 것으로서 연극적인 성격이 강하다. 역사의 축제는 신화를 바탕으로 하는 반복성의 축제와는 성격이 다르다.

만약 기술된 역사가 아닌 실제 역사를 역사라고 한다면 이것은 신화적 성격이 강한 살아있는 역사로서 역사라기보다는 신화에 가깝다. 신화는 역사의 젖줄기로서 보다 큰 역사(흐름)라고 말할 수 있지만, 신화의 구비 전승에 비해 역사의 기술성(記述性)을 생각하면 적어도 역사에서는 축제를 크게 부각하지 않는 특징이 있다.

우리가 익히 아는 『삼국사기(三國史記)』에는 축제에 대한 기록이 적은 반면 『삼국유사(三國遺事)』에는 많은 축제가 기록되어 있

---

10 박정진, 『소리의 철학, 포노로지』(소나무, 2012), 604~605쪽.

다. 이는『삼국사기』가 정사(正史)인 반면『삼국유사』는 야사(野史)의 성격이 강하기 때문이다. 신화와 전설·민담을 토대로 한 까닭에 『삼국유사』가『삼국사기』가 생략한 단군에 관한 기록이나 기타 여러 지방의 축제적 성격의 모임을 기록하고 의미 부여를 한 것은 바로 신화와 축제의 친근성을 말해 주고 있다. 축제는 역사를 결정하는 요소는 아니다. 그런 점에서 역사는 비신체적이다. 신화의 축제(festival)는 역사의 실천(praxis)에 대응된다.

신화가 신체를 통해 자연과의 교감이 집단적으로 이루어지는 상징-의례 체계라면, 역사는 자연과 멀어진 상태에서 개념으로 무장된 역사학자가 기술하는 개성 기술적인 작업이다. 신화가 종교적 특성과 연결된다면 역사는 과학과 연결되는 것이라고 볼 수 있다. 그래서 신화-의례-종교, 역사-책(text)-과학의 상관성을 느낄 수 있다. 전자에는 신이 살아있지만, 후자에는 신이 없다.

신화는 과학과 마찬가지로 보편성이라는 우유를 빨아먹는다. 그러나 데스파냐에 의하면, 과학이 하나의 존재하는 것(사상事象, 대상, 검증, 경험 등)을 하나의 공리(公理), 우리가 제기하는 논리·수학적 당위 존재(devoir-être)에 기대어 참조, 설명하는 데 반해 신화는 당위 존재를 그 당위 존재의 토대가 되는 이론적 절대 존재로서의 모델에 기대어 참조 설명한다(그것이 신화와 과학의 유일한 차이이다).[11]

---

11 질베르 뒤랑, 유평근 옮김, 앞의 책, 90쪽.

인류 역사를 원시 고대 신화 시대와 역사 종교 과학 시대로 나누면, 신화 시대의 신과 신화와 대칭되는 것이 역사 과학 시대의 역사와 철학이 된다. 또 신화와 축제의 자리에 스포츠와 예술이 들어간다. 자연과 범신(汎神)의 자리에 종교와 과학이 들어가게 된다. 자연을 종교 체계(교리 체계)로 해석하는 데는 기독교의 영향이 크다. 역사와 철학과 과학은 로고스의 산물이다. 로고스 시대의 절정이 바로 현대 과학이다.

신체에서 시(신화, 음악)·스포츠와 예술이 나오고, 신체에서 멀어지는 쪽으로 역사와 철학, 종교와 과학이 나온다.

신체 〉 시(신화, 음악) 〉 스포츠와 예술 〉 역사와 철학 〉 종교와 과학

인간의 문화를 크게 신화(mythos)와 과학(logos)으로 분류하면, 신화의 계열에 시와 신화-신화와 축제-자연과 범신이 있다면, 과학의 계열에 역사와 철학-스포츠와 예술-종교와 과학이 전자의 대칭의 자리에 있게 된다. 이 중에서 스포츠와 예술은 로고스에 속하지만 그것의 신체적(물질적) 특성으로 인해서 가장 신화와 연속성을 갖는 것으로 볼 수 있다. 스포츠와 예술의 언어는 바로 신화의 신체적 언어인 상징적 의례, 혹은 의례적 상징을 부활시키는 것이라고 말할 수 있기 때문이다.

신화는 비합리적이고 과학은 합리적이라고 생각하는 종래의 인식은 잘못된 것이다. 인류학자인 클로드 레비스트로스는 원주민

[표 2] 원시 고대 신화 시대와 역사 종교 과학 시대

원시 고대 신화 시대(미분화)		역사 종교 과학 시대(분화)	
시와 신화	미토스(mythos)/ 입(mouth)	역사와 철학	로고스(logos)/ 머리(head)
신화와 축제	신화의 축제화(신체화)	스포츠와 예술	축제·예술의 분화·형식화
자연과 범신	만물만신(萬物萬神)	종교와 과학	절대 유일신, 절대 과학

사회의 현지 조사와 연구를 통해 그들도 나름대로 합리적인 사고를 해왔음을 보여주었다. 『야생의 사고(*La Pensée Sauvage*)』를 비롯한 일련의 구조인류학적인 연구물들이 그것이다. 신화의 상징과 과학의 실증은 서로 다른 합리성의 추구라고 말할 수 있을 것이다. 과학을 '인과적(因果的) 신화'라고 말한다면 신화는 '상징적 신화'라고 말할 수 있을 것이다.

하나의 새로운 인류학적 학문을 창안했던 것이니, 그것은 바로 사피엔스 사피엔스(sapiens sapiens)의 기본적인 기능, 즉 인류의 무시할 수 없는 상징화 능력인 '상징적 상상력'에 토대를 두고 있는 것이었다. '인간의 과학(science de l'Homme)'의 온갖 상이한 지평들이 마침내 결합되어(의학, 해부학, 생리학, 정신병리학, 민속학, 사회학, 역사학, 특히 종교사학, 문헌학 등등) 이미지의 힘과 상징의 실재(G. 스타이너가 썼듯이 '실재적 현존réelle présence')'에 대한 발견에 초점을 맞추게 되었던 것이다.[12]

미토스와 로고스의 문제를 좀 더 초월적으로 생각하면 말(language)의 문제가 된다. 인간이 생각을 하고 말을 하는 자체가 초월적인 행위이고, 모든 말은 그러한 점에서 메타언어(metalanguage)다.

메타언어 차원에서 보면 신화와 과학은 대립되는 세계만이 아니라 서로 융합될 수 있는 세계다. 말하자면 신화가 과학의 기능을 할 수도 있고, 과학이 신화의 기능을 할 수도 있다. 왜냐하면 둘 다 말의 자식 - 미토스는 말의 어머니, 로고스는 말의 아버지 - 이기 때문이다.

말은 입에서 소리(parole)를 내는 미토스에서 출발하였기 때문에 결국 로고스는 미토스의 한 유형이 되지 않을 수 없다. 미토스는 입(mouth)과 어원을 같이하고 있고, 말은 결국 신체가 참여하지 않으면 안 되는 특징을 가지고 있다. 미토스는 숨을 쉬는 반면에 로고스는 숨을 쉬지 않는다.

로고스는 신체가 동반되지 않아도 전해질 수 있는 것이다. 따라서 만약 인간이 극단적으로 로고스 중심주의를 취하게 된다면 결국 신체적인 것을 등한시하게 되고 결국 '신체를 가진 인간'의 멸종을 초래하게 될 것이다.로고스의 속성은 최종적으로 추상이고 기계다. 그런 점에서 극단적인 로고스 중심주의의 산물이라고 할 수 있는 자연과학은 장기 지속의 시간으로 볼 때 인간 문명의 암적

---

12 위의 책, 44쪽.

존재라고 말할 수 있다. 과학의 목적과 궁극적 세계관은 '기계적인 세계'이며, 그것에 적응하기 위해서는 인간은 기계(혹은 기계의 노예)가 되지 않으면 안 된다.

로고스를 절대적으로 보는 현대 문명을 치유하기 위해서는 로고스 중심의 현대 문명을 미토스 중심으로 되돌려야 한다. 미토스 중심이 되기 위해서는 신체의 파토스(pathos)를 되살리는 노력이 필요하다. 파토스는 매우 신체적인 것이다. 파토스를 되살리려면 바로 의례와 축제가 절실하다. 이것은 거시적으로는 로고스 문명을 치유하는 효과마저 있는 것이다.

그런 점에서 근대 올림픽이 부활한 것은 과학 기술 문명 만능의 시대에 신체적 인간의 당연한 요구이고, 신의 부름이고, 문화적 구제였다고 말할 수 있다. 문화적으로도 문(文)은 신화에서 완성되고, 무(武)는 과학에서 완성된다고 말할 수 있다.

신화와 역사에 이어 신화와 과학의 비교를 통해 동서양 문명의 차이점을 살펴보면 재미있는 결과를 얻을 수 있다. 동양의 한의학(漢醫學) 체계와 음양오행과 주역(周易)은 신화의 계열에 분류해도 좋을 것 같다. 서양의 물리학과 그리스 철학과 기독교는 과학의 계열에 분류해도 좋을 것 같다. 스포츠와 예술은 동서양을 막론하고 신체와 상징을 특징으로 하는 까닭에 신화의 계열에 속한다고 말할 수 있을 것이다.

신화와 과학을 메타신화(meta-mythos)의 관점에서 보는 것은 인류의 문화를 보다 통합적으로 바라보게 한다. 종래의 신화를 '상

[표 3] 신화와 과학, 동서양 문화

	메타신화(meta-mythos)			
	신화(mythos)-범신(汎神): 상징적 신화-시니피에의 신화		유일신-과학(logos)-수학: 인과적 신화-시니피앙의 신화	
인류 문화	신화·범신론	스포츠·예술	철학·기독교· 과학	경제
동서양 문화	한의학/도학(道學)·주역(周易) (동양)		물리학/그리스 철학·기독교 (서양)	

징적 신화'로 보고 과학의 세계를 '인과적 신화'로 보는 방식은 그 가운데서도 가장 탁월한 방식인 것 같다.

상징적 신화의 세계를 구조언어학적으로 말하면 '시니피에(의미)의 신화'라고 말할 수 있고, 인과적 신화의 세계는 '시니피앙(표상)의 신화'라고 말할 수 있을 것이다. 시니피에의 신화는 다원 다층의 의미를 내포(함의)하는 반면, 시니피앙의 신화는 기표 연쇄의 의미를 외연(표출)한다.

신화와 과학의 구분을 동서양 문명의 차이로 연장할 수도 있을 것 같다. 동양 문명의 핵심은 아직도 신화에 있는 것 같다. 그 이유는 실체(individual, atom)보다는 상징(symbol, image)에 의존하는 경향이 높기 때문이다. 이에 비해 서양 문명의 핵심은 신화에서 과학으로 옮겨간 것 같다. 그 이유는 상징보다는 실체에 의존하는 경향이 높기 때문이다.

동양의 주역은 근대적 자아(ego)에 매달리면 궁극적으로 터득할 수 없다. 주역은 자신을 완전히 비우고 자연의 총체성을 그대로 몸으로 받아들여서 심물일체(心物一體)가 될 때 변화의 이치를 깨달을 수 있기 때문이다. 주역에는 실체가 없이 음(陰)과 양(陽)의 상징만 있다. 서양의 자연과학(물리학)이 '자아(自我)-실체론'의 소산이라면 동양의 주역은 '무아(無我)-비실체론'의 소산이다.

주역은 '변화의 패턴'(64괘)을 상징적·상수학(象數學)적으로 발견하는 것일 뿐, 어떤 실체를 잡은 것이 아니다. 이에 비하면 과학은 실체를 잡는 것이다. 그런데 신화 체계인 한의학이나 주역이 과학적인 효능을 발휘할 수도 있다. 왜냐하면 이 세계는 변화 생성의 세계이기 때문에 상징체계, 상징의 패턴으로 설명하고 이해할 수도 있다. 그러나 주역이 자연과학처럼 무엇을 제조할 수는 없다.

한의학이든 주역이든 전체에서 부분을 보는 방식이다. 전체에서 부분을 본다는 것에는 '부분의 합은 전체가 아니다'라는 의미가 숨어 있으며, 전체를 실체화하지 않는다는 전제가 숨어 있다. 왜냐하면, 전체를 실체화하면 전체가 또 하나의 실체가 되어, 그것과 다른 실체를 계속적으로 요구하게 되기 때문이다. 이는 자연과학이 부분(실체)에서 전체를 구성하는 것과 반대다.

동양의 주역을 배워 간 서양 문명은 이진법(二進法)을 토대로 미적분 체계를 만들어내고, 급기야 '0, 1'의 컴퓨터 체계를 만들어냈다. 상징체계와 이성 체계도 서로 영향을 주고 상보적인 관계가 될 수 있음을 의미한다.

근대의 종교 개혁과 더불어 시작된 기독교의 성서주의는 신체의 상징성에 대한 이해의 측면에서 볼 때는 도리어 불리하게 전개되었다고 볼 수 있다.

종교라는 제도의 유지가 성서 혹은 의례 가운데 어느 쪽에 더 비중을 두는가를 따져보면, 근대 이전에는 아무래도 의례 쪽에 더 의지하는 경우가 많았던 것 같다.

기독교 성서의 경우 라틴어를 전문적으로 구사하는 신부들의 특권적 지위(성서의 독점성과 신분의 신성성)에 비해 일반 신도들의 성서 이해는 매우 제한된 것이었고, 따라서 중세까지는 신도들이 각종 의례에 더 의존했을 것으로 유추된다. 그러다가 종교 개혁 이후 여러 나라는 자국어로 성경을 번역하기 시작했고, 교회 예배에서도 성서의 인용이나 기도의 비중이 점점 높아지기 시작했다. 근대 이전에는 '의례〉성서'였다면 근대 이후에는 '성서〉의례'로 역전되었다. 의례의 비중이 줄어들었다는 사실은 신체적 활동이 줄어들었다는 것을 의미한다.

이러한 현상을 도식화해 보면, 중세의 경우 신체적 개인: 몸-의례-사제-사원(성당)의 비중이 높았던 데 비해 근대에는 정신적 개인: 정신-성서-개인-기도(말)로 중심 이동을 한 것으로 평가된다. 무엇보다도 기도는 신체보다는 '말을 중시하는 의례'였다. 프로테스탄티즘은 세례와 성찬식이란 최소한의 의례를 가톨릭에서 취한 채 전반적으로 탈(脫)의례주의를 보였다. 여기에 더하여, 살아남은 의례마저도 영혼이 없는 기계적인 의례로 변질되었다.

일반적으로 굿(의례) 혹은 놀이의 구조는 말을 중심으로 하는 '풀이(logoména)＝thing spoken'와 몸을 움직이는 '놀이

(dromena)=thing done'로 나뉜다.[13] 이러한 '굿의 구조'에 현대 철학적 개념을 도입하여 풀이를 '말-개념-놀이'와 '말-시·상징-놀이'로 병치시키는 한편, 나머지 놀이는 '몸(신체)·생기(生氣) 놀이'로 해석해 볼 수 있을 것이다. 물론 이러한 병치는 나중에 철학적 전개와 연결됨으로써 철학과 예술과 종교 행위를 굿 혹은 놀이의 분석틀로 연장하여 해석하고자 하는 의도를 가지고 있다. 말하자면 철학도 말놀이에 불과한 것이라는 의도가 깔려있다.

말놀이가 개념을 가지고 놀 때는 해석학적 의미와 더불어 학문과 철학과 과학이 된다. 말놀이 중에는 개념 놀이가 아닌 '시-놀이'도 있다. '시-놀이'는 말의 상징과 은유를 활용하는 예술 행위다. 예술이 자기 분야의 의미소(意味素) 혹은 각 장르의 문법을 가지고 논다고 볼 때, 시는 전형적인 예술의 한 장르다. 심지어 요즘은 일상생활 속의 퍼포먼스조차도 문화 문법(文化文法)에 따른 행위이기 때문에 '생활 예술'로 보기도 한다.

과학의 존재 방식이 수(數)와 X(미지수)였다면, 종교의 존재 방식은 신(神)과 우상(상징)이었고, 예술의 존재 방식은 형상과 시였다고 할 수 있다. 그런데 이들 사이에는 소통과 이해(해석)를 위한 표상이라는 공통점이 있다. 이들을 하나로 묶어주는 개념은 '삶을 위한 퍼포먼스(굿)'라는 점이다.

---

13 김택규, 『한국 민속문예론』(일조각, 1980), 247쪽.

[표 4] 굿·의례의 풀이와 놀이의 구조

굿·의례 (ritual)	풀이 (logoména, thing spoken)	가락(樂, 曲)	말-개념-놀이, 말-시(詩)·상징-놀이	학문(철학, 과학)
		사설(歌, 詞)		예술(시, 노래)
	놀이(droména, thing done)	춤(舞, 踊)	몸-(신체)·생기 (生氣) 놀이	공연·예술
		놀음(伎, 劇)		생활·스포츠 축제

굿은 오늘날 전부 퍼포먼스 개념에 포함시킬 수 있다. 퍼포먼스라는 개념의 요체는 바로 신체가 참여하는 행위다. 부분적이든 전체적이든 인간의 신체가 참여하지 않는 행위는 없다. 따라서 퍼포먼스라는 개념에는 인간의 신체주의가 내재해 있다.

신체주의 혹은 신체성이라는 용어를 물질세계의 육체성으로 받아들이면 필자의 주장을 마르크시즘 계열로 오해할 수도 있다. 하지만 필자가 말하는 신체는 육체-물질을 뜻하지 않는다. 그것은 정신-물질의 이분법을 벗어난 존재의 세계를 말한다. 말하자면 신체성은 물질의 물리학의 세계가 아니라 물(物)의 물학(物學, physis)의 세계와 통한다. 이러한 신체성을 동양에서는 '몸'이라고 말하며 이때의 몸은 '마음'과 분리되지 않는다. 몸과 마음은 한글의 고자 '몸'에서 볼 때도 같은 뿌리에서 출발하고 있다.

개념 놀이와 달리 시 놀이는 어디까지나 차이성을 추구하는 것으로서, 이것은 기의(記意)주의를 표방한다. 기의주의는 다(多)의미, 의미의 중층 구조를 추구하는 것이다. 시나 예술은 텍스트

(text)를 추구하는 것이 아니라 항상 콘텍스트(context)에 따라 의미의 다양성과 풍부함을 목적으로 한다. 시와 예술은 형상화를 통해 일상적 사물에 새로운 '몸을 입힘(肉化, incarnation)'으로써 신체성 회복과 함께 인간으로 하여금 본래존재로의 귀향을 도모하게 한다. 이러한 신체성 회복은 자연스럽게 본래존재의 기쁨과 희열을 느끼게 한다. 축제는 공동체로 하여금 집단적으로 시와 예술의 흥취에 빠지게 하는 집단 행위 예술이다.

스포츠의 입장에서 종교를 보면 언어로 기록된 성서에 의존하는 것보다 몸을 움직이는 의례가 중요하다고 여기는 것은 당연한 것인 반면, 심층심리학의 입장에서 종교를 보면 의례보다 경전을 더 중요하게 여기는 경향이 있다. 프로이트(Sigmund Freud)에게 있어서 성서의 내용은 심리학적인 보고(寶庫)다. 예컨대 프로이트는 종교를 두고 "유아기적인 신경증에 불과하다"고 말한다. 그는 또 신경증과 종교성을 비교하면서 "신경증은 한 개인의 종교성이요, 종교는 인류의 보편적인 강박 신경증"이라고까지 말한다. 특히 프로이트는 사소한 종교 관습이나 의례들이 종교의 본질이 되어버리는 것을 고발하고 의심한다.

이에 비해 스포츠를 몸의 의례로 보는 데이비드 샌슨은 스포츠를 "신체 에너지의 의례적인 희생 제의"라고 말한다. 그에 의하면 스포츠라고 하는 희생 제의의 제물은 '신체 에너지'이다. 이렇게 종교와 희생 제의와 스포츠는 유사성과 함께 공유하는 부분이 있으며, 그곳에는 반드시 몸과 상징(언어)이 공존하고 있다고 해도 과언이 아니다.

오늘날 스포츠 제국주의는 신체의 표준화를 통해 문화적·인종적·민족적인 몸을 파괴하는 데 앞장섰으며, 기록과 승리라는 제도를 통해 인간의 몸을 부단히 계량화하는 대상으로 만들어버렸다. 이러한 스포츠의 방향은 스포츠의 제의적 성격과 멀어지는 것이 되었다. 근대 스포츠는 '몸의 테크닉'에 치중한 나머지 '몸의 상상력'을 억압하였다. 스포츠 제국주의는 '공인된 몸짓'과 '공인되지 못한 몸짓'의 구분을 통해 공인되지 못한 많은 문화적 몸짓들을 파괴해 왔다고 해도 과언이 아니다. 스포츠의 몸의 표준화 작업에서 배제된 혹은 소외된 춤이나 서커스·무예 등은 무의미한 몸짓들이지만, 보다 상상력을 동원하는 기회를 얻음으로써 도리어 '신체의 의례성'을 보존하고 있다고 해도 과언이 아니다. 소외된 무의미한 몸짓들이 역설적으로 그 무의미성 덕분에 보존되고 있다.

인간의 몸은 구조적이긴 하지만, '구성'된 것이 아니고 '생성'된 것이다. 스포츠의 의례적인 요소야말로 신체적 존재의 본래존재를 보여주는 것이다. 폴 발레리(Paul Valéry)는 인간의 몸을 네 종류로 보면서, 인간의 감각·상상력·지성 외에 그 외부에 놓인 미지의 현상과 관련되는 소위 '소용돌이로서의 몸'을 상정했다. 이 몸은 '텅 빈 기호'와 같은 것으로서 '비존재(nonexistence)의 화신(化身)'이라고 했다.[14]

---

14 이창익, 앞의 책, 43쪽.

이때의 '비존재의 화신'이야말로 실은 현상학적 존재(존재자)가 아닌 신체적 존재로서의 몸을 가정한 말이었다.

상상력의 몸은 시간의 선후, 공간의 상하, 생각의 좌우, 존재의 내외를 인식과 존재의 경계로 삼고 있지만, 생성으로서의 몸은 이런 개념들을 넘어선 어떤 몸, 즉 '비어있는 몸＝공(空)＝기(氣)'를 상기케 한다. 이것이야말로 본래존재로서의 신체를 상상케 한다. 결국 "몸(身)이야말로 신(神)"이라는 결론에 도달하게 된다.

우리는 이렇게 생각해 볼 수 있다.

만약 우리 몸(身)이 신(神)이 아니라면, 세계는 처음부터 이분화된 것으로 볼 수밖에 없다.

만약 세계가 이분화된 것이 아닌 하나의 세계라면, 우리 몸은 신이다.

세계의 만남은 몸과 몸의 만남이라고 할 수 있다. 몸과 몸의 만남이 가장 자연스럽게 이루어지는 장(場)은 바로 스포츠와 예술이다. 스포츠는 몸을 재료로 삼음으로서 현대의 '제의의 예술'이라고 할 수 있을 것이다. 다른 예술 분야와 마찬가지로 스포츠에 있어서도 고도의 예술(art, technique)의 경지에 도달하는 것은 바로 의례가 벌어지는 클라이맥스의 현장이라고 할 수 있을 것이다.

4

스포츠와 무예의 상징적·신화적 성격 회복

스포츠는 전쟁 무예에서 출발하였다고 볼 수 있다. 고대 올림픽의 경기 종목들인 단거리 경주·레슬링·멀리뛰기·창던지기·마라톤 등은 모두 전쟁에 필요한 인간의 신체적 단련(정신 단련도 물론 포함)과 능력의 우열을 겨루는 경기였다.

경기의 승자는 제우스 신에게 바쳐짐으로써 평화를 다졌다. 여기서 신에게 승자를 바친다는 행위의 의미는 인류 평화를 위한 참으로 많은 메시지를 내포하고 있다.

전쟁 무예를 인류의 문명 발달사의 측면에서 보면, 다른 생물종과의 생존 경쟁에서 필요했던 사냥 기술을 계승하고 있으며, 이것이 인간 내부의 권력 투쟁(가부장-국가 시대의 등장)으로 변모하는 것과 함께 전쟁 무예로 변했음은 물론이다.

스포츠에는 승부에 집착하는 게임과 그러한 집착이 덜한 놀이의 성격이 공존하고 있다.

전쟁 무예(사냥) → 스포츠(게임, 놀이)

무예와 스포츠는 서로 공유하는 부분이 많으며, 이들의 발달은 전쟁 무기의 발달과 떼려야 뗄 수 없는 관계에 있다. 그렇지만 오늘날 역설적으로 무예는 전쟁 무기의 발달로 인해서 그 필요성이 현저히 줄어든 것이 사실이다. 물론 무인 정신은 전쟁 무기가 아무리 발달하더라도 필요한 것이지만, 그에 따른 신체적 훈련은 아무래도 예전처럼, 즉 몸과 몸이 부딪치면서 사냥과 전쟁을 하던 시절에 비해서는 그 강도가 약할 수밖에 없다. 심지어 현대전은 신체적 훈련보다는 첨단 무기의 사용을 위한 정신적·기계적(계산적) 훈련이 요구되고 있는 실정이다.

오늘날 스포츠는 점점 더 공식화되고 있고, 올림픽에서 공식 종목이 되느냐 마느냐 하는 것은 스포츠 종목의 사활이 걸린 문제로 부상하고 있다. 이러한 스포츠 환경에서 무예도 경쟁적으로 스포츠화를 꾀하고 있으며, 그러한 사정으로 인해서 무예의 본래적 성격이 왜곡되고 있는 실정이다. 인류의 각 문화권의 전통 무예는 올림픽 경기 종목에 비해서는 주변적(marginal) 입장, 소수(minority) 집단으로 몰리고 있는 것도 사실이다. 이와 함께 무예가 누리고(내포하고) 있던 상징적·의례적 성격은 점차 퇴색되고 있다.

오늘날 스포츠 제국주의는 '공인받은 몸'과 '공인받지 못한 몸'을 구분하고 있다. 무예는 후자에 속하는 경우가 많다. 물론 인간의 몸짓이라는 것이 반드시 공인되어야만 유의미하거나, 가치를 창출할 수 있어야만 전수되는 것은 아니다. 무의미한 몸짓들은 무의미하기 때문에 무심하게 전해지는 경우도 적지 않다. 왜냐하면 오늘날 유의미한 것은 또 다른 해석이나 견해, 삶의 현장에서 이익 다툼에 의해서 왜곡되거나 파괴될 수도 있기 때문이다.

무예는 예부터 지극히 의례적인 것이었다고 말할 수 있다. 신체를 동원하지 않을 수 없는 무예는 스포츠와 함께 몸의 제도화·제식화(制式化)를 피할 수 없었을 것이기 때문이다. 그런 점에서 무예인들은 종교를 표방하지 않았다고 하더라도 저절로 종교화되지 않을 수 없었을 것이다. 스승과 제자 간에, 선배와 후배 간에 만나고 헤어질 때 적절한 예절과 의례가 필요하였을 것이고, 사냥이나 전쟁의 출정식에서도 그러한 예식은 반드시 수반되었을 것이다.

중국의 많은 무술이 불교와 도교의 사찰이라는 장소와 밀접하게 관련이 되어있고, 그러한 사찰에서 무술 수련이 오랫동안 이루어지면서 계승되었던 것은 사실이다. 무예의 운명은 오늘날 종교의 운명과 같은 처지에 있다고 말할 수 있다. 오늘날 종교는 이제 성서(언어) 중심에서 탈피하지 않으면 미래를 전망할 수가 없다. 마찬가지로 무예도 무술 방식이나 몸놀림 등에서 고정된 의례에 머물지 말고 생활 속에서 향유할 있도록, 예컨대 건강한 몸과 아름다운 몸매를 가꾸기 위해서 더욱더 예술적으로 변신을 하지 않으면 안 된다.

무술의 예술화를 추구해야 한다는 시대적 사명에 의해서 무술이 '무예(武藝, martial arts)'라는 용어로 정립되는 것은 당연하다. 물론 'art'라는 말은 예부터 기술과 예술을 아우르는 말로 통해 왔지만 말이다. 아무튼 기술보다는 예술의 의미를 강화하는 방식으로 미래의 무예를 정립하지 않으면 활로가 보이지 않는다. 이제 전쟁에서 적을 살해하는 기능으로서의 무술의 의미는 점차 사라지고 있다. 그렇다고 무예의 기술을 부분적으로 스포츠의 기술로 빼앗기거나 무예 자체가 통째로 스포츠화되도록 무예를 방치하게 된다면 머지않아 스포츠만 남고 무예는 사라지고 말지 모른다.

무예의 예술화는 역으로 무예의 상징성과 신화성을 되찾을 때 가능할 것으로 보인다. 말하자면 무예를 신화화하는 스토리텔링 작업이 필요하다는 뜻이다. 그 스토리텔링 작업의 철학적 기반은 바로 신체야말로 인간이 자연으로부터 부여받은 선물이면서 세계 전체와 연결되는, 혹은 태초와 연결되는 '근원적인 일자(一者)'에 도달하는 기술 혹은 훈련임을 강조하는 것이다. 말하자면 인간은 무예를 통해서 '파편화된 세계'나 '부품화된 개인'이 아니라 세계 전체와 대화하는 한편 수련의 정도에 따라 신체가 세계 전체로 귀의할 수 있는, 행운의 의미가 포함된 깨달음에 도달하도록 하는 매개(영매)가 될 수 있음을 자각해야 한다.

다시 말하면 무예 수련은 일상의 삶에서 추구되는 명리(名利)가 아닌, 즉 이익을 추구하지 않음으로써 도리어 자신을 되찾는 뜻깊은 일임을 무예인들은 깨달아야 한다. 존재는 돈과 과학으로 환원되지 않는다. 무예인들은 전장에서 정신을 나라로 집중하지 않으면 바로 죽을 수도 있는 절체절명의 순간에 있기 때문에 항상 '생사의 기로'에 있는 심정으로 적을 대하지 않으면 안 된다. 이를 축약하면 무예인은 '자신의 신체(自身)'야말로 '세계의 근원으로서의 신(自神)'에 도달하는 유일한 길임을 알고 항상 깨어있어야 한다는 뜻이다.

무예 수련 집단은 자연히 종교 수행 집단과 유사한 행태를 보인다. 이는 종교가 '자신의 믿음(自信)'을 통해 '자신의 신(自神)'에 도달하는 것과 다를 바가 없다. 물론 여기서 주의할 점은 '종교의 도그마'와 같은 '무예의 고정된 동작(제식 동작)'을 강요하는 실수를 범해서는 안 된다는 점이다.

진정한 무예인이 되는 길을 니체의 '초인이 되는 길'에 비유하면 다음과 같다.

어떤 동작이나 기술도 배울 때는 과거의 전통이나 스승의 가르침을 따라야 하는 것이지만(You should), 어느 정도 몸 공부와 마음공부를 한 제자들은 점차 자신에게 맞는 도(道)를 찾고자 하기 마련이다(I will). 이러한 과정을 흔히 점수돈오(漸修頓悟)라고 말한다. 완전한 돈오의 경지에 이르면 스승으로부터 완전한 독립을 꾀하게 되는데, 이러한 자유자재한 경지를 역설적으로 어린아이에 비유하기도 한다. 이때의 어린아이란 자신만의 고유한 무예를 찾은 것을 의미한다. 이것을 두고 흔히 예술의 경지에 이르렀다고 말한다. 그야말로 글자 그대로 무예인(武藝人)인 것이다. 무예를 부를 때 '마셜 아트'라고 하는 것은 기술을 습득하는 무'술'에 그치는 것이 아니라 '예'술의 경지에 도달해야 함을 의미한다(I am as I am).

무예인도 이제 다른 지식인과 다를 바가 없는, 당당한 자세와 정신력을 갖추어야 한다. 말하자면 문무겸전(文武兼全)과 무문겸전(武文兼全)이 동등한 가치를 누리게 되는 시대를 열어야 한다. 무예인도 무예로서 대장부나 군자(君子)에 도달하여야 하는 것이 동양의 무덕(武德)이다.

현대인은 그 어느 시대보다 과학 기술 만능의 시대, 기술 사회에 살고 있다. 기술 사회에 살고 있을수록 예술의 가치에 주목하여야 본래인간의 인간성을 잃지 않을 수 있다. 이러한 시대정신에 부응할 때 비록 현실적으로는 '공인받지 못한 몸'이거나 '소외된 무예인'이 될지라도 그것을 뛰어넘는 새로운 무예인의 상을 정립할 수 있을 것이다.

신체가 점차 중요해지는 시대가 되면 무예와 스포츠·예술에 종사하는 사람들이 존재 가치를 더 높이게 될 것이다. 신체는 신이 거주하는 장소로서 중요한 것이 아니라 신체 자체가 신이라는 관점에서 신체를 성스럽게 바라보아야 한다. 눈에 보이는 사물을 대상으로 보지 않으면 그것이 바로 존재가 되듯이, 신체를 대상(육체, 물질)으로 보지 않으면 그것이 바로 존재가 된다. 그런 점에서 신체적 존재를 깨닫는 것은 한없이 어려울 수도 있지만 그 반대가 될 수도 있다. 깨달음은 항상 여반장(如反掌)인 것이다.

5

존재로서의 신체를 위하여

1) 대상으로서의 신체(육체, 물질)

이상에서 논의한 주제를 철학적으로 요약해 보면, 결국 인간의 대상적 사유의 결과로서 인간의 신체를 육체나 물질로 보는 종래의 타성에서 탈피할 것이 요구되고 있다.

인간의 인식은 세계(자연)를 대상으로 보는 특성이 있다. 이는 물론 인간이 생각하는 존재, 코기토(cogito)적 존재라는 것과 결부된다. 감각 중에서 특히 눈(eye)에 크게 의존하고 있는 인간은 존재와의 거리 두기(사이-존재)를 통해 세계를 대상으로 볼 수밖에 없는 신체적 조건에 있다.

이러한 대상적 사유는 눈앞에 펼쳐져 있는 존재(現前的 존재)를 사물(thing)로 볼 수밖에 없으며, 그러한 인식의 특성은 자신이 인식한 대로 사물이 존재하는 것(존재자)으로 인식하는 타성을 보인다. 이것이 바로 존재(본래존재)를 존재자(존재하는 것)로 보는, 혹은 거꾸로 존재자를 존재로 보는(착각하는) 현상학적 상호 왕래를 피할 수 없게 하는 원인이 된다. 서양철학의 대부분의 내용이 바로 현상학적 상호 왕래의 소산이다.

오늘날 유심론(절대정신론)과 유물론(절대유물론)의 대립은 실은 현상학적 왕래의 소산에 불과하며, 이는 세계(사물)에 대한 이분법적 인식과 그것에 따른 절대주의의 폐해다. 마르크시즘은 서양철학의 초월적 관념론(헤겔의 절대관념론)을 지상에 내려오게 해서 시간적으로 펼친 것에 불과한 지독한 추상이고 관념론이다. 마르크시즘이 역사적 유물론으로 구체화되는 것은 이 때문이다. 마르크스는 존재를 논함에 있어 헤겔의 유심적(唯心的) 존재자를 유물적 존재자로 바꾼 서양철학의 거봉이며, 마르크시즘 계열의 철학자들은 모두 그의 아류들이다.

그렇다면 우리는 세계(존재)를 어떻게 보아야 하는가? 이러한 대상적 사유에서 벗어나는 노력의 일환으로 등장한 것이 바로 주체적 시각이다.

2) 주체(정신)로서의 신체

철학적 사유에 있어서 '대상에서 주체로의 이동'은 겉으로 보기에는 대단한 새로운 시도인 것으로 보였다.

주체로의 이동에서 가장 현저한 특징은 인간의 실존을 발견하였다는 데에 있다. 서양철학의 존재론(하이데거)이든 실존주의(사르트르)이든 여기에 속하는 것이지만, 이들은 현상학적 시각의 특성이라고 할 수 있는 주체-대상의 프레임과 상호 작용을 벗어날 수 없었다.

이러한 현상학적 사유의 한계는, 정확하게는 주체 없는 대상, 거꾸로 대상 없는 주체는 논의할 수 없다는 데 있다. 현상학적 사유는 주체와 대상의 어느 한편에서 시작할 수밖에 없다는 사유의 조건을 인식하는 데에 만족할 수밖에 없었다. 그래서 주체는 그것의 초월적 특성으로 인해서 초월적 주체를 계속해서 설정할 수밖에 없었고, 마찬가지로 대상은 영원한 대상을 계속해서 설정할 수밖에 없는 한계를 노출하였다. 이는 주체로서의 사유가 '권력의 계보학' 등 철학의 새로운 영역을 개척하였지만, 그것의 한계로 인해 '주체로서의 신체(철학)'도 '대상으로서의 신체(철학)'의 대안이 될 수 없음을 발견하게 한다.

주체(subject)는 본래 대상(object)의 종속적인 위치(subject to object)에서 출발하였다. 그러던 것이 근대 정신의 출발과 더불어 주체(I=subject)가 대상의 주인이 되는 듯한 제스처를 취하게 되지만, 결국 주인의 자리에 좌정하는 데 실패하고 만다. 그것이 철학적으로 '주체의 종말' '텍스트의 종말' 등으로 대표되는 흐름이다.

존재는 주체도 대상도 아니다. 존재는 유심도 유물도 아니다. 존재는 신체를 동반한 삶(생활)의 생멸이라는 점에서 랑그(langue: 문법, 법칙, 원리, 작곡, 학문)이기보다는 파롤(parole: 발화, 생활, 실천, 연주, 예술)에 속한다.

인간의 삶은 이 둘을 융합한 종교적 삶이다. 이때의 종교적 삶이라는 것은 특정 종교의 삶을 지칭하는 것이 아니라 생활 자체가 총체적으로 종교적인 모습을 띠게 된다는 의미다. 그런 점에서 유신(有神)과 무신(無神)의 대립은 무의미하다. 내 몸이 존재이고 신인데(몸＝존재＝신) 그것이 객관적으로 있느냐 없느냐를 따지는 것은 현상학적인 설왕설래, 즉 공리공론에 불과하다.

현상학적 '존재신학'이 아닌 '존재론 신학'의 의미 맥락에서 종교적인 삶에는 랑그와 파롤이 동시에 있다. 랑그가 파롤에, 파롤이 랑그에 영향을 끼치면서(feedback) 살아가는 것이 모든 생명, 만물의 삶이다.

3) 현상으로서의 신체(신체적 현상학)

주체라는 말에는 이미 '초월'의 의미가 내재해 있다. 대상이라는 말에는 이미 '영원'이라는 의미가 내재해 있다. 그래서 현상학의 세계는 간단하게 말하면 초월적 주체와 영원한 대상이 서로 원환(圓環)을 이루고 있는 세계다. 이러한 원환을 거꾸로 돌아가면 '환원(還元)적인 세계'가 되고, 앞으로 나아가면 '회귀(回歸)적인 세계'가 된다. 결국 이들 세계는 현상학적인 세계다.

우리는 인간의 신체가 현상학적 주체-대상의 프레임에 의해 온전히 설명될 수 없음을 깨닫게 된다. 이것은 서양철학의 위기가 아닐 수 없다. 기독교의 천지 창조-종말 구원론도 실은 현상학적 프레임(주체-대상: 절대신-피조물)에 속하는 신학이다. 인간은 자신을 자연(대상, 사물)에 투사하여 신을 만들고, 다시 신을 통해 세계를 지배하게 되었다. 인간이 신을 설정한 자체가 이미 이용과 소유와 지배의 욕망을 드러낸 것이고, 그러한 점에서 이성은 욕망의 변형된 형태다.

인간은 종교적 인간에서 출발하여 예술적 인간, 과학적 인간의 다양한 모습을 보여왔다. 철학-과학적 인간은 '자기 투사(投射)적-도구적' 존재, 시-예술적 인간은 '자기 기만적-놀이적' 존재, 신-종교적 인간은 '자기 위로적-축복적' 존재의 특성을 보이는 것으로 필자는 해석해 보았다. 철학-과학적 인간은 사물을 대상으로 하는 존재로서의 특성을 보이고, 신과 종교적 인간은 신을 주체로서 섬기는 존재로서의 특성을 보인다. 이에 비해 예술적 인간은 주체와 객체를 떠난(주객의 구분이 없는) 주객일체의 '존재적(존재 사태적) 존재'로서의 특성을 보인다.

신과 인간의 관계는 실은 짜고 치는 고스톱과 같은 게임, 정신적 게임의 성격이 짙다. 만약 인간이 그 게임을 멈춘다면 현상학적인 차원을 벗어날 수 있다. 인간은 본래 자연적 존재로 출발했으며, 그러한 점에서 신과 인간과 자연은 '본래하나'였다. 인간의 정신과 신, 신과 자연이 서로 순환 관계를 통해 본래하나를 회복한다면 인간은 자연으로부터 소외를 넘어설 수 있다. 그 넘어섬이라는 것은 역설적이게도 자연(자연적 존재), 본래존재로 돌아가는 것이다. 그렇다고 이것이 과학을 부정하는 것은 아니다. 과학 속에도 인간의 존재론적 특성이 있기 때문이다.[15]

인간(플라톤)은 왜 자연의 본질(essence)을 이데아(idea)라고 명명했을까? 이러한 명명 행위 자체에서 이미 자신(자신의 속성, 이름 붙이는 속성)을 자연에 투사하는 면모를 발견할 수 있다. 왜 이데아가 존재(existence, being)를 대신했는가? 천지 사이에 있는 '사이-존재'로서의 인간의 특성(특이성, singularity)은 자신의 신체가 있음으로 해서 존재 전체(세계 전체)가 '사이-존재(間的 存在)'인 것처럼 인식했을 것이라는 추측이 가능하다. 그래서 인간은 결국 시간과 공간을 만들었고, 궁극에는 자신을 실리적 존재, 효용적 존재, 다시 말하면 계산적 존재로서 입지시키는 것과 함께 세계를 계량하기 시작했을 것이다. 이렇게 보면 '왜(why)' 그 자체가 인간의 특성이고, 철학의 출발이라고 할 수 있을 것이다.

그러한 점에서 철학이 현상학을 벗어나서 존재론으로 육박해

---

15 박정진, 『네오샤머니즘』(살림, 2018), 422~424쪽.

들어가기 위해서는 반드시 육하원칙(5W1H: why, who, when, where, what, how)을 버릴 것을 요구하지 않을 수 없다. 현상학에서 존재론으로 들어가는 것은 그래서 역사적 인간에게는 매우 힘든 일이다. 어떻게 하면 철학적 존재론에, 도(道)에, 깨달음(自覺)에 들어갈 수 있을 것인가가 우리의 과제가 되지 않을 수 없다.

세계에 대한 현상학적인 인식이나 이해는 우선 이해의 주체와 그 대상의 구분, 즉 주체-대상의 이분법, 이원대립으로 대변될 수 있다. 마찬가지로 세계 전체에 대한 인식이나 이해도 세계 전체를 창조한, 그것의 제1원인(causa prima)을 가정하게 한다.

절대나 실체는 이분법의 소산이다. 현상학적인 이분법의 여러 사례들은 '인과적 신화 만들기'의 변형들이다. 주체와 대상을 비롯하여 원인과 결과, 창조주와 피조물, 과거와 미래, 원인적 동일성과 결과적 동일성 등 여러 이분법을 보여준다. 그 이분법의 기준(표준, 중심)이 되는 것은 물론 인간이다. 그래서 인간을 시간적 존재라는 맥락에서 '현존재'라고 말하는 것이다. 현재라는 시간은 역설적이게도 시간의 속성을 고집하면 시간을 부정하는 모순에 빠지게 되고, 시간의 속성을 포기해야만 시간으로서의 과거와 미래가 존재하게 한다. 말하자면 시간은 항상 과거와 미래만 있게 되는 것이다. 현재는 현재 진행형의 생성(생멸)의 속성을 갖게 된다.

인간의 문화에는 '인과적 신화' 이외에도 '차이의 신화' '관계의 신화' 등이 있을 수 있다. 생성적 세계관은 바로 '차이와 관계의 신화'에 속한다. 생성적 세계관은 그것의 생성 변화로 인해 역설적으로 고정된 시간을 부정하면서 동시에 시간 자체, 시간성(시간의 흐름)의 의미를 내포하게 된다. 그런 점에서 현재는 시간이면서 시간이 아니고, 기준이면서 기준이 아니다.

인간의 사유는 누가, 무엇이 지배하는가? 신, 시간이라고 할 수 있다. 어떤 점에서 신은 시간이고, 시간은 신이다. 시간은 시간적이면서도 동시에 구조적인 것이다. 과거-현재-미래, 신-정신(이성)-유령(광기), 하느님-예수-메시아 등은 구조적이면서 역사적인 것이다. 구조적(정태적)인 것은 역사적(동태적)인 것으로 나타나고, 역사적인 것은 또한 구조적인 것으로 해석될 수 있다는 뜻이 된다. 구조적인 것은 언어적인 특성을 가지고 있고, 역사적인 것은 현상학적으로 전개됨을 알 수 있다.

[표 5]는 역사-현상학적이고 구조-언어학적인 이분법 혹은 이원대립항의 여러 가지 사례들을 보여주고 있다. 과거-신-하느님, 현재-정신-예수, 미래-메시아-유령 등은 구조적으로 같은 기둥(column)에 배열되는 항목들이다. 특히 '미래=메시아=유령'이 하나의 기둥에 포함되는 것을 알 수 있다. 이것은 무엇을 의미하는가? 간단하게 말하면 미래는 메시아이고 유령이라는 뜻이다. 미래는 본래 메시아의 의미가 있고, 유령의 의미가 있다. 그래서 메시아는 유령이 될 수밖에 없고, 유령은 메시아가 될 수밖에 없다.

메시아가 현재적인 실물(신체적 존재)로 나타나면 메시아가 아닌 것으로 부정되는 것은, 메시아는 미래적인 것이기 때문이다. 그래서 사람들은 메시아를 기다리면서도 현재의 메시아는 거부하는 것

[표 5] 역사-현상학적, 구조-언어학적인 이분법의 사례들과 인중천지일(人中天地一)

천(天)	인(人) 天地中人間/人中天地一[16]	지(地)
주체(정신) 절대성(절대정신, 유심론)	주체와 대상의 상호 작용 현상학적 상호 왕래(이중성)	대상(물질, 육체) 절대성(절대물질, 유물론)
원인	인과론의 주체(근거)	결과
창조주(제1원인)	천지 창조	피조물
과거(존재자) gramme, text, written	현재(인간현존재, 존재자) 현재와 존재의 역설	미래(존재자) program, imagine
시간이 시원(천지 창조)	시간이 없음(살아있음, 生活)	시간의 종말(종말 구원)
신(God, 절대신)	정신(Geist, 절대정신)	유령(Ghost, 해체 불가능)
신(神)	이성(理性)	광기(狂氣)
하느님(성부)	예수(성자)	메시아(성령)
자유 자본주의(자유)	과학기술주의(기계)	공산 사회주의(평등)
전생불＝연등불(法身)	현생불＝석가모니 부처(應身)	미래불＝미륵불(報身)
원인적 동일성	현재적 현존(실재적 현존)	결과적 동일성
자신(自信)	자신(自身)-자신(自神)	자신(自新)
정신적 존재자	신체적 상징성(신체적 존재)	육체적 존재자
theory(신+이성+광기)		
현상학과 존재론의 화해(심물心物일체, 심신心身일체, 신물神物일체)		

이다. 메시아는 미래이고, 유령이어야 되기 때문이다. 예수는 신체

---

16 '천지중인간(天地中人間)'과 '인중천지일(人中天地一)'에 대해서는 제9장에서 상
 술할 예정이다. 우선 인간에게는 양면성이 있음을 말하고 싶다. 이 양면성은 서
 양철학의 현상학과 존재론이 바로 대응 · 융합되는 부분이다

를 가진 현재(역사적 존재)로 태어났기 때문에 유대인들에 의해 죽음을 맞이하지 않으면 안 되었다. 이것이 바로 현재(시간)와 존재의 역설이다. 현재는 시간이면서 시간이어서는 안 되고(현재가 계속해서 시간이기를 고집하면 과거와 미래는 없게 된다), 메시아는 메시아이면서 메시아여서는 안 된다(메시아가 현실적으로 나타나면 세계는 종말을 고해야 하기 때문이다).[17]

우리는 미래와 메시아와 유령이 '결과적 동일성'과 같은 기둥에 배열된 것에 주목할 필요가 있다. 말하자면 미래와 메시아와 유령은 사람이 설정한 인과론의 원인(원인적 동일성)이 아니라 결과(결과적 동일성)에 해당한다는 것을 알 수 있다. 이렇게 보면 메시아와 유령은 합리적인 사유과정을 거친 '합리적인 실체'임을 알 수 있다.

인간이라는 존재(현존재)가 시간과 공간의 개념을 갖게 된 것은 인간 생활의 거의 전부를 결정한다고 해도 과언이 아니다. 시간은 신(神)의 문제, 존재의 문제, 그리고 인식의 문제들에 있어서 결정적인 변수와 영향으로 작용한다. 특히 인간이 '신과 이성과 광기'의 특성을 동시에 가지고 있다는 점에 주목할 필요가 있다. 흔히 이론으로 번역되는 'theory(theoria)'는 통찰(洞察)을 의미하는데, 'theo-'는 신(神, god)을, 그리고 'ory'는 'or(g)y'(신들림)를 의미한다.[18]

---

17 박정진, 『메시아는 더 이상 오지 않는다』(행복한에너지, 2016), 346~446쪽.
18 "신, 이성, 광기, 그리고 한반도(박정진의 청심청담)", 〈세계일보〉 2019. 7. 21, 26면 참조.

서구적 이성은 결국 유심론 아니면 유물론 등 절대론을 지향해 왔다. 절대론은 '인과적 신화'를 지향하는 것이다. 절대·소유·지배는 이성과 욕망과 권력의 최종 목표다. 그러나 불행하게도 이성과 욕망과 권력은 끝이 없기 때문에 항상 연장되고 지연되는 특성을 지니고 있다. 현상학은 항상 목표지점을 연장·지연(이것을 차연差延이라고 한다)시키게 된다.

공간은 연장(延長)되는 것이고, 시간은 지연(遲延)되는 것이다. 시간은 왜 지연되는가? 시간은 시작이 있는 것과 동시에 끝이 있음을 내포하고 있기 때문에 끝을 회피하고 싶은 게 인간이다. 『존재와 시간』을 그의 대표작으로 쓴 하이데거는 죽음을 앞둔 실존적 개인을 종말 구원을 기다리고 있는 초기 기독교 집단의 입장에 비유하면서 그의 존재론을 구성하였다. 시간에 종말이 있는 것은 종말 구원이 있는 기독교 신학의 구조와 같다. 그런 점에서 죄의식에서 자유롭지 않은 인간은 될수록 종말을 맞지 않으려는 입장에 설 수밖에 없고, 그렇게 되려면 시간은 계속해서 지연되어야 할 필요가 있는 것이다.

시간은 그 속에 내재한 목적 자체 혹은 영원한 목적을 위해서 필연적으로 지연될 수밖에 없다. 이는 마치 무(無)와 무한대(∞)의 관계와 같다. 공간은 연장되지 않으면 이미 공간이 아니기 때문에 연장될 수밖에 없다. 공간은 그 본질이 종(終)이기 때문에 역설적으로 연장되고, 시간은 그 본질이 시(始)이기 때문에 역설적으로 지연되는 것이다. 시종(始終)이야말로 시간과 공간의 본질적 의미다. 따라서 무시무종(無始無終)은 무시무공(無時無空)으로 번역될 수 있다. 아마도 끊임없이 절대성을 추구하는 인간 정신의 이러한 특성은 인간종이 멸종할 때까지 계속될 가능성이 높다.

인간 정신의 이러한 가능성은 일견 정신의 열려있음으로 해석되면서 긍정적으로 받아들일 수 있지만(타자 긍정), 그 반대로 끝없는 경쟁이나 투쟁·전쟁의 양상으로 전개될 수도 있다(타자 부정). 이에 이성과 욕망과 권력의 평화에의 유도가 절실하다. 그런 점에서 신체적 존재론의 특성을 보이는 스포츠와 무예·예술의 활용은 인류 평화의 증진에 거의 결정적인 역할을 할 것으로 기대된다. 이들의 활동은 인간에 내재된 경쟁(전쟁) 욕구를 '상징-의례 혹은 게임과 놀이'로 전환하는 매개이기 때문이다.

'인과적 신화'가 아닌 '상징적 신화'를 지향하는 문화는 정신-물질의 이분법에 속하지 않는 일원적 존재(본래존재)를 지향하게 하고, 그러한 존재 지향은 신체의 생성과 역동성을 포괄하는 신체적 존재로 귀결된다. 말하자면 신체는 상징성과 역동성을 동반하는 존재로서 현상학적인 이분법을 배제한다. '상징적 신화'는 바로 '인과적 신화'의 지배 소유욕을 견제하고 분산시키면서 신체적 존재로서의 공동 존재성을 환기시키는 역할을 한다. 상징적 신화의 견인차 역할을 하는 상징적 상상력은 신체적 존재론에서 꽃을 피우면서 그 공명을 달성할 수 있게 된다. 인간의 신체야말로 신화가 거주하는 장소다.

현상학적 상호 왕래는 무엇을 의미하는가? 이러한 상호 왕래는 바로 이 신체의 신화와 결별함으로써 빚어지는 인간 대뇌의 이분법적 정신(정신은 본래 정신분열적이다. 그래서 끝없는 통합을 요구하게 된다)으로부터 연원한다. 이는 현상학적 양극단을 의미하는 동시에 현상학적 이중성을 의미한다. 양극단과 이중성의 의미는 서로 반대인 것 같지만 실은 하나에 뿌리를 두고 있다. 특히 이중성은 철학적 인식의 중용(중도) 혹은 균형(역동적 균형)을 실천할 것을 요구하는 근거가 된다. 이중성에 대한 다양한(다원 다층적인) 경험은 인간으로 하여금 존재(=無)를 깨닫게 하는 계기가 된다. 바로 이 지점이 존재(본래존재)와 존재자가 만나는 포인트가 된다.

인간 인식의 이러한 특성은 이중성의 틈(틈새)을 통해 존재를 바라보는 기회(chance)를 제공한다. 이중성의 틈새로 보이는 근본(바탕)에는 우리가 설명할 수 없는, 어떤 존재(some-thing이 아닌 some-being)에 대한 깨달음이 있으며, 그러한 존재를 전제할 때 인간의 인식은 중용과 균형에 도달할 수 있는 힘 혹은 권능(능력)을 소지할 수 있게 된다. 이러한 존재의 근본에 도달하는 것이 바로 결정론을 추구하는 서양철학과 다른, 결정적이지 않는 동양철학의 도(道)이며, 중용(中庸)이며, 중도(中道)이며, 시중(時中)이라고 할 수 있다.

'시중'은 시간이라는 말을 사용하고 있긴 하지만 시간을 벗어나는 경지(깨달음)를 의미한다. 시중은 역사적(역사현상학적)인 시간이 아니며, 존재론적(역사운명적인)인 시간을 의미하며, 각자(각자존재)가 존재(세계)의 중심임을 깨닫는 순간(지금now, 여기here,

나에게to me)이다. 여기서는 존재의 깨달음이 있음이나 존재의 깨달음이 없음이 크게 구별되지 않고, 하나다.

이것이 바로 만물만신, 만물평등(萬物平等), 심물일체(心物一切, 心物一體), 심신일체(心身一切, 心身一體), 신물일체(神物一切, 神物一體)의 경지다.

4) 존재로서의 신체(신체적 존재론)

예로부터 동양에서는 신체가 수신(修身)이나 수도(修道)의 대상이 되었다. 신체는 삶을 의미하고, 삶은 수신을 위한 과정이었다고 해도 과언이 아니다. 그런 점에서 신체는 어떤 인식 주체의 대상이 되거나 우주(세계)와 분리된 어떤 존재가 아니라 그것 자체가 생명이고 우주였다. 오늘날과 같은 고도의 과학 물질 문명의 폭압 속에서 살아가는 인간이 다시 신체를 떠올리는 것은 인간이 인간성을 잃어버리지 않기 위한 몸부림인지도 모른다.

신체는 육체나 물질이 아니다. 육체나 물질은 인간의 정신이 존재를 대상으로 규정한 것에 지나지 않는다. 인간이 인식한 것은 모두 인간의 어떤 인식론적 체계나 프레임을 거친(통과한) 구성된 것, 즉 구성물이다. 인간이 구성한 것은 모두 존재(본래존재)가 아니고 존재자(존재하는 것)다. 신체는 기표 연쇄도 아니고, 기계도 아니다. 신체는 지금도 생성되고 있는 존재, 즉 생성이다.

존재는 대상이 아니다. 존재는 구성된 것도 아니다. 존재는 언어와 직접적인 연관(필연적 연관)이 있는 것이 아니라 임의적(arbitrary)이다. 이는 마치 시니피앙(기표)과 시니피에(기의)가 임의적인 것과 같은 이치다. 따라서 언어 체계에 의해 구성된 철학은 결코 존재 그 자체를 말할 수가 없고, 존재 자체가 될 수도 없다.

철학은 존재에 대한 언어 체계의 평행에 불과하다. 따라서 하이데거가 "언어는 존재의 집"이라고 한 것은, 집이라는 말 자체가 언어(인위)이기 때문에 언어의 입장에서는 맞을 수도 있지만 존재의 입장에서는 틀리는 말이다. 이 말을 뒤집어서 "존재는 언어의 집(바탕)이다"라고 해도 틀리지 않는다. 언어가 존재를 죄다 내포할 수도 없고, 가둘 수도 없기 때문이다.

철학은 존재를 이데아나 이성, 이론이나 체계로 바꾸는 능력을 말한다. 신체적 존재는 그러한 철학의 전통적인 프레임이나 굴레를 벗어난 철학이다. 신체적 존재론은 동서 철학의 밖에서 철학을 본 것이고, 그렇기 때문에 철학 자체에 대한 반성적 작업으로서 신체를 동원하지 않고는 할 수 없는 가무나 무예에 대해 언급을 할 수 있는 것이다. 철학은 전통적으로 이론(competence, langue, theoria)에 속하지만, 인간의 삶이라는 것이 결국 활동(performance, parole, praxis)일진댄 후자의 입장에 대한 철학적 권리를 회복할 필요가 있음을 환기시키고자 하는 것이 신체적 존재론이다.

신체적 존재론은 또한 한국의 전통적인 철학인 풍류도(風流道)

철학과 맥이 닿는다는 점에서 고금(古今) 소통의 철학이라고 할 수 있다. 한국인은 철학하기보다는 가무(歌舞)하기를 좋아한다. 가무를 좋아한다고 해서 삶을 잘살지 못한다고 할 수 없는 것이 아닌가. 한국인이 철학을 잘하지 못하는 이면에는 바로 풍류도의 철학, 신체적 존재론이 깔려있는 셈이다. 필자는 한국 문화의 이러한 특성을 발견하고 들추어 냄으로써 신체적 존재론을 제안하고 있다.

신체적 존재론은 인류 역사에서 발생한 모든 철학을 벗어나서 바야흐로 존재 그 자체에 도달한 철학이다. 철학이라는 것이 의식의 안(동굴의 안)에서 의식 밖에 있는 사물을 본 결과라면, 철학자는 항상 기존의 의식을 벗어나야 하는 임무(mission)에 직면하게 된다. 말하자면 항상 기존의 의식에서 탈출하는 노력의 연속이 철학사다.

인간의 의식(인식)과 감각이 바로 존재에 대한 '동굴의 의식'이다. 그런데 이제 철학은 그러한 존재의 안과 밖을 설정한 자체가 바로 철학의 굴레라는 것을 알게 되었다. 존재는 선후·상하·좌우, 그리고 최종적으로 안팎이 없다는 것을, 인간이 그렇게 바라본 것에 지나지 않는다는 사실을 신체적 존재론에 이르러 깨닫게 된 셈이다.

신체적 존재론에 도달하기 위해서는 인간현존재에 대한 존재론적 이해가 필수적이다. 그렇다면 '주체의 철학'과 '타자(대상)의 철학'을 동시에 넘어설 때 신체적 존재론에 도달할 수 있게 된다. 신체적 존재론은 땅과 환경, 여성성과 생명성의 연장선상에 있다. 신체적 존재론은 세계를 생명의 입장에서 무생물까지를 포섭하는 것을 통해 신체가 본래존재임을 역설하는 철학이다. 신체적 존재론의 입장에서는 무생물에서 생물, 그리고 인간에 이르기까지 만물이 존재라는 입장에서는 모두 동등한 것이고 존재로서의 과정만 다를 뿐인 존재인 셈이다.

하늘에 대한 인간의 입장, 남자에 대한 여자의 입장, 머리에 대한 신체의 입장은 같은 것이다. 후자가 생명과 구체의 '존재'의 입장이라면 전자는 무생명과 추상의 '존재자'의 입장이다. 이것을 다시 철학적으로 풀이하면, 후자가 존재와 일반성의 입장이라면 전자는 존재자와 보편성의 입장이다. 인간과 여자와 신체가 하느님 '아버지'를 섬기는 것은 자신의 중심을 찾기 위함이다. 그러나 그 하느님 아버지라는 말(기표)과 상자(성궤) 속의 내용(기의)은 하느님 '어머니(생명)'가 될 수밖에 없다.

예수가 "나는 길이요, 진리요, 생명"(「요한복음」 14 : 6)라고 말한 것은 비단 서양 문명에만 통하는 것이 아니라 참으로 동서양 문명을 관통한 말이었다. 왜 길(道)을 가장 먼저 말하고, 진리를 그다음에 말하고, 생명을 가장 마지막에 말했을까를 생각하면 오묘하기 그지없다. 삶은 우선 진리 이전에 '살(肉)'을 사는 것(삶=신체)이고, 살을 사는 것은 하늘로부터 부여받은 신체로써 길을 가는 것이다. 인간은 길을 가면서도 이(理)를 탐구하는 존재적 특성을 가지고 있는 동물이다. 그러나 인간이 길을 가면서 진리를 탐구한다고 해도 생명의 근본 이치에 도달하기는 힘들다. 생명은 존재 그 자체이기 때문이다. 신체적 존재라는 말은 존재는 곧 생명(존재＝생명)이라는 자연생명론을 포함하고 있다.

그런 점에서 신체적 존재는 자연적 존재의 의미와 다르지 않다. 신체적 존재론은 자연으로부터(자연적 존재로) 태어났지만 자연을 떠나 사유 존재의 길을 떠난 철학이 다시 자연으로 회귀한 존재론이라는 점에서 철학이 기피해 온 순환론의 철학이라는 비난을 감수하지 않을 수 없는 철학이다. 또한 모든 철학자들이 삶에서 철학을 뽑아내지만(삶에서 시대정신을 개념으로 잡아내지만) 나중에는 도리어 철학이 삶이 되어버린 것에 비할 수 있다. 신체적 존재론은 사유에서보다는 신체에서 존재를 느끼는 철학이라고 말할 수 있다. 신체적 존재론은 신체 자체를 부정하거나 증명할 수 없다는 점에서 무(無)의 철학이라고 말할 수 있다.

신체적 존재론은 '육체적 존재'가 아니라 '존재적 신체'의 의미로 신체적 존재론을 쓴다. 신체적 존재론은 일종의 무위(無爲)의 신체론인 셈이다. 신체의 물질적 혹은 기계적인 성격이 무시된, 시간을 무시한 무시무종의 신체론인 것이다. 그런 점에서 신체는 신과 같은 존재, 성스러운 기운마저 있는 존재가 된다. 신체는 한마디로 존재자가 아닐 뿐만 아니라, 현존재도 아니고 그냥 처음부터 본래존재다.

신체는 이(理)가 아니고 기(氣)다. 기는 또한 에너지라고 할 수도 없다. 기는 물질로 호환되는 에너지가 아니다. 기는 미지의 신비이고, 인간이 알 수 없는 그 무엇이다. 기는 신(神)과도 같다. 그래서 천지인(天地人)·정기신(精氣神)은 순환하지 않으면 안 된다. 동양의 삼재(三才) 사상은 서양의 삼단논법이나 삼위일체와는 순환 논법이고, 변증법과도 다른 태극 음양 사상이다. 이것은 처음부터 서양의 원리적 논리와는 다른, 상보적(相補的) 원리에 의해 구성된 세계관이다. 신체 자체가 존재다.

이것은 또한 들뢰즈의 '신체 없는 기관'이나 '기관 없는 신체'와는 달리, 신체를 육체의 의미로 사용하는 것이 아니라 존재의 의미로 사용하는 것이다. 신체를 육체의 의미로 쓰면 결국 신체는 물질 혹은 기계가 되고 만다. 그렇게 되면 들뢰즈처럼 '추상 기계'를 말하지 않을 수 없게 된다. 추상 기계가 따로 있는 것이 아니라 추상이 곧 기계다. 기계는 신체가 아닌 추상의 산물이다. 존재는 신체다. 그런 점에서 삶은 신체를 사용하는 축제이고, 축제의 핵심에는 생멸의 드라마가 있다. 그 드라마는 보는 이에 따라서 비극일 수도 있고 희극일 수도 있다. 누구나 자신의 삶을 비극이라고 할 수도 있고 희극이라고 할 수도 있는 자유가 있다.

근대 철학이 '존재'를 '사유-존재'로 규정한 이래 철학은 결국 정신이 규정한 유물론 아니면 기계론에 빠지지 않을 수 없었다. 그래서 '사유 존재'에서 다시 '사유'를 떼어내고 '존재'를 돌려받아야 하는 처지에 있는 것이 현대인이지만 그러한 되돌아오는 길은 자연과 세계를 지배한 경험이 있는 소유적 존재인 인간에게 결코 쉽지 않을 전망이다. 우리가 아는 존재는 닫혀있고(결정성), 우리가 모르는 존재는 열려있다(비결정성). 현상학적 지향(志向)이라는 것은 의식의 닫혀있음에서 열려있음으로의 계속되는 방향성을 의미하고, 이는 신체의 생성의 증거이기도 한다. 인간이 텍스트를 새롭게 구성하는 것은 바로 생성의 특성 때문이다.

근대 철학의 창시자 데카르트는 회의(懷疑)를 거듭한 끝에 가장 강력한 의심으로 '전지전능한 악마에게 속고 있는 것'을 떠올렸다. 그렇지만 악마가 나를 속이려고 해도 '나'는 있어야 한다는 결론에 도달하였다. 이것은 물론 회의하는 '나'가 있다는 경험적 관념론의 연장이지만, 데카르트의 '악마의 가설'은 생각을 하는 주체가 뇌라는 점에서 '몸뚱이를 가지고 있는 '나'가 아니라 '생각하는 나'가 있어야 한다는 결론에 도달한다. 결국 데카르트는 '생각하는 나'와 '몸뚱이를 가진 나'를 분리하는 심신 이원론을 견지하게 된다.

이를 오늘의 관점에서 보면, 인간의 생각이 소유와 도구의 원인이라는 점에서 악마의 속임수는 신체적 존재로서의 인간을 버리게 하는 동시에 신체를 정신과 분리된 정신의 대상으로서의 육체(물질)로 보게 하는 데 이르게 함으로써 존재를 존재자로 둔갑시키는 데 성공하게 되었다고 볼 수 있다. 인간의 사유로 인해 존재는 존재자로 전락하고 말았다. 인간은 스스로 자폭하는 일이 있어도 결코 소유를 포기하고 존재로 돌아올 것 같지는 않다. 말하자면 갈데까지 가보는 것이 인간의 이성과 욕망과 소유의 특성이다.

개인(개체)의 죽음이나 인간종(계통)의 멸종이라는 것은 개체 발생에서 계통 발생이 실현된 것과 같은 이치다. 신체적 존재론도 실은 개체 발생(개인의 존재사)에서 계통 발생(집단의 역사)이 실현된 것과 같다. 그렇다면 개체라는 부분과 계통이라는 전체가 서로 분리된(이분화) 것은 아니라는 결론에 도달하게 된다. 이것은 확실성이나 엄정성을 요구하는 학문(과학) 일반의 실체론과는 거리가 멀다. 세계는 확실한 실체가 아닌 매우 상황적인 것이고, 실체(text)는 상황(context)의 산물임을 깨닫게 한다. 근대 과학도 불확정성이론을 내놓고 있다.

근대의 과학기술주의는 양자역학의 불확정성 이론에도 불구하고 확실성을 추구한 나머지 불확실성을 허용하거나 동반하는 생태학적 적응을 도외시하거나 무시하는 경향이 있다. 신체적 존재론은 이에 우주 전체를 하나의 신체 혹은 생활권으로 생각하는 관점을 표방하고 있다. 모든 논리는 결국 부분 논리에 불과하다는 점에서, 논리에만 의존하는 인간의 삶은 영속성(영원성)을 보장받지 못한다는 관점을 가지고 있다.

철학은 20~21세기에 이르러 관념적 유물론이라고 말할 수 있는 마르크시즘에 빠지거나 아니면 실용주의 혹은 과학기술주의에 자리를 내주고 말았다. 그래서 철학은 이론에서 실천으로 중심을 옮겨서 부질없는 이데올로기 논쟁에 맹목적으로 빠지거나 혹은 과학을 맹종하거나 과학의 시녀로 전락하는 모습을 보였다. 이것은 한마디로 물신(物神) 숭배라고 말할 수 있을 것이다. 현대인은 물신이라는 신에게 빠진 종교 집단이라고 말할 수 있다. 자본주의도 물신 숭배가 아니라고 말하지 못할 것이다.

신체와 육체는 같은 의미로 쓰이는 경우가 많다. 특히 서양에서 말하는 신체는 바로 육체(물질)를 의미한다. 신체를 주체의 대상으로 본 결과인 육체는 신체를 주체 혹은 존재로 보는 시각과는 판이하게 다른 것이다. 이는 마치 사물의 본질(essence＝thing)을 존재(existence＝event)로 보는 것과 마찬가지다. 육체나 신체의 관계는 본질과 존재의 관계와 같다. 신체는 생활인에게 너무나 친숙하기(가까이 있기) 때문에 주제가 되기 어렵다. 신체는 그것에 문제가 생겼을 때(결여나 없음이 생길 때) 존재를 드러내고 주제로 떠오른다. 그런 점에서 신체야말로 존재인 것이다. 이것이 신체적 존재론이다.

그런 점에서 신체가 육체나 물질이 아님을 깨닫게 하는 신체적 존재론은 근대적 인간이 쉽게 빠질 수 있는 허무주의에 대한 극복이다. 신체는 신(神)이기 때문이다. 신체가 신인 줄 모르고 육체나 물질인 줄만 안다면 인간은 정신의 종노릇만 하고 자신의 신체를 업신여기거나 무시하게 될 것이다. 신체를 기술화해야 하는 사람일수록 신체적 존재론과 함께 신체의 존엄을 되새길 필요가 있다. 유물론이 유심론의 끝이라면, 신체적 존재론은 유물론에서 다시 유신론(唯神論)으로 돌아가는 철학과 신학의 원시반본(原始返本)이라 할 수 있다.

우리는 여기서 '인간이 있어야 존재하는 신'과 '인간이 없어도 존재하는 신'을 생각해 볼 수 있다. 인간이 없어도 존재하는 신이 바로 신체적 존재로서의 신이다. 신체적 존재로서의 신은 만물만신이다. 존재와 신은 바로 자연을 의미한다. 이것은 쉽게 말하면 애니미즘(animism)을 의미한다. 인류의 철학은 다시 애니미즘으로 원시반본하지 않으면 안 된다. 역설적이지만 인간은 인간을 버릴 때, 자연으로 돌아갈 때 존재로서 구제를 받을 수 있다는 의미가 된다. 이것이 바로 필자가 말하는 네오샤머니즘(neo-shamanism)의 철학이다.

"신체는 존재이고, 존재는 신이다."

신과 존재는 인간이 '규정할 수 없는 존재(some-being)'로서 같은 존재다. 신체는 육체나 물질(thing)이 아닌 존재(being)로서 결국 신이 되는 것이다. 만약 세계가 하나가 아니고 둘(창조-종말, 주체-대상, 신-인간, 인간-사물)이었다면 신은 세계를 창조했기 때문에 도리어 '하나의 존재(세계)'를 스스로 위반하는 셈이 된다. 신은 무시무종의 존재가 될 수밖에 없다. 신 자체(존재, 본래존재)는 유시유종(有始有終)의 밖에 있는 무시무종이 될 수밖에 없다.

'신체＝존재(being)＝신(神)＝자연≠사물(thing, 대상, 육체, 물질)'에 이르는 길은 신체적 존재론에 이르는 길이다. 이것은 도학적으로 말하면 무와 무위에 이르는 길이고, 수학적·시공간적으로 말하면 0이고 현재이고 1이고, 기하학·『천부경(天符經)』적으로 말하면 점(△, 人)과 선(□, 地)과 원(○, 天)이고, 철학·신학·과학적으로 말하면 이데아와 신과 이성과 무한대(∞)이고, 자연·존재론적으로 말하면 도(道)와 존재(being)이다.

[표 6] 신체적 존재론의 '신체'

도학적	무(無)/무위(無爲)	신체=존재(being)= 신(神)=자연≠사물 (thing, 대상, 육체, 물질)/무(無)=도(道)
수학적-시공간적	0/1/현재	
기하학적-『천부경』적	점선면(點線面)/원방각(圓方角), ○□△)/천지인(天地人)	
철학-신학-과학적	이데아(idea)/신(神)/ 이성(理性)/∞	
자연-존재론적	도(道)/존재(being)	

　　결국 '신체를 가진 나(I)라는 존재는 신(God)'이 될 수밖에 없다. 이는 신이 모세에게 대답했다고 하는 "나는 나다(I am who I am)"라는 문장의 진정한 의미인 것이다.

　　기독교의 성부와 성자와 성령의 삼위일체 사상도 실은 동양의 천지인(天地人) 삼재 사상의 변형이라고 할 수 있다. '천=성부, 지=성자, 인=성령'이다. 성자인 예수는 땅에서 사람(여자)의 몸에서 아들(人子)로 태어났고, 하늘은 성부, 사람은 성령을 받는 존재인 것이다.

　　하늘과 땅과 사람은 실은 가정의 아버지·어머니·자식이라는 구성원이 추상화 혹은 상징화된 것이라고 할 수 있다. 하늘과 땅과 사람이 추상적인 것이라면 아버지·어머니·자식은 구체적인 신체를 가진 존재다. 인류는 구체에서 추상으로 추상화·보편화되었다가 다시 구체화·개체화되면서 실존적 존재로 탈바꿈하고 있는 것이 현대의 실존적(존재론적)인 인간상이다.

기독교가 신의 음성을 로고스라고 했듯이, 오늘날 신체를 존재라고 보는 철학자들은 신체를 파동(전자기 공명)으로 보고 있다. 신체를 신으로 보는 신체적 존재론은 물신 숭배의 정반대인 신물(神物) 숭배의 입장에 서있다. 신물 숭배는 사물을 이용의 대상으로 바라보는 존재의 타락(퇴락)과는 달리 사물을 인간 혹은 신과 같은 신령스러운 존재로 존엄을 되찾아 주는(본래존재로 되돌려주는) 성스러운 철학적 의례에 속한다고 할 수 있다. 신체야말로 자연의 신비이며 열려진 존재로서 시공간을 초월하는 무시무종의 존재다.

사람이 '살'을 사는 것이 삶이고, 사람의 삶의 완성이 사랑이다. 머리는 추상(존재자)을 있게 한 원인이다. 인간(현존재)은 현존(존재)을 현재로 바꾼 생물종이다. 존재자의 가장 큰 특징은 가정(假定)이다. 그러한 점에서 존재자는 가정을 통한 가상 존재라고 할 수 있다. 과학도 이것을 벗어날 수 없다.

자연과학(기술)은 전통적인 철학적 사유가 아닌 대상에 대한 실험과 관찰과 검증을 통한 이용학(이용후생학)이 되고 말았다. 과학은 이제 바로 유물론적 기계학(기계공학)에 지나지 않는다. 세계는 바야흐로 '권력(권력에의 의지)'과 '기계(기계론적 세계)'로 압축되고 말았다. 여기에 저항할 수 있는 힘은 오직 신체적 존재로서의 축제뿐이다.

철학적으로 보면 인간은 존재(생성적 존재: 생성을 의미하는 것으로서의 존재)와 존재자(사물로서의 존재: 존재하는 것) 사이를 왕래하고 상생하는, 혹은 유무상생(有無相生)하는 존재다. 이를 인류학적 철학, 철학적 인류학으로 보면 인간은 개체 발생에서 계통 발생을 해독한(읽어낸) 존재다. 신체적 존재론은 바로 계통 발생에서 다시 개체 발생의 입장에 서는 것을 의미한다. 계통 발생은 역사적·집단적(시공간적) 차원을 의미하고, 개체 발생은 개체적·실존적(비시공적) 차원을 의미한다.

자연을 그냥 그대로 두지 않고 해석하지 않고는 못 배기는 존재로서의 인간은 어떤 관점(point of view) 혹은 시공간의 관점에 처해 있음을 의미한다. 시공간적 관점이란 쉽게 말하면 육하원칙에 따른 존재 방식을 의미한다. 시공간은 좌표 혹은 배경이라고 할 수 있다.

인간현존재를 역사·사회적으로 보면 가부장-국가 사회의 등장 이후 패권 경쟁(남-남)과 제국-식민지(남-여), 그리고 식민지 내부의 분열 혹은 질투(여-여)의 역사로 볼 수 있다. 이는 다른 말로 권력에의 의지(남)와 비권력의 의지(여), 혹은 주인(남)과 노예(여), 혹은 사디즘(남)과 마조히즘(여), 문명(남)과 자연(여), 대뇌(남)와 신체(여)로, 그리고 이들 대립항들은 양(남)과 음(여)으로 상징하거나 은유할 수도 있다.

남성은 '나-주체(I)'를 주장한다. 그러나 여성은 '우리-위(we, web)'를 주장한다. 전자는 신체적으로 눈(eye)을 중심으로 하는 세계이고, 후자는 귀(ear)를 중심으로 하는 세계다. 전자는 실체(substance, reality), 후자는 네트워크(network, matrix)를 중시하는 세계이다. 전자는 이분법(주체-대상)을 토대로 하고 있고, 후자

[표 7] 음양론으로 본 존재론

양(陽)	음양(陰陽)	음(陰)
죽지 않을 존재	죽을 존재(인간현존재)	이미 죽은 존재
추상-초월	구체-실재	추상-초월
신(God): 양의 신	정신(Geist)	유령(Ghost): 음의 신
과거-미래(비시간적 존재)	현재-미래(시간적 존재)	과거-현재(비시간적 존재)
패권 경쟁(남-남)	제국과 식민지(남-여)	식민지 내부(여-여)
권력에의 의지	권력-비권력	비권력에의 의지
사디즘	사도마조히즘	마조히즘
문명: 가부장-국가	인간 사회	자연: 부족 공동체 사회
주인	주인-노예(대상)	노예
주체	주체-대상의 변증법	대상
주인이 되는 길	주인-노예의 변증법	노예가 되는 길
양음 대립	음양상생	음양 대립
	본래존재로의 귀향	

는 관계성(상호주관성)을 기반으로 하고 있다.

아무튼 철학은 어떤 형태든 존재와의 거리 두기를 통한 말놀이(철학적 말놀이)이다. 신체적 존재론도 철학인 한, 말놀이라는 범주를 벗어날 수 없다. 육체(물질)를 뒤집어서, 혹은 정반대의 개념으로 신체라는 말을 쓰고 있기 때문이다. 육체이면서 동시에 육체가 아닌, 언어이면서 동시에 언어(구성적인 개념)가 아닌 언어(생성적 개념)가 바로 신체적 존재론이다. 말은 존재와 거리가 있다. 그런 점에서 존재(대상)와 거리를 두지 않으면 철학을 할 수 없다는 결론에 도달하게 된다.

인간의 신체는 데카르트가 말했듯이 정신을 담는 그릇, 인간의 생각(정신)을 담는 경험적 관념론의 근거로서의 담지자가 아니라 그것 자체가 존재다. 인간의 신체는 생각을 담는 그릇으로서 존재하는 것이 아니라 지금도 생멸하는 존재로서 상상력과 상징의 원동력(바탕)이 되는 존재다. 이것은 존재로서의 신체라고 말할 수 있을 것이다.

존재로서의 신체는 인간에게만 적용될 수 있는 인간적 특권이 아니라 모든 존재가 공유하는 것이다. 그런 점에서 세계는 정신-육체의 프레임으로 존재하는 것, 사물(thing)이 아니라 그것(it, that)을 벗어난(그것의 바탕이 되는) 신체적 존재(being)다. 철학적 존재론을 조망해 보면 신체적 존재론은 존재자를 존재로 본 서양철학의 존재사적 오류를 넘어 길고 긴 우회로를 거쳐 드디어 생성의 관점에서 존재를 보게 되는 귀환(귀향)이라고 말할 수 있다.

존재(being)를 사물(thing=object)로 본 인간은 결국 존재를 시공간(time-space)의 좌표 속에서 텍스트(text)로 변형시키고, 다시 텍스트를 기계(technology)로 변형시키는 현상학적 순환론에 빠졌다. 존재의 본질(idea)은 결국 존재를 이성과 법칙(ration=logos=law)으로 환원하는 단초가 되었으며, 법칙은 존재를 최종적으로 기계로 환원했다.[19]

이러한 사유 존재의 현상학적 순환론을 벗어나기 위해, 즉 존재를 사물로 보는 타성을 벗어나기 위해 또 다른 코페르니쿠스적 전환을 시도함으로써 존재 그 자체를 깨닫게 하는 경지가 바로 신체적 존재론이다. 다시 말하면 나의 사유로써 세상(세계)과 삶(존재의 삶)을 보는 것이 아니라 사유의 밖에서, 나아가서 나의 신체 밖에서, 신체와 더불어 존재 전체의 삶(존재의 전체성)을 보는 것을 말한다.

사유는 결코 존재(존재 전체)를 파악할 수 없다. 사유가 인식하는 것은 사유 존재일 뿐이다. 하이데거의 존재 사유(Seinsdenken)일지라도 그것이 사유인 한 존재 전체를 파악할 수 없다. 사유가 존재 전체를 파악했다고 할 때 그것은 존재를 파악한 것이 아니라 사유의 전체주의적 속성을 드러냈을 뿐이다. 어떤 점에서 사유는 항상 에고이즘-절대주의(대뇌주의, 기계주의) 혹은 전체주의(도그마, 폐쇄적 체계)에 빠질 위험과 운명에 처해 있는지도 모른다.

칸트는 종래의 대륙 합리론과 영국 경험론을 종합하면서 인식의 중심을 객관-객체에서 주관-초월적 주관으로 옮겨놓음으로써 철학의 코페르니쿠스적 전환을 이루었다. 이는 실은 뉴턴이 수립한 자연과학(절대 과학)에 대한 철학의 거리 두기, 즉 자연이 자연과학적으로만 있느냐에 대한 이의제기였다. 아울러 철학이 보여주는 세계가 근본적으로 물 자체(thing itself)를 말하는 것이 아니라

---

19 박정진, 『평화는 동방으로부터』(행복한에너지, 2016), 246~251쪽.

인간의 눈(안경)을 통해 구성된 세계임을 천명한 사건이었다. 이에 비해 신체적 존재론이라는 것은 물 자체, 즉 존재 자체를 받아들이는 신체로의 귀향이다.

결국 신체적 존재론은 서양철학이 미셸 푸코 이후 '에피스테메(epistemè)=존재(being)'라고 하고, '독사(doxa)=생성(becoming)'이라고 평가 절하하거나 주변부에 밀쳐둔 신체의 생성(becoming)을 다시 철학의 중심부, 지배적인 것으로 복권시키려는 시도이다. 신체적 존재론은 바로 생성론(신체적 존재론=생성론)이다. 신체적 존재론은 '앎(knowledge)의 철학'에 대해 '삶(life)의 철학'을 우선하는 철학이다.

서양철학은 그동안 삶에 속하는, 신체적이면서도 무의식적인 것(본능, 욕망)을 대뇌적이고 의식적인 적(의식, 앎)으로 전환시키는 것을 통해, 즉 무의식의 것을 의식의 것으로 살짝 옮겨와서는 그것에다 존재(being)라는 이름을 붙였다. 이것은 실은 존재자(존재하는 것)이다. 그래서 '존재'라는 개념은 애매하게 되어버렸다. 이는 마치 무의식을 논하는 심층심리학이 언어를 사용하여 분석함으로 인해서 결국 의식학이 되는 것과 같은 이치이다. 철학은 생성을 끊임없이 의식화하는 직업(작업)이라 할 수 있다.

그럼에도 불구하고 신체는 지금도 신진대사를 거듭하면서 생멸하고 있는 존재 그 자체이다. 신체는 자연(본래존재)을 주체(정신)-대상(육체, 물질)의 현상학적 프레임으로 보는 것을 지양하고, 철학의 새로운 관점, 혹은 신기원(origin)으로서 신체적 존재론을 만날 것을 요구한다. 우리가 일상적으로 바라보는 세계, 눈앞에 전개되는 세계는 그것을 대상으로 보지 않는 한, 그것 자체가 물질이나 육체가 아닌 신체적 존재인 것이다.

근대 철학과 근대 정신의 아버지인 데카르트는 근본적으로 세계에 대한 기계적 환상을 가졌다. 이는 오늘날 과학(과학적 환상)으로 발전하였지만 여기엔 존재를 대상으로 전환시키는 대상적 사유의 한계(맹점)가 있다고 말할 수 있다. 데카르트는 신을 신봉하였지만 신의 보증을 통해 인간의 정신이 신을 대신하여 세계의 주체(코기토)가 될 것을 기도(祈禱)하면서 동시에 기도(企圖)한 인물이다. 그러한 기도 때문에 인간의 신체는 육체(물질, 기계)가 되어버렸다.

신체는 데카르트의 기계적 세계관으로 존재하는 것이 아니라 지금도 '자연적 존재=본래존재'로서 존재한다. 그런 점에서 신체는 사유하기 때문에 존재하는 사유 존재가 아니라 존재하기 때문에 사유하는 존재 사유적 존재로서 모든 존재와 연결되는 (networking) 존재의 바탕(matrix)이다. 신체야말로 자연과 직접적으로 결부된 존재, 즉 자연과의 관계에서 어떤 인위적(인공적) 매개(언어)가 끼어든 적이 없는 생성적(구성적이 아닌) 존재, 즉 자연적 존재로서 본래존재의 특성을 고스란히 간직하고 있는 실체(실재)이다. 한마디로 신체는 제도(institution)가 아니다. 스포츠나 무예는 그러한 신체적 존재를 바탕으로 신체를 제도화한 '신체의 제도화' '신체의 기술화'가 이루어진 문화 장르다.

스포츠나 무예는 그러한 점에서 신체의 가장 자연스러운 삶(생

[표 8] 진리-길-생명

길(道)	도, 도덕	삶(지혜)	존재-존재자	이론-실천	초월적-내재적
진리	진리, 이치	앎(지식)	존재자-존재	이론(언어)	초월적
생명	생성, 생멸	기운생동	존재 그 자체	신체적 존재	내재적-초월적

존)의 발로(표현)이면서, 동시에 생활적 존재로서 존재의 자기-확인장치(신체 기술 체계, 문화 체계)다. 인간은 다른 무엇보다도 신체를 통해서 세계를 상상하고, 세계를 상징하고, 세계와 교감하고, 소통한다. 신체는 세계의 시작과 동시에 존재한 태초적 존재다. 그런 점에서 신체(身體)는 신(神)이다.

최종적으로 우리는 "신체야말로 살아있는 신이다"라는 결론에 도달할 수밖에 없다. 신체는 존경(respect)과 신비(mystery)의 대상이다. 우리는 여기서 성경의 대표적인 구절인 "나는 길이요, 진리요, 생명이다"라는 말을 상기하면서 그것을 토대로 신체와 도(道, 道德)의 관계를 생각해 볼 수 있을 것이다.

예수는 왜 '길→진리→생명' 순으로 말을 했을까? 길을 진리보다 앞세우는 까닭은 삶을 살아야 진리를 찾는 기회가 오기 때문이다. 삶은 모든 것의 아프리오리이다. 그렇다면 생명은 삶의 전제가 되는데 왜 진리 다음에 오는 것인가? 생명은 진리 중의 진리이기 때문이다. 우리는 삶과 생명이 순환 관계에 있음을 알게 되고, 진리는 그 가운데서 매개 역할을 하고 있음을 보게 된다.

6

신체적 존재론을 위한 철학인류학적 경로

1) 베르그송의 생성은 의식의 생성이다

베르그송(Henri Bergson, 1859~1941)은 '직관(l'intuition)의 철학자'다. 그에게 있어 직관은 지능(intelligence)과는 다른 개념이다. 직관은 무엇보다도 의식의 지속을 의미하며, 순수 지속(la durée pure)은 결론적으로 시간이다. 지능은 외부의 대상을 추상적(관념적)으로 분석하여 결국 수학이나 자연과학의 세계에 이르는 반면, 의식의 세계는 생성적인 지속을 의미한다. 따라서 베르그송의 생성은 의식의 생성이다.

베르그송은 직관과 의식을 통해 기억과 물질에 도달한 철학자이다. 그에게 있어 순수 기억은 영혼이며, 의식의 지속을 통해 기억은 물질과 관련을 맺는다. 영혼(정신)과 신체(뇌세포)의 관계는 생명과 물질의 관계와 같다. "생명은 물질이 아니고, 물질은 생명의 비약을 방해하나, 또 다른 한편으로 생명이 그 물질의 저항을 이용하고 있다."[20]

생성하는 존재로서의 기억은 단순히 기억 창고에 그치는 것이 아니라 물질세계와 관계를 맺음으로써 충만한 존재가 된다. 이는 의식에 치중하기는 하지만 의식을 존재 전체에로 확장하는 개방성을 갖는다. 그래서 그는 닫힌 도덕, 닫힌 종교 대신에 열린 도덕, 열린 종교, 그리고 이를 위해 열린 교육을 주장한다.

베르그송에 있어서도 신체는 육체(물질)의 개념으로 사용하고 있음을 보게 된다. 이는 아직도 물질이라는 것이 정신이 규정한 개념이라는 사실을 모르고 있는 소치다. 직관이라는 개념을 통해 지능을 벗어나고자 하면서도 여전히 신체를 대상으로 보는 '육체의 선입관'은 벗어나지 못하고 있다.

베르그송 철학의 원리는 철학의 탐구 대상인 실재(實在)가 지적 개념에 의하여 인식되는 고정된 존재가 아니라, 직관만이 그 실재의 생생한 본질을 꿰뚫어볼 수 있다고 주장하며, 그런 실재의 본질은 언제나 간단없이 변하고 흐르는 '순수 생성' 자체라는 데에 있다. 베르그송의 철학은 이 우주의 모든 것, 인간의 모든 것이 끊임없이 흐르고 변하는 생성(生成) 자체임을 말하기 위한 과정이라고 보아도

---

20 김형효, 『베르그송의 철학』(민음사, 1991), 22쪽.

무리가 없다.[21]

　의식이 생성이라는 것을 알면서도 신체가 생성 그 자체라는 사실을 알기 어려운 까닭은 역시 서양철학의 고질적인 '대상적 사유'의 탓이다. 바로 세계에 대한 대상적 사유의 태도를 버리는 순간, 세계는 신체 그 자체로 다가온다. 신체는 존재이지만, 인간이 그것을 파악하려고 하는 순간 현상(대상)으로 변해 버리고 만다. 그런 점에서 신체는 존재이면서 현상이다. 신체는 존재가 현상으로 현현하는 바탕이다.

　필자의 신체적 존재론에서의 '신체'는 마치 베르그송의 생성 철학에서 '직관'이 물질(이미지, 신체)과 기억(순수 기억, 이미지 기억)의 중간 지대에 있는 것과 유비적 입장에 있다. 제7장에서 말하겠지만 '신체'는 하이데거의 존재론의 '현존재'와 유비적 입장에 있다. 신체적 존재론의 신체, 존재론의 현존재, 생성 철학의 직관은 생성(생멸)에 접근하는 철학으로서 공통점이 있다. 그러나 필자의 신체적 존재론은 하이데거나 베르그송과 같은 초월적 시각이 없다는 점이 다르다. 의식은 초월적이라는 점에서 이미 존재가 아니다.

　베르그송은 의식을 통해서 생명 현상을 바라보고 있는데 이것은 생멸하는 우주 자체에 비하면 이미 2차적인 것이다. 보다 근본적인 생명 현상은 의식이 아니라 신체다. 베르그송이 신체를 통해 생명

21　위의 책, 11쪽.

현상을 보지 못하는 이유는 신체를 육체나 물질로 보는 서양 기독교와 철학 사상의 훈습(薰習)에서 완전히 벗어나지는 못한 까닭이다. 서양철학은 아리스토텔레스 때부터 이미 신체는 '의식의 결여'라고 전제하고, 악은 '선의 결여'라는 편견을 가져왔다. 그래서 그는 어쩔 수 없이 정신주의 혹은 신비한 정신주의로 에둘러 의식의 생명 현상을 탐색했던 것이다.

베르그송은 비록 '심리적 물리학'을 벗어났다고 하지만, 물질과 신체를 같은 것으로 분류하고, 물질의 반대편에 순수 기억과 이미지 기억으로 구성되는 정신을 두고, 양자를 연결하는 접점에 직관을 둠으로써 양자의 통일을 기했던 것이다. 이것이 그의 정신주의의 한계다. 순수라는 것은 가상 실재다. 칸트의 순수 이성이든, 베르그송의 순수 기억이든, 후설의 순수 의식이든 모두 초월적 사유의 산물이다. '순수'라는 말은 모두 신체적 존재론으로 나아가는 것을 막았다고 볼 수 있다.

베르그송은 '의식의 지속의 흐름'을 질과 양으로써 설명하기도 했다.

그(베르그송)는 지속의 의미를 구체적으로 해명하기 위하여 '질(la qualité)'과 '양(la quantité)'의 개념의 구분이 중요함을 가르치고 있다. (……) 양적으로 A가 B보다 크다고 할 때, 우리는 그 양적인 크기의 객관적 기준을 정확히 계산할 수 있다. 그러면 우리가 무거운 물건을 들어올릴 때나 또는 밀 때 우리가 체내 감각으로 느끼는 힘의 강도는 수량으로 양화(量化)될 수 있는 것일까? 재래의 전통적인 심리학에서는 이 체내 감각적 강도의 문제가 위에서 거론된 크기의 양적 측정과는 좀 다르다는 것을 인정하였다. 즉, 크기의 양적 측정은 객관적으로 측정 가능하고 따라서 팽창 가능한 것이지만, 느끼는 체내의 강도는 측정할 수 없더라도 두 강도 간의 크기와 작기를 비교할 수는 있다고 주장하였다. 베르그송의 의식 탐구는 바로 이 체내 감각이나 감정을 양화하려고 하는 심리학에 대한 비판으로부터 시작하고 있다.[22]

베르그송은 의식의 질적인 문제에 관심을 보이고 있다.

정신적 노력이나 주의 집중을 신체 근육의 긴장과 혼동해서는 안된다. 정신적인 노력이나 긴장은 사실상 사랑과 증오의 격렬한 감정과 다르지 않다. 사랑과 증오의 격렬한 감정도 신체의 수축 현상을 동반한다. 그렇다고 사랑과 증오가 양화될 수 있는 신체 운동이 아니다. "질의 차이가 자발적으로 양의 차이로서 번역된다는 것을 덧붙여야 한다. 그 까닭은 우리의 신체가 주어진 무게를 들어올릴 때 다소간 제공하게 되는 확장된 노력 때문에 그러하다. (……) 당신이 크기의 개념을 느낌에 도입하지 않는다면, 그런 느낌은 단지 하나의 질이다."[23]

---

22 위의 책, 84~85쪽.
23 위의 책, 86~87쪽.

베르그송의 의식 철학이든 하이데거의 존재론이든, 둘 다 아직 신체적 존재론에 도달하지 못했다. 왜냐하면 하이데거의 존재 이해나 베르그송의 의식의 지속으로서의 기억도 본래존재가 아닌, 가상 실재성을 완전히 벗어나지는 못했기 때문이다. 인간의 정신과 기억과 의식이야말로 대뇌적 작용에 의한 가상인 반면, 신체야말로 우주의 모든 생성(생멸)의 비밀을 간직하고 있는 실재다.

2) 하이데거 존재론의 한계

하이데거(Martin Heidegger, 1889~1976)는 다소 불투명한 점이 있긴 하지만 서양의 존재론을 개척한 인물이다. 비록 그가 시간에 매였기 때문에 존재의 진면목을 보지 못한 것은 사실이지만, 그의 시간에 대한 천착은 시간과 비시간의 경계를 왕래하고 있었다는 점에 주목할 필요가 있다. 경계에 있었다는 것은 경계의 양쪽을 파악할 수 있는 기회를 얻을 수 있음은 물론이고, 동시에 경계의 이중성에서 역동적인 중심에로 접근할 수 있는 행운을 얻을 수 있었다는 뜻이기도 하다. 더욱이 경계는 경계선이 그어지기 이전의 존재로의 여행이 가능한 지점이기도 하다.

철학적 존재론은 문학으로는 시의 세계와 만나는 영역이다. 존재의 은적(隱迹)은 시의 은유(隱喩)와 다를 바가 없다. 시의 은유는 비유적으로 존재의 은적을 드러냄으로써 잃어버린 존재로의 귀향을 안내하는 역할을 한다. 특히 그의 후기 '시간과 존재'의 시기 및 횔덜린의 시에 대한 관심을 보인 점은 이를 잘 드러내고 있다. 시와 예술에 대한 그의 관심은 '존재의 신체성'으로 들어가는 첩경이었다고 말할 수 있다.

하이데거의 존재론에서 신체의 문제가 기초 존재론에서부터 빠졌다는 사실은 특히 프랑스 철학자들에 의해서 비판을 받았지만, 그럼에도 불구하고 특히 주목할 것은 그가 기분(氣分, Stimmung)이나 처지(處地, Befindlichkeit) 등의 개념을 통해 신체의 현상을 언급하였으며, '신체적으로 사는 것(Leiben)'이란 개념을 통해 신체의 문제를 실존적인 삶의 입장에서 종합적으로 다루었다는 점이다. 그렇지만 그의 신체에 대한 언급은 현상학적인 입장을 크게 벗어나지는 못했다. 여기서 현상학적이라 함은 신체의 지향성과 함께 실존적 공간의 의미 맥락에서 신체를 분석하였음을 의미한다.

하이데거는 후설이 주장한 신체 지향의 '절대적인 여기'에 대해 비판적인 자세를 취하면서 '여기'를 '저기'로 바꿀 것을 제안한다.

공간성–신체성(Leiblichkeit)의 문제 상관성은 후설이 탐구했던 주제이기도 하다. 후설은 그 자신의 신체인, 영점 지향으로부터 공간의 구성에 관한 일련의 설명들을 전개한 바 있다. 후설은 감각된 것들로서의 물질적 사물들의 성질이 경험 주체인 나의 성질에 의존하며, 내 신체와 내 정상적 감성에 관련된다고 말한다. 즉 경험하는 주체인 나는 신체를 갖고 있고, 지각은 감각하는 자아인 내가 원점이 되어 전개된다. (……) 그러나 『존재와 시간』에서 거리-없앰 (Ent-fernung)의 개념을 제안함으로써, 하이데거는 '저기'를 '여기'로부터 이해해서는 안 되고, 역으로 '여기'를 우리 배려의 '저기'에로부터 이해해야 한다고 주장한다.[24]

하이데거는 후설의 '절대적인 여기'에 대해, 공간의 구성을 위해 본질적인 것은 신체의 '여기'가 아니라 '저기'에 있다고 한다. 그는 "현존재가 탈자적(脫自的)으로 열려있는 세계에 의해 공간적으로 존재하며, 바로 그것을 향해 현존재는 배려의 양식 속에서 언제나 '저기'에 있다"[25]고 말한다. 이는 결국 하이데거의 현존재(Dasein), 현사실적 존재, 세계-내-존재가 같은 맥락임을 말한다.

필자는 하이데거의 '저기'도 아니고 후설의 '절대적인 여기'도 아닌, 절대성이라고는 전혀 없는 '지금, 여기' '자기-내-존재'에서 존재의 진면목을 찾았다.[26] 자기-내-존재에 대해서는 제9장에서 다시 서술될 것이다.

하이데거의 현존재에는 '현재적(現在的) 존재'와 '현존적(現存的)

---

24 양갑현, "하이데거와 신체의 문제", 『범한철학』 제81집(2016), 213쪽.

25 위의 글, 213쪽.

26 하이데거 존재론에 대한 논의는 필자가 쓴 자생 철학서인 『철학의 선물, 선물의 철학』 『소리의 철학 포노로지』(이상 소나무, 2012), 『니체야 놀자』 『빛의 철학, 소리철학』(이상 소나무, 2013) 『일반성의 철학과 포노로지』(소나무, 2014), 『니체, 동양에서 완성되다』(소나무, 2015), 『평화는 동방으로부터』 『평화의 여정으로 본 한국문화』(행복한에너지, 2016), 『위대한 어머니는 이렇게 말했다』(살림, 2017), 『네오샤머니즘』(살림, 2018) 등 10권의 철학서에 산재해 있다.

존재'의 의미의 이중성이 있다. 현재적 의미는 '시간적 존재'를 말하고, 현존적 존재는 '무(無)의 존재'를 말한다. 하이데거는 데카르트에 의해 제안된 '사유-실체'와 '물체-연장'의 이원론을 벗어날 뿐만 아니라 실존론적인 의미에서 신체성에 접근했다. 하이데거는 후설의 '절대적 여기'에 대해 '저기'를 주장했지만, 인간의 정신성에서부터 신체적 공간성을 이끌어내고 있다.

하이데거의 신체 담론은 어디까지나 현상학적인 차원의 것이다. 말하자면 데카르트의 '사유/물체' 이원론과 후설의 '절대적 여기'를 벗어나서 '저기'를 주장하고 있지만, 여전히 현상학적이고 실존적인 신체를 의미하고 있다. 대상으로서의 물질적(물체적) 신체(육체)라는 의미를 벗어나기는 했지만 주체의 지향이라는 관점에서 신체를 보고 있기 때문이다. 이는 하이데거가 물리적 공간에서는 벗어났지만 시간에서는 아직 자유롭지 못함을 의미한다. 주체의 지향이 없으면 시간은 없는 것이다. 시간이라는 것이 고정된 공간(실체적 공간)을 흐르는 것이 아니라 '시공간(space-time)'으로 과학적으로 증명되었다시피 주체의 지향인 시간에는 공간의 흔적이 묻어있기 마련이다.[27]

---

27 시공간의 우주에서는 시간에는 공간의 흔적이 있고, 공간에는 시간의 흔적이 있기 마련이다. 시간의 흔적은 '흘러간 것'이고, 공간의 흔적은 '쓰여진 것'으로서 시간의 완료형이다. 바로 이 흔적이 현상학적인 의미, 실존인 의미인 것이다. 현상학적인 의미를 보다 명확하게 알기 위해서는 물리적 현상학(물리학)과의 차이를 살펴볼 필요가 있다. 칸트는 시간과 공간을 감성적 직관의 세계로 정의했다. 이 말은 시간과 공간이라는 것은 본래(본래존재의) 감성적 세계를 직관의 힘

하이데거는 '시간의 철학자'이다. 그는 시간의 철학자임으로 해서 공간을 벗어나지 못한 철학자이기도 하다. 시간과 공간은 서로 떨어져 있지 않기 때문이다. 그래서 그는 시간을 공간의 개념으로 치환하여 설명하기도 하는데, 그 대표적인 것이 바로 'Dasein(현존재, 저기-있음)'이라는 개념이다. 여기서 'da'는 시간이면서 공간이

을 빌려서 시공간으로 세계(계산할 수 있는 세계)로 변형·환원시켰다는 의미이다. 하이데거는 시간(시간성)에 매임으로써 공간성에서 완전히 벗어날 수는 없었다. 시공간을 벗어나려면 물리적 현상학의 세계는 물론이고, 현상학(심리적 현상학)적인 세계마저 벗어나야 한다는 결론이 나온다. 현상학을 벗어나려면 그것의 핵심인 주체-대상(원인-결과)의 이분법을 벗어나야 한다. 말하자면 주체-대상을 완전히 결별하는 곳에서 신체를 바라보는, '존재론적인 신체론'에 도달할 수 있는 길을 열게 된다.

존재론적인 신체론(신체적 존재론)은 무엇일까? 우리는 흔히 몸(신체)이 아플 때 내 몸이 있음(몸의 존재)을 현상학적으로 알게 된다. 그러나 몸이 건강하면 몸이 있는 줄 모른다. 이것이 신체적 존재의 비밀이다. 생성은 인간의 앎(知)과 모름(無知)과 상관없이 비밀스럽게 진행된다. 생성은 인간이 잡을 수 없는 것이다. 우리가 모르는 사이에 일어나는 세포의 생멸은 그 좋은 예이다. 인간의 신체는 가장 존재에 가깝게(바짝 붙어) 있기 때문에 존재와의 거리 두기를 해서 그 존재를 파악할 수는 없지만, 바로 그것이 존재의 신비다. 신체적 존재는 바로 건강할 때 몰랐던(인식할 수 없던) 몸의 존재와 같은 것으로서 '생멸하는 몸 자체'를 말하는 것이다. 우리가 몰랐다고 해서 신체가 없었던 것은 아니다. 인간이 인식하지 못했다고 해서 '없지 않은(nothingless)' 신체를 '존재론적인 신체'라고 말하는 것이다. 인간이 이해할 수 있는 것은 이미 존재론적 신체가 아니다.

하이데거는 존재 이해를 통해 세계(존재)를 분류했다. 어떤 시각에서든 존재를 분류하면 그것은 세계를 있는 그대로 보는 것이 아니라 관찰자의 기준에서 존재를 대상화하고, 자신의 기준에 의해서 세계를 구성(재구성)하는 것을 의미하고, 그것은 이미 '보는 것(seeing)'으로서의 소유적 행위에 속한다. 말하자면 분류 행위는 세계에 대한 일종의 분별 행위이고, 이러한 분류 행위는 본래존재로부터 스스로를 소외시키는 행위이다. 그렇지만 관찰자는 분류를 하면서 스스로가 존재의 전체로부터 소외되었다고 생각하기보다는 세계를 장악했다고 생각할 것이다.

다. 그는 시간이라는 개념을 통해서 시간성, 즉 계량할 수 없는 시간 그 자체에 도달하고자 한 철학자다. 시간 그 자체는 물론 '존재 그 자체'를 의미한다.

하이데거의 존재론에 대해서 간단하게 말하는 것은 쉽지 않다. 그가 현상학과 존재론의 사이에 있는 철학자이며, 시간에 대해서 누구보다도 철저하게 탐색한 철학자라는 점을 감안하면, 흔히 말하는 육하원칙이라는 것으로 대략적인 설명을 할 수 있을 것 같다. 육하원칙은 그것 자체가 바로 현상학이며, 그것의 근거(바탕)가 되는 것이 바로 존재이고, 그 존재를 탐색하는 것이 존재론이다.

하이데거는 신체를 가진 구체적인 존재인 '누가(who)＝인간'에 대해서보다는 추상적인 시간('존재와 시간' '시간과 존재')의 탐색에서 철학의 실마리를 찾고자 매달렸다. 그래서 그는 '언제(when)＝시간'을 필두로 해서 '어디서(where)＝장소' '무엇을(what)＝대상' '어떻게(how)＝방법＝길(道)', 그리고 마지막으로 '왜(why)＝존재 이유'에 대한 나름의 해답을 얻는 방식으로 '누가＝현존재'를 해명하려고 했다.

하이데거는 존재 그 자체에 대한 물음을 통해 철학을 시작한 까닭에 '누가(인간)'를 '현존재(현재+존재)'라고 시간 개념이 들어간 존재로 치환하면서 철학을 출발했다고 할 수 있다. 그는 현상학(현존재)에 머물면서 존재를 바라보는 방식으로 존재론을 전개했다. 그는 현상학에 속하는 육하원칙의 근거가 되는 존재에 대한 깊은 탐색을 위해 현존재를 존재와 존재가 만나는 통로에 두는 관점을 사용한 셈이다.

우리는 이렇게 말할 수 있다.

"존재의 현상학이 존재자이고, 존재자의 존재론이 존재다."

이는 "무의 현상학이 무한대이고, 무한대의 존재론이 무이다"라
고 하는 것과 같다. 이를 불교와 기독교에 적용하면 "불교의 현상
학이 기독교이고, 기독교의 존재론이 불교이다"라고 말할 수 있을
것 같다. 하이데거는 동양의 선(禪) 불교에 깊은 관심을 가졌다. 하
이데거 존재론에 대한 토론은 앞장과 뒷장들(특히 제9장)에서 지
속적으로 토론되고 있기에 여기서는 간략하게 줄인다.

3) 데리다의 해체주의는 불임의 철학

— 대뇌는 자기 기만에 빠진다

철학이 발전하고 시대에 부응하기 위해서는 종래의 철학에 대한
해체(destruction)가 반드시 필요하다. 데카르트의 '회의', 칸트의
'비판', 헤겔의 '변증법', 하이데거의 '해체' 등 서양철학의 부정의
정신은 바로 그 대표적인 것이다. 이것은 철학에 있어서만이 아닌,
모든 '구성된 문화'의 운명이기도 하다.

데리다의 해체주의는 그러나 해체를 목적으로, '도저히 도달할
수 없는 목적'을 목적으로 설정한 까닭에 철학적 잉태가 불가능하
다. 해체주의는 극단적인 이상주의로 인해 때로는 그들이 주장하

116

는 것과 정반대의 상황에 처하게 된다.

마르크스주의는 계급 투쟁을 통해 '계급 없는 이상 사회'를 실현한다고 선언함으로써 역사적 투쟁 과정이 있는 '역사적 해체주의'라면, 해체주의는 서양철학 전체를 해체하는 것을 목표로 한 '철학적 해체주의'인 까닭에 문명적 데카당스라고 할 수 있다. 마르크스주의가 인간의 성분 분석을 통해 더 심각하고 복잡한 '계급 분류'에 빠져든 것처럼, 해체주의는 가장 이상적 윤리인 '정의'를 실현한다는 목적으로 인해 자가당착에 빠졌다. 해체주의는 생물의 기본적 소여(所與)인 성(性)의 구별조차 무시하는 비윤리 속에 빠져들었다. 해체주의는 해체를 위한 해체라는 비판에서 결코 자유롭지 않게 되었다.

데카르트 이후 근대 인간은 자신의 신체를 잃어버렸다. 인간의 근대 문명은 과학을 얻은 대신 신체를 버리고 육체와 물질을 얻었을 뿐이다. 아니, 인간의 문명 전체가 자연의 신체를 왜곡하기 시작했으며, 근대에 이르러서는 신체를 정신과 육체로 분리했을 뿐이다. 신체는 근대화·과학화라는 이름하에 '주체-대상' '정신-육체'의 이분화, 즉 심신 이원론으로 인해 기계적인 물질·육체로 변하여 버렸고, 정신의 대상으로 전락해 버렸다. 신체는 육체가 되기 이전의 본래존재에 대한 명칭이다.

칸트의 이성주의에 반기를 든 후기 근대 철학자인 니체·화이트헤드·하이데거·데리다·지젝에 이르기까지 누구도 생성적 존재, 즉 신체적 존재에 도달하는 데 실패하고, 서양철학의 에피스테메의 의미 맥락의 존재(Being)로 돌아가 버렸다. 이들은 모두 생성을 주제로 삼았지만, 생성을 존재로 환원시키는 데 활용했을 따름이다. 이것을 두고 '생성의 존재화'라고 말할 수 있을 것이다.

하이데거는 플라톤의 이데아를 존재(Sein)로 환원시킴으로써 존재론의 길을 열었다. 하이데거 전기의 '존재와 시간'은 현상학적 차원의 존재론이었고, 하이데거 후기의 '시간과 존재'는 생성론에 접근하는 존재론이었다. 이에 반해 데리다는 하이데거의 존재론에서 아이디어를 가져와서는 현상학적 차원에서 절대적(결정론적) 합리성을 해체하는 것을 목적으로 하는 해체주의 철학을 만들었다.

해체주의는 해체라는 철학적 방법을 철학적 목적으로 전도함으로써 끝없는 해체를 목적으로 할 뿐, 아무것도 생산하지 못한 채로 기존의 것만 해체하는 무질서와 혼란을 부채질했다. 현학적인 해체주의는 역사 변증법의 과정에서 스스로 현실적 대안을 구성하지 못한다. 구성(constructive) 철학에 몰두한 철학자들은 해체주의(deconstructivist) 철학이 구성 철학의 반대인 것처럼 오해하기 쉬운데, 해체주의는 구성 철학의 이면일 뿐이다.[28]

---

28 해체주의자들은 구성 철학을 해체하면 마치 생성 철학이 되는 것처럼 오인하는데, 이는 자연과학을 해체하면 자연이 되는 것처럼 생각하는 것과 같다. 철학을 비롯한 모든 문화 혹은 제도는 구성(構成)된 것이지만, 자연은 생성(生成)된 것이다. 해체주의자들은 해체가 마치 존재인 것처럼 착각한다. 그러나 해체는 존재(생성의 의미로서의)가 아니며, 자연은 해체할 수 없는 생성된 존재다. 데리다의 현상학적 해체주의는 결국 철학적 말장난에 그치는 것으로서 서양철학을 관통하는 대상적 사유, 즉 타자론의 계승일 뿐이었다. 그 좋은 예가 '타자로서의 유령론'이다.

해체론의 기원을 따지자면 데카르트와 칸트에게까지 올라갈 수
도 있다. 데카르트의 회의는 회의할 수 없는 것을 회의했다는 점에
서 해체할 수 없는 것을 해체하고자 한 데리다의 해체론의 원조라
고 할 수 있다. 칸트의 비판 철학도 마찬가지다. 예컨대『판단력 비
판』을 쓰면서 합리적인 미학이나 예술론을 구성하기 위해 '무목적
의 합목적성'을 주장했다. 무목적의 합목적성을 인위적으로 추구

돌이켜보면 해체주의 혹은 해체론의 신호탄은 마르크스가 쏘아 올렸다고 해도
과언이 아니다. 마르크스의『공산당 선언』과 유물론과 사적 유물론은 기존의 자
유민주주의와 유심론(유신론)과 다양한 크고 작은 국가들의 해체를 도모함으로
써 인류 문명에 대한 극단적 허무주의와 함께 무정부주의를 드러냈다. 더욱이 마
르크스의 계급 투쟁론이야말로 해체주의의 극단적 예이다. 계급 투쟁론은 본래
차이의 세계를 산술적 평등의 세계로 환원시키려고 시도한 사회 혁명론이자 사
회 이상론이다. 마르크스는 공산 사회주의가 무신론적 종교(마르크시즘 기독교)
의 유령 역할을 수행토록 했다. 데리다의 초법적인 정의와 무조건적인 환대 등도
신과 정신에 이어 자유주의의 유령 역할을 하고 있다. 그래서 좌파-마르크시즘
과 자유(PC 좌파)-해체주의는 서구 주도의 현대 문명을 해체하고 있다. 데리다
의 해체론적 유령론은 해체할 수 없는 것을 의미하는 까닭에 현대 철학의 이상
주의의 한 극단이면서 지독한 데카당스라고 할 수 있다. 마르크스의 계급 투쟁론
(공산주의 국가의 경우, 공산당 귀족을 중심으로 성분에 따라 보다 철두철미한
복잡한 계급을 창출하는 모순을 보였다)이 종래의 국가나 사회를 해체함으로서
한 사회를 공산 전체주의로 빠뜨린 것과 같이 해체론도 실현 불가능의 정의론으
로 인해 자유주의 국가를 또 다른 전체주의의 모습으로 변모하게 할지도 모른다.
해체론은 자유 우파의 전체주의가 될 위험이 있다.
해체론은 현상학의 마지막 언설인지도 모른다. 이는 철학의 종언과도 밀접한 관
계를 맺고 있으며, 독일 관념론의 완성자라고 불리는 헤겔의 절대정신(유심론)-
역사철학이 마르크스에 의해 유물론(절대물질)-사적 유물론으로 뒤바뀌면서
처음으로 그 일단을 드러냈고, 니체와 마르크스의 뒤를 이었다고 자평하는 데리
다에 의해 보다 확실하게 정착된 것이라고 볼 수도 있다. 새로운 철학을 구성하
기 위한 것이 아니라 해체 자체가 목적이 될 수밖에 없으니 그의 해체는 데카당
스다.

한다면 해체가 목적인 해체주의에 빠질 수 있다.

서양철학의 현상학적 특징은 과정의 현재적 순간에서 합리성(합리적인 실체)을 취하는 끝없는 연장 혹은 차연(différance)을 떠올리게 한다. 칸트는 당시 '차연'이라는 말을 사용하지는 않았지만, 그가 『판단력 비판』에서 말한 '무목적의 합목적성'에는 현대철학의 '차연'의 요소가 분명히 들어있다. 특히 칸트의 『영구 평화론』은 해체론으로도 해석할 수 있다. 영구 평화론은 근대 국가(객관적이고 합리적인 정신과 제도의 결정체)를 전제하지만, 국가 연합(유엔 같은)과 국제법을 통해 국가 체계의 결정성을 점진적으로 약화시키는 것을 통해 세계 평화(세계 국가, 세계 시민)를 실현하려는 평화론으로 해석할 수 있다.

이성주의(理性主義)가 만들어내는 이상주의(理想主義) 속에는 항상 실현 불가능한(결정 불가능한, 해체 불가능한) 끝없는(무한대의) 무목적의 합목적성 혹은 차연과 같은 성질이 숨어있다. 헤겔의 변증법과 역사철학은 정-반-합 과정을 통해 계속해서 종래의 것을 해체함으로써 절대국가(법의 정신)에 도달한 바 있다. 데리다의 해체론은 열린 미래, 미래의 가능성을 열어놓고 있지만 현상학적 차원에서 존재(본래존재, 자연적 존재)의 세계를 결정 불가능 혹은 해체 불가능의 세계(어떤 문제도 해결하지 못한 상태에서)로 바라보는 위선성과 데카당스가 들어있다. 해체 철학의 결정 불가능과 해체 불가능은 같은 말이다.

데리다의 해체론은 동양의 음양론이나 불교 사상을 서양의 현상학적 차원에서 번안한 측면이 많다. 그래서 데리다의 해체주의를 동양철학과 비교하는 학자들도 늘어나고 있고, 문맥에 따라서는 그러한 번역이 완전히 틀리다고 말할 수도 없다. 그러나 그의 해체주의는 동양의 자연주의와는 다르다. 자연은 결코 해체될 수 없는 것이기 때문이다.

데리다의 해체주의는 하이데거의 존재론을 역사 현상학적인 차원으로 옮겨놓은 철학에 불과하다. 더욱이 데리다의 해체론은 헤겔적이라기보다는 마르크스에 가깝다고 할 수 있다. 데리다가 『법의 힘』에서 주장하고 있는 '정의와 공정'은 마르크스의 '평등'에 가깝기 때문이다. 그래서 데리다의 추종자들을 'PC(political correctness, 정치적 올바름) 좌파'라고 한다.

좌파 이데올로기가 현대인에게 전염성이 강한(호소력이 있는) 까닭은, 대뇌에게는 새로운 합리성을 창조적으로 추구하는 것보다는 기존의 도그마에 적응하는 위선(僞善) 및 합리화가 더 쉽기 때문이다. 또한 대뇌적 인간은 세계를 인과로 설명하는 기계적인 대답(정답)을 우선하는 관계로 신체에 의해 달성되는 존재적·실존적인 해석에 비중을 두는 것을 멀리하게 된다. 대뇌는 기계적인 것을 좋아하는 반면, 자유를 추구하는 신체는 존재적이기 때문에 스스로 새로운 해답을 찾을 것을 요구한다. 그러한 점에서 절대적 도덕주의는 자유를 추구하는 존재에 배치된다. 대뇌의 세계가 존재자의 세계라면 신체는 존재(본래존재)다.

공산 사회주의와 자유 자본주의의 PC 좌파(PC 전체주의)는 인간의 이성이 욕망을 속인 끝에 권력 경쟁의 정점에서 인간이 스스로 자연의 양성 번식(종의 번식)을 비롯한 존재 기반(기초존재)인 생존 경쟁을 무시하기에 이른 자기기만(존재 기만) 혹은 문명 도착이라고 하지 않을 수 없다. 이것은 종합적으로 위선적이고 기만적인 인간종의 자기 배반이라고 하지 않을 수 없다. 삶의 환경이라는 측면에서 볼 때 총체적으로 자연을 기계로 환원시킨 인간이 심리적 혹은 철학적으로 자신의 신체(존재)를 망각하기에 이른 것이다. 신체 망각은 존재 망각인 셈이다.

성 소수자의 보호와 권리를 주장하는 동성애자와 동성 결혼의 합법화는 문명적으로 인공 지능(AI)의 등장과 안팎 관계를 이룬다. 여기에는 생물학적으로 번식을 달성하는 인간의 가치를 무의미화하고 최소한의 인간 윤리를 파괴하는 문명적 데카당스 혹은 음모, 그리고 인간의 자기기만이 도사리고 있다. 인간은 폐쇄된 공간(제도) 속에서도 본능을 유지하기 위해 스스로 왜곡된다. 나보다 더 남성적인 남성 앞에서 여성이 되고, 나보다 더 여성적인 여성 앞에서 남성이 되는 것은 부자유한 공간 속에서 '왜곡된 성'이다. 이것은 성적 본능의 자기기만이다. 이는 철학적으로 자기기만에 빠진 마르크시즘과 같다.

마르크시즘과 잘못된 페미니즘은 가부장-국가 사회의 억압에 반발한 문화 현상이긴 하지만 둘 다 인간의 허위의식(자연에서 볼 때는 '허위의 허위의식'이다)에서 출발하고 있다는 공통점을 가지고 있다. 삶의 방식 혹은 존재 이유에서 생물 일반의 생존 경쟁에서 권력 경쟁으로 넘어간 인간종은 결코 권력을 버릴 수 없음에도 불구하고 공산주의는 계급을 계급 투쟁으로 없애겠다고 공언했고, 페미니즘은 가부장-국가 사회의 출범 이후 결코 가부장제를 버리고 살아갈 수 없음에도 생식 없는 동성애와 동성 결혼을 마치 성평등인 양 선전하고 있기 때문이다. 이에 따라 진정한 페미니즘 철학과 진정한 평등 평화 철학이 요구되는 시점이다.

동성애라는 것도 심리적으로 바라보면 이성애적 요소를 가지고 있다고 볼 수 있다. 동성애 관계에 있는 사람 사이에서도 항상 누가 남자 혹은 여자의 위치에 있는가가 자연스럽게 정해지기 때문이다. 게이의 경우 여성성이 강한 쪽이 여자의 입장이 되고, 레즈비언의 경우 남성성이 강한 쪽이 남자의 입장이 되는 것을 볼 수 있다. 육체적 성으로 볼 때는 동성애이지만 심리적으로는 이성애를 완전히 버렸다고는 볼 수 없다.

철학적으로 볼 때 현대 사회에서의 동성애 문제는 자손 생식을 원천적으로 배제하는 까닭으로 결국 인구 문제에 봉착하지 않을 수 없다(우스운 소리 같지만 '여자가 아이를 낳지 않으면 세상은 망한다'). 논리적으로는 어디선가 인구를 보충해야 한다. 물론 이성애자와 건전한 가정을 이룬 사람들은 자손 생산을 포기하지 않을 것이지만. 아무튼 마르크시즘과 동성애적 페미니즘은 자기 증식적인 우주와 암수의 교접을 통한 종의 번식을 위배하는 사건이라고 할 수 있다.

서양 문명에 특히 두드러지는 동성애 현상은 심하게는 동일성을 추구하는 서양 문명, 과학 문명의 부산물(부작용)일 수도 있다. 동성애가 인권 및 소수자 보호라는 명목으로 정당화되는 것은 자연에 대한 인류 문명의 자기 배반적 사건이라고 할 수도 있을 것이다. 나아가서 동성애 현상을 바라보면 인간의 권력은 어디에선가 자연의 성을 억압하다가 결국 왜곡시키지 않을 수 없다는 어두운 전망을 내리게 한다.

마르크시즘이 계급 투쟁을 통해 사회 파괴를 하는 것이라면, PC 좌파는 자연의 성(性)과 함께 성 정체성의 파괴를 통해 가정 파괴를 하는 것이라 볼 수 있다. 이것이 가장 극명하게 드러나는 부분은 인권을 주장하면서 동성애와 동성 결혼·동성 가족을 주장하는 것이다.

서양철학의 이분법(이원 대립, 동일성, 절대론, 실체론, 입자론)은 이론(앎, 지식)과 실천(삶, 신체)을 분리한 전통으로 인해 마르크시즘에 이르러 극단적으로 실천을 강조하는 혁명론과 유물론에서 철학의 정점에 이른다. 서양철학과 과학이 상대성 이론(절대-상대론)이나 불확정성 원리(입자-파동론)에 이르러서 종래의 동일성(실체론)을 수정하기는 했지만 여전히 그 중심에는 이분법의 전통이 남아있다. 서양철학과 문명은 '이원론의 현상학'이다. 기독교가 원인적 동일성의 종교라면 과학은 결과적 동일성의 종교다. 과학은 자연으로부터 기계를 뽑아낸 예술(주술)이라고 할 수 있다.

이에 비해 동양의 음양론은 이분법이 아닌 대대법(待對法: 음양상보相補, 태극론, 비실체론, 관계론, 기운론)으로 앎과 실천을 서로 보완하고 역동하는 관계로 파악함에 따라 수양(修養)이나 수도(修道)를 중시함으로써, 극단적인 유물론이나 유심론을 주장하지 않고 심물(心物)이든 신물(神物)이든 일체로 파악하게 된다. 동양철학과 문명은 '일원론의 존재론'이다. 노장(老莊) 철학과 유교는 도학(道學)의 철학이면서 음양 관계론과 반구저신(返求諸身)의 종교이다.

데리다의 문자학(grammatology)은 서양철학 전체를 해체한다고 선언했지만 실은 세계를 텍스트로 본 까닭에 텍스트를 해체하는 것에 머무를 수밖에 없었고, 텍스트 해체는 아무런 대안 없이 서양 문명을 해체하는 결과를 초래하게 되었다. 심지어 그는 남녀의 성조차도 대립적으로 본 까닭에 그것을 해체하는 페미니즘 운동을 통해 동성애 등을 인정하라는 주문을 하기에 이른다. 마르크시즘과 해체론의 원류에는 이분법이 도사리고 있다. 마르크스가 국가 해체를 시도했다면 데리다는 성 해체-가족 해체를 시도한 것이라고 볼 수 있다.

이는 인간의 존재 기만이면서 자연에 대한 문명의 자기 배반이라고 규정할 수 있다. 인류의 문명은 자기(존재)기만과 함께 자연을 개발하는 정도가 넘쳐서 이제 자연의 배반에 이르렀고, 이는 인류의 종말을 예고하는 지표(징조)로 받아들일 수도 있다. 그러한 점에서 서구 문명이 주도하는 인류 문명은 이제 과학 기술의 기계주의(기계적 패권주의)와 함께 어떤 한 극점을 찍고 있다는 점에서 문명의 해체를 지향하고 있다고 해도 과언이 아니다.

마치 해체하는 것이 새로운 건축이나 구원이라도 되는 듯 선전하고 있는 해체주의는 겉으로는 자유와 민주, 인권이나 평등을 주장하고 있지만 실은 인류의 문명이라는 거대한 건축물, 지구라트(ziggurat)를 스스로 파괴하는 '자기 배반의 공작' 혹은 '철학적 사기'라고 볼 수 있다. 공산주의자가 평등을 팔아서 욕망을 채우는 자들이라면 해체주의자들은 정의를 팔아서 욕망을 채우는 자들이라고 할 수 있다. 이는 이상을 추구하는 인간의 분노와 탐욕을 이용한 인간 이성의 자기 파괴적 어리석음의 노출이라고 할 수 있다.

서양철학은 기본적으로 말소리 중심주의 혹은 인간 중심주의 때문에 자연을 텍스트 혹은 기계로 보는 경향이 있다. 근대 자연과학의 탄생은 그러한 전통의 귀결이라고 말할 수 있다. 다시 말하면 서양의 문화적 전통에 훈습된 사람들은 지극히 자연적인 것을 두고 기계적이라고 하거나 텍스트로 짜인 세계라고 보는 자기기만에 빠진다. 그래서 자연을 두고 "텍스트 밖은 없다"라는 말을 한다. 또 구성된 세계를 해체를 하는 것을 두고 역설적으로 문자학(해체적 문자학)이라고 부르는 것이다.

데리다의 텍스트는 일종의 '텍스트의 기계론'으로서 정신과 대립된 물질, 영혼과 대립된 기계를 의미하는 것은 아니지만, 은밀하게 자연을 왜곡하고 배반하고 있다. 텍스트와 기계의 차이는 전자가 맥락에 따라 수많은 의미를 가지는 것인 반면 후자는 다른 의미를 부정하면서 동일성(등식)을 위한 하나의 의미 연쇄, 즉 기표 연쇄를 추구한다는 점에서 차이는 있지만, 기계도 실은 텍스트에 속한다고 볼 수 있다. 그러나 기계는 그 조직성(공학적인 성격)으로 인해 해체할 수 없는 결정성으로 가득 찬 '폐쇄된 체계'처럼 선입견이 있는 반면, 텍스트는 분절(articulation)로 이루어져 있는 것 같다. 구문(構文, syntax)은 그 대표적인 것이다. 그렇지만 기계도 분절이라는 점에서는 텍스트와 다를 바 없다.

데리다는 텍스트와 문자를 가지고 그의 해체론을 전개하고 있다. 기계와 텍스트와 문자는 약간의 차이가 있긴 하지만 근본적으로는 구성(construction)이라는 공통점을 가지고 있다. 자연을 텍스트라고 하면서 텍스트를 해체하는 것을 목적으로 하는 해체론(해체를 위한 해체를 함)은 자연의 기계성에 빠져있는 서양철학이 그것을 은폐하는 말장난에 지나지 않는다. 이것은 일종의 철학적 이중성이며 자기 모반이다. 데리다는 자연의 기계와 텍스트를 인정하면서 동시에 부정하는 이중적 몸짓을 해체론에서 수행하고 있다. 해체론은 서양철학 전반을 해체한다고 하면서 실은 자연(자연성, 본능)을 해체하고 왜곡하고 있는 것이다. 지금도 생성되고 있는 자연은 철학이 감히 해체하고 왜곡할 수 있는 대상이 아니다.

해체주의는 자연을 왜곡시킨 인간 중심주의의 고백 성사(자기도 모르게 자기 죄를 고백하는)에 해당하는, 서양문명의 매우 정신병리학적(언어심리학적)인 증상(자기모순)에 해당한다. 철학의 문자적 구성성을 약점으로 삼아 해체주의를 주장하는 것은 철학의 종언을 선언하는 것이나 마찬가지이면서 결국 인류 문화를 파괴하는 것이나 마찬가지다. 서양철학에서 철학의 종언은 자연으로 돌아가는 것이 아니라 자연과학의 세계를 자연이라고 생각하는 데서 빚어진 자기모순이다. 말하자면 현상학 내의 자기 왕래 혹은 자기 순환과 같은 것이다. 자연은 서양철학이 말하는 유무(有無) 대립과 이원 대립의 대상이 아니라 그것의 기저에 있는 근본과 같은 것이다.

철학과 문화의 발전을 위해서는 기존의 것에 대한 해체는 필요하지만 해체주의는 일종의 또 다른 결정론으로서 인간을 구속하는 이데올로기다. 사회는 필요하지만 사회주의는 곤란하고, 국가는 중요하지만 국가주의는 곤란하고, 여성은 존중되어야 하지만 여성주의는 곤란하다. 이렇게 보면 모든 '주의(-ism)'는 일종의 대뇌의 폐쇄성을 의미하는 징표다. 폐쇄성과 적대감과 적반하장은 대뇌의 질병이다. 나아가서 인간의 언어(문화)는 다분히 존재를 폐쇄시키려는 의도를 지닌 존재자가 된다. 철학의 관념론이 계속적으로 경험을 필요로 하는 것은 이 때문이다. 삶은 관념과 경험의 긴장 관계 속에서만 새로운 가설(가정)을 정립할 수 있다.

인간은 존재(자연, 본래존재)를 언어(이름, 문화)로 바꾸고, 언어를 통해 존재를 다루기(다스리다, 지배하다) 시작한 생물종이다. 여기서부터 존재에 대한 기만과 배반이 이루어졌지만 이것은 동시에 인간존재의 특성이면서 오늘날까지 인간종을 살아남게 한 결정적인 요인이기도 한다. 남자는 여자를 소유하고 여자와 아이들에게 자신의 이름(성씨)을 붙여주었다는 점에서 남자는 언어의 편에, 여자는 존재의 편에 선다. 마찬가지로 남자는 대뇌의 편에, 여자는 신체의 편에 선다. 필자의 신체적 존재론은 겉으로 보면 마르크시즘과 페미니즘의 편에 서는 것 같지만 실은 '존재의 편'에 서는 것이다.

마르크시즘과 페미니즘은 인류 문명의 억압에 따라 발생한 질병과도 같은 것이다. 그러한 점에서 신체적 존재론은 신체를 통해 존재의 진면목을 되찾자는 철학 운동이라고 말할 수 있다. 신체야말로 살아있는 존재이며, 생성적 존재다. 신체가 없는 것은 모두 추상이며, 기계이며, 언어이며, 궁극적으로 존재가 아니다. 신체를 더 이상 물질이나 육체로 보지 말아야 한다. 신체를 물질이나 육체로 보는 것은 정신의 존재 기만이며, 존재 배반이다. 이러한 존재 기만과 존재 배반에 인간의 위선과 음모와 악이 깃든다.

마르크시즘의 원시 공산 사회는 인류학적으로 보면 모계 사회를 바탕으로 하고 있는 것으로 보인다. 모계 사회는 남성 중심의 가부장 사회에 의해 구성된 소유적 존재(여성은 남성에 종속됨, 사유 재산 제도 인정) 이전에 공유적 존재(여성을 남성들이 공유하고 자손들은 사회가 양육함)를 환기시킨다는 점에서 공산 사회주의와 통하고 있다. 오늘날 여성 해방과 여권을 주장하는 페미니즘은 마르크시즘과 사상적으로 공통의 뿌리를 가지고 있다. 특히 자유주의에서 발생한 해체주의는 가부장-국가 사회의 근본을 흔드는 파괴주의(기존의 문명 질서를 해체함)의 성격을 지니고 있다는 점에서 자유주의와 사회주의의 연합으로 주목된다. 이것이 바로 PC 좌파의 정체이다.

마르크시즘과 해체주의는 논리적 허위와 유혹과 비생산을 정의와 평등으로 호도하고 특히 주인과 노예를 뒤바꾸어 설명한다는 점에서 반문명적이라고까지 말할 수 있다. 특히 노예를 주인으로 만들어준다고 속이고, 방종을 자유라고 속이고, 생식이 없는 가족을 건전한 가정이라고 속이는 것을 통해 '천사의 얼굴을 한 악마'의 모습을 하고 있다. 해체주의 철학을 중심으로 하는 PC 좌파들의 위선은 인류 문명에 대한 배반으로 귀착될 가능성이 높다. 말로는 평등이나 정의를 내세우는 철학이 평화를 달성하기는커녕 결과적으로 인류 문명을 전체주의로 나아가게 한다면 이는 기만과 위선에 의한 사기 철학으로 전락할 위험성이 높다. 사기 철학은 결국 인류 문명을 황폐화시키고 배반하고 말 것이다.

이상을 종합하면, 해체주의의 원조인 마르크스는 평등과 계급 투쟁이라는 이데올로기로 공산 사회주의를 주장했으나, 인간 사회 자체를 해체함으로써 전체주의 사회를 초래했다. 데리다는 정의와 해체주의라는 이데올로기로 문명 자체에 대한 해체를 시도함으로써 인권을 주장하면서도 인간의 성과 생식(본능)을 배반하는 성 소수자(동성애자) 전체주의를 초래했다. 가장 최근의 유물론자인 들뢰즈는 리좀-머시니즘(rhizome-machinism)을 통해 차이와 복제를 주장했지만, '신체 없는 기관'(기계) 혹은 '기관 없는 신체'(관념, 추상)를 주장하는 것을 통해 결국 '살아있는 존재'로서의 신체를 배반하고 추상 기계를 주장함으로써 기계 전체주의를 정당화하는 데 기여했다.

공산 사회주의가 계급 투쟁과 평등으로 다수의 인민(민중)을 속이고 오도한 것과 마찬가지로, PC 좌파는 자유민주주의가 성 소수자를 비롯하여 소수자(minority group)를 보호한다는 명목과 함께

[표 9] 세 가지 전체주의

마르크스	마르크시즘	평등/계급 투쟁	공산 사회주의	사회 전체주의
데리다	해체주의	정의/해체주의	인권-(성)소수자 보호	소수자 전체주의
들뢰즈	리좀-머시니즘	차이/복제	신체 없는 기관, 기관 없는 신체	기계 전체주의

그동안 가부장 사회에서 불가피하게 억압된 측면이 있는 여성의 성과 권익을 보호한다는 명목으로 페미니즘 운동을 펼치고 있는, 그럼으로써 기존의 국가나 사회를 해체하려고 하는 신종 사회주의 운동이다. 공산주의(communism) 운동이 무신론적 종교라면, PC 좌파들의 운동은 마치 무신론적 종교의 성찬식(communion)과 같은 것이라고 말할 수 있다.

마르크시즘은 어리석은 민중(인민)을 속이는 이데올로기이고, 페미니즘은 원한의 여성을 속이는 이데올로기이다. 마르크시즘과 페미니즘은 '나쁜(잘못된) 여성성'에 속하며 이를 '좋은(잘된) 여성성'으로 바꾸는 노력이 필요하다. 좋은 여성성은 모성성에 기초한 것이며, 나쁜 여성성은 질투에 기초한 것이다. 물론 이런 나쁜 여성성은 나쁜 남성성인 폭력에 의해 배태되었다고 할 수 있다. 좋은 여성성을 위해서는 좋은 남성성인 비폭력적 권력, 평화를 향하는 권력을 창출해야 한다. 이러한 문명적 위기의 이면에는 세계를 현상으로 보다가 드디어 물질로 보는 결정론에 빠진 유물론과, 자연을 자연과학과 동일시하는 서양 문명의 종말적 상황이 자리하고 있다. 이것은 인간 지성의 정신 병리 현상으로 자연과 본능에 가한 인간의 자기 배반과 자기 폭력으로 기록될 만하다. 이것은 대뇌의 자기기만이면서 존재 기만이다. 역설적으로 인간의 대뇌는 전체주의를 지향하고, 인간의 신체는 자유를 지향한다.

과학이 물리적 인과의 법칙을 밝히는 학문이라면 철학은 심리적 주인과 노예를 찾는 학문이라고 말할 수 있을 것이다. 과학이 물리적으로 공간의 연장(창조·팽창)을 말하는 것이라면 철학은 심리적으로 시간의 지연(목적·종말)을 말하는 학문이라고 말할 수 있을 것이다. 세계는 드디어 신(God)에서 정신(Geist)를 거쳐 유령(Ghost)의 천지가 되어버렸다. 이것은 인간이 동굴의 우상, 종족의 우상, 시장의 우상, 극장의 우상에 이어 대뇌의 우상에 빠진 것을 의미한다. 대뇌야말로 인간이 궁극적으로 피할 수 없는 동굴이었던 셈이다.

데리다는 자유주의에서 출발하고 있지만 해체할 수 없는 이상인 정의와 공정을 목표로 하고 있기 때문에 평등을 주장하는 마르크스주의자들과 결과적으로 비슷한 양상을 보인다. 결국 정의와 공정은 평등만큼이나 해체할 수 없는 성질을 지니고 있다. 해체주의는 언뜻 보면 윤리적이고 이상적이지만 성리학의 '위선적 도덕주의자'들과 유사해진다. 해체주의는 어떤 사회라도 해체할 수 있는 빌미를 제공하고 있다는 점에서 마르크스의 계급 투쟁에 흡사하다. 데리다의 '유령론' 및 '법의 힘'은 헤겔의 '절대정신(der absolute Geist)' 및 '법의 정신'(『법철학』)에 대응된다. 데리다는 헤겔과 마르크스와 삼각관계를 이룬다. 해체주의는 헤겔과 마르크스 철학의 짝퉁이다.

오늘날 해체주의는 페미니즘과 결부되어 동성애와 동성 결혼까지 주장하고 있는 마당이다. 생물의 속성인 생식마저 무의미한 것으로 해체하고 있는 실정이다. 마르크시즘의 평등과 해체주의의 동성애 윤리는 인간 사회 자체를 해체하는 문명의 데카당스라고 할 수 있다.

해체론은 서양철학의 데카당스이지만 불교적 존재론의 목표는 해탈이다. 해체는 해탈이 아니다. 해체는 구성된 것의 해체이고 해탈은 구성되지 않는 것이다.

동양의 도학이나 불교의 해탈이 인간의 기쁨과 행복의 원천이 되고, 서양이 주도한 과학 기술 문명과 기독교의 폐해를 줄이고 인간에게 새로운 희망을 줄 수 있는가는 오늘의 인류에게 매우 중요한 메시지로 떠오른다. 과학 기술 문명의 패권주의와 지배력은 팽배하다 못해 거의 폭력에 가깝기 때문에 문명의 균형 잡기가 필요한 시점이다. 동양 문명은 서양 문명에 비해 아직 '상징적 신화'를 보존하고 있다는 점에서 위안이 된다.

인류의 문명이라는 것은 항상 미토스와 로고스의 상호 왕래(로고스 ↔ 미토스) 속에서 전진하고 있기 때문이다. 도구적 이성으로 신이 죽어버린 세계에서 다시 미토스로 돌아가서 자연의 정령과 생명력을 회복해야 한다는 뜻이다. 그러한 시대적 요구가 필자로 하여금 '새로운 정신성의 출현'으로 신체적 존재론을 주장하게 하

[표 10] 현상학적 해체론과 불교적 존재론

현상학적인 해체론(구성론)	불교적 존재론(생멸론)
데리다의 해체론	불교 및 음양론
해체론적 문자학	불립문자(不立文字), 교외별전(敎外別傳)
텍스트(text), 텍스타일(textile)	태극 음양론(太極陰陽論), 역(易) 사상
초법적인 정의(正義),무조건적인 선물·환대	팔정도(八正道), 육바라밀(六波羅密)
초역사적인 평등(마르크스)	무상정등각(無上正等覺)
영구 평화론(칸트)	초종교 초국가 사상(박정진)
인류 문명의 종말(해체)	개인의 해탈(깨달음)
해체론적 민주주의(전체주의와 야합)	제행무상(諸行無常), 제법무아(諸法無我)
기독교 문명의 절대론의 종말 사상	불교적 문명의 상대론의 연기(緣起) 사상
나쁜 여성성(동성애, 동성 결혼)	좋은 여성성(평화, 대자대비大慈大悲)
해체론은 서양철학의 데카당스	불교적 존재론의 목표는 해탈

였을 것이다.

새로운 정신은 스포츠나 무예, 그리고 각종 예술을 통해 평화의 증진을 위해 노력할 것을 촉구하고 있다. 새로운 정신은 예술 속에서 철학과 종교와 과학이 새롭게 태어날 것을 요구하고 있다. 미래 문화는 무엇보다도 '반(反)도그마-반기계적인 흐름' 속에서 '친(親) 자연주의-친생명주의'의 특성을 보일 것이다. 모든 인류에게 '선물 (은혜)로서의 자연'을 환기시키고 보호하여야 할 것이다. 초월적으

로 이해되는 신보다 내재적으로 발견되는 신에 대한 이해를 통해
세계 평화주의에 도달하여야 한다.

현재 첨예하게 대립하고 있는 종교 간의 반목을 극복하고 모든
존재의 평화와 사랑(자비)을 실천하는 방안의 하나로 종교 간의 각
종 교차 축복(cross-blessing) 행사를 활발하게 전개하는 것도 인
류 평화에 기여함은 물론이다.[29] 이를 위해 필자는 오늘날 고등 종
교의 뿌리가 되는 원시 종교인 샤머니즘에 대한 새로운 이해를 통
해 인류의 종교적 공통성을 회복하는 운동도 필요하다고 여긴다.
그래서 필자는 존재론의 미래적 형태로 '네오샤머니즘'을 제창하
기도 했다.[30]

해체주의는 결국 결코 달성할 수 없는 목적을 내건, 쓸데없는 공
허한 담론을 마치 거대 담론이라도 되는 양 떠들어대는, 철학의 사
기, 철학의 야바위, 철학의 해프닝에 불과한 것이라고 말할 수 있
다. "대뇌는 거짓말을 좋아한다"고 하지 않을 수 없다. 해체주의는
'불임(不姙)의 철학'을 '가임(可姙)의 철학'인 양 떠들어대는, 과학

---

29 새로운 정신은 자연의 회복과 함께 평화의 증진에 초점을 맞추지 않으면 안 된
다. 이에 필자는 칸트의 영구 평화론 대신에 초종교 초국가 사상과 여성의 심정
주의와 화평부동론(和平不同論)을 통해 인류 평화를 달성할 것을 제창한 바 있
다. 특히 초종교 사회가 되려면 유·불·선·기독교 간에 서로의 교리 체계를 이
해하는 운동과 함께 교차 축복 의식이 요청된다. 기독교의 입장에서 불교·유
교·샤머니즘을 이해하는 것을 비롯해서 각 종교 사이에 상호주관적 이해가 필
요하다. 교차 축복 또한 제의적 상징을 통해 상호주관적 상징 교환을 하는 계기
가 된다는 점에서 고려해 볼 필요가 있다.
30 박정진,『네오샤머니즘: 생명과 평화의 철학』(살림, 2018) 참조.

기술 시대가 낳은 철학의 변태이며, 말장난이다. 해체주의는 결국 비생산성으로 인해 사라지고 말 것이다.

해체주의를 동양의 음양 사상의 관점에서 보면 '잘못된 음양학' 이라고 말할 수 있다. 해체론이 물론 이원 대립보다는 상호 보완을 주장함으로써 음양 사상이나 음양상보를 지향하고 있는 것 같지 만, 실은 '끝없는 타자'를 지향하고 있다. 그런 점에서 해체론은 서 양철학 전체를 해체한다고 호언하고 있지만 더욱 더 '타자의 철학' 인 서양철학에 매여있다고 볼 수 있다.

해체론은 유와 무, 색(色: 현상 혹은 일체)과 공(空)의 논리적 모순 과 그 긴장 관계에 의해 설정되는 순수한 미래에로 오늘의 현실을 개방하려는 프로젝트이다.[31]

해체주의가 '포스트모던의 개인적 윤리학과 미학을 미래를 향한 미완성과 타자에 대한 무한책임의 윤리학'[32]을 표방하고 있음에도 불구하고, 역사적 현실로서는 최악의 경우 문명 파괴 혹은 인류 공 멸의 어두운 메시지를 담고 있다. 해체주의는 마치 철학의 가상 임 신과 같은 것이다. 해체주의자는 현대철학의 소피스트다. 해체주 의는 해체를 존재론의 존재(자연적 존재, 본래존재)로 착각하는 프 랑스 현상학의 미로(迷路)다.

---

31 조규형, 『해체론』(살림, 2008), 77쪽.
32 위의 책, 81쪽.

'철학의 순수'라는 말은 참으로 철학적인 용어일 뿐이다. 순수는 선험·절대·초월·지향·타자·이상의 다른 말이다. 순수 이성이나 순수 의식·순수 타자는 서로 다른 말 같지만 실은 다 같은 말이다. 서양철학은 모두 이 속에 있다. 서양철학의 이론(theory)이라는 말의 의미 속에는 '신+이성+광기=God+Geist+Ghost'가 동시에 포함되어 있다. 이것은 인중천지일(人中天地一)과 천지중인간(天地中人間)의 융합이며, 존재론과 현상학의 화해다.[33] 이 내용에 대해서는 제9장에서 간략하게 소개할 예정이다.

바로 이러한 철학적 분위기에서 종래의 신체적 현상학은 신체적 존재론으로 새롭게 태어나지 않으면 안 된다. 신체적 존재론이 신체적 현상학과 다른 것은 타자(타자의 긍정이든, 부정이든)가 아닌 자기존재의 깊이에서 새로운 기원을 모색하는 데 있다. 신체적 존재론이 인류의 공멸을 염려하면서 존재의 공동 존재성, 혹은 공동 신체성을 깨닫게 하는 최고 경지인 만물만신(萬物萬神)에서 인류 평화, 만물 평등의 의미를 새롭게 길러내는 것은 존재론적 해결의 대표적인 예다.

이것을 전통적인 메시아론에 비교한다면, 메시아를 기다리는 것이 아니라 스스로 메시아가 되는, 자신의 몸(신체)에서 메시아를 발견하고(깨닫고) 실천하는 살신성인(殺身成仁)에 해당한다. 세계는 결국 자기(Self)의 문제이며, 자기-내-존재의 문제이다. 신체적 존

---

33 '인중천지일'과 '천지중인간'에 대해서는 필자의 『철학의 선물, 선물의 철학』, 327-348쪽; 『네오샤머니즘』, 347-380쪽 등 여러 책에서 소개한 바 있다.

재론은 자기존재론(자기-내-존재론)이다. 그런 점에서 신체야말로 신성을 가진 것이며, 신이고, 신 자체다. 신체적 존재로서의 자연은 해체될 수 없는 것이다.

4) 동종 주술과 접촉 주술의 현대적 변용

현상학적·실존론적인 차원이 아니더라도 인간은 다른 사물과 신체적 접촉을 하면서 살아가는 신체적 존재다. 인간을 포함한 만물은 신체가 없으면 결코 접촉할 수가 없다. 그런 점에서 어떤 현상학적인 의미보다는 신체의 접촉이 중요하다. 신체의 접촉은 단순한 육체적 만남이 아니라 일종의 접촉 주술(contagious magic)의 효과를 지닌다. 여기에 이르면 현상학적인 의미라는 것은 주술의 세계에서 볼 때 일종의 동종 주술(homoeopathic magic) 혹은 모방 주술(imitative magic)로 환원되고(전락하고) 만다.

인간에게 있어 신체적 접촉이라는 것은 매우 중요하다. 그러한 점에서 신체적 존재론과 함께 '접촉의 신체론'이 중요하다. 이는 인간이 의미를 발생시키는 현상학적(심리적 현상학) '의미의 존재'이기 이전에 다른 만물과 함께 접촉하는 '신체적 존재'임을 말하는 것이다. 접촉하는 존재는 신체적 존재이며, 결국 만물(萬物)은 만신(萬身)일 수밖에 없다.

이때의 만물만신(萬物萬身)은 결국 스스로 생성(생멸)하는 존재이기 때문에 만물만신(萬物萬神)의 의미도 동시에 획득하게 된다. 만물만신은 칸트가 현상학을 위해서 초월적인 존재로 치부하면서 철학적 논의의 대상에서 제외하였던 '신'과 '물 자체'가 서로 다른 것이 아니고 같은 것임을 선언함으로써 존재(만물)의 평등과 그것에 대한 경외심을 회복하는 것을 의미한다. 모든 존재는 다른 존재의 도구가 되기 위해 존재하는 것이 아니라 스스로 자기 목적으로서 존재한다. 인간도 소유적 존재이기 이전에 존재론적 존재다.

데카르트의 경험적 자아를 넘어서서 초월적(보편적) 자아를 주장한 칸트가 전통 형이상학의 무제약자, 예컨대 영혼(주관적 무제약자)·신(주·객관 통일적 무제약자)과 함께 물 자체를 무제약자로 분류한 것은 현상학이 아닌 존재론의 길을 열어둔 셈이다. 여기서 물 자체를 두고 현상 세계 너머 또 다른 물리 세계를 배후(배경) 세계로 가진 것처럼 전제하는 것은 잘못된 것이다. 물 자체는 단지 현상이 아니라는 의미에서 물 자체다. 우리가 대상화하지 않는 물 자체, 혹은 대상화하지 않은 심물의 세계가 바로 실재(존재)의 세계다. 이것을 두고 필자는 '심물존재'라고 말한 바 있다.

칸트는 수학적 진리의 절대화에 대해 한계를 그으면서 오직 인간의 인식 형식에 의해 제약된 현상 세계에 대해서만 타당한 원리라고 말하고 있다. 그렇지만 칸트는 물 자체를 제약하는 인식 형식인 시공간이 없는 물리 세계를 상정할 수는 없었다(물리 세계는 시공간이 있어야만 하는 세계이다). 인식 형식에서 가장 중요한 것은 시간과 공간, 그리고 개념이다. 그래서 물리 세계를 떠난 어떤 배후 세계로서의 물 자체가 아니라고 강조했던 것이다. 인식 형식이 없는 세계에 대해서는 말할 수 없었던 것이다.

칸트에 이르러 영혼은 합리적 심리학으로, 신은 합리적 신학으로, 세계는 합리적 우주론으로 발전하지만, 이들 합리론은 무제약자에 끝없이 이르려고 하는 현상학적인 길일 뿐 존재론에 이르는 길과는 다르다. 그렇다면 존재론의 길은 무엇인가? 이들 세 무제약자가 하나로 통하는 만물만신이야말로 '본래존재로서의 존재'라고 말할 수 있을 것이다. 만물만신이 되어야 세계는 현상으로부터 벗어나게 된다.

인간의 인식 주체도 물론 무제약자다. 이 말은 인식 주체는 주체로서 제약되지 않는 것을 말하며, 주체로부터 제약된 대상을 현상이라고 한다. 이렇게 보면 제약되지 않는 것, 현상이 아닌 것이야말로 존재가 된다. 인간이 존재에 이르는 길은 물 자체를 현상화(대상화)하지 않고 그냥 그대로 두는 것이다. 따라서 인식 주체(인식 일반, 인격)로서의 인간은 스스로를 탈폐쇄(Gelassenheit)하여야 여기에 도달할 수 있다.

탈폐쇄나 탈은폐는 그러나 현상학적인 차원에서의 존재 사유 방식이다. 진정한 존재는 탈폐쇄할 것도 탈은폐할 것도 없다. 존재는 주체-대상의 방식이 아닌 방식으로 현존하고 있다. 현존은 현재라는 시간과 동격을 이루는 것이 아니다. 존재는 결국 칸트의 의미에서는 무제약자이고, 무제약자를 인간현존재는 항상 제약하는 현상으로 받아들이지 않을 수 없다. 그래서 철학은 사유-존재에서 존재-사유라는 현상학적인 원환 궤도를 이룬다. 철학의 종언이라는 것은 철학이 현상학에서 존재론으로 들어갔음을 의미한다. 극단적으로는 철학의 사유는 존재가 아니다. 철학은 어떤 철학일지라도 가상 존재일 뿐이다.

칸트가 무제약자로서 거론한 '신'과 '영혼'과 '물 자체(세계)'야말로 현상으로서 인식할 수 없는 그야말로 존재론의 '존재'이다. 칸트는 신에 대한 이성적인 인식을 합리적 신학으로, 영혼에 대한 이성적인 인식을 합리적 심리학으로, 물 자체에 대한 인식을 합리적 우주론이라고 지칭했지만, 바로 그 여반장의 자리에 존재가 있었던 셈이다. 그렇다면 그다음에 철학이 할 일은 무엇인가? 신과 영혼과 물 자체는 무제약자로서 하나가 되지 않으면 안 된다. 그것이 바로 심물일체(心物一體)이고, 신물일체(神物一體)이고, 만물만신(萬物萬神)이다.

만물만신이야말로 인식 주체를 탈폐쇄하는 것이다. 이것은 신의 대상이 되거나 신을 대상화하지 않고, 사물의 대상이 되거나 사물을 대상화하지 않는 것을 의미한다. 말하자면 신이든 사물이든 주체-대상의 프레임에 속하지 않는 것을 의미한다. 만물만신의 경지는 인식 주체인 인간이 사물을 인식 대상으로서 인식하는 인식 활동이나 인식 형식으로써는 도달할 수 없는 경지다. 한마디로 현상학의 범주가 아니다.

칸트는 '인식 일반'을 주장했고, 하이데거는 '존재 일반'을 주장했다. 칸트가 인식 일반을 주장한 것은 초월적 자아가 사물을 대상으로 하는 현상학을 위한 것이었다면, 하이데거가 존재 일반을 주장한 것은 존재자로서의 사물이 아닌 사물 그 자체, 즉 존재를 드러내기 위한 것이었다. 필자가 존재 일반이 아닌 '일반 존재'를 주장하는 까닭은 인간의 인식(제약된 형식)에 의해 현상화된 존재를 완전히 탈폐쇄시키기 위함이다. 하이데거도 이러한 시도를 했지만, 그는 인간현존재의 존재 이해를 함으로써 만물평등의 존재에 이르지 못했다.

만물평등에 이르러야 신과 인간에 의한 주체-대상의 프레임을 벗어나서 만물만신에 이를 수 있다. 만물만신은 결국 새로운 애니미즘으로 인간을 돌아가게 함으로써 본래존재(자연)의 존재 회복과 함께 궁극적으로 철학적 원시반본을 꾀하게 된다. 주체-대상의 현상학은 존재에서 탈은폐되는 존재를 동시에 초월적 사유에 의해 폐쇄해 버린 것이다.

신체적 존재론에 따르면 실존론적인 의미 이전에 인간과 만물은 서로 신체적 접촉을 하면서 살아간다. 접촉이라는 측면에서 보면 인간과 사물은 동등한 처지에 있게 된다. 사물에는 안과 밖이 없다. 이것이 바로 필자가 추구하는 존재론적 신체론, 즉 '신체적 존재론'이다. 이것은 필연적으로 모든 존재의 자기-내-존재의 성격과 연결된다.

신체가 있기 때문에 세계가 있다. 만물은 신체적 존재로서 평등(동등)하다. 세계는 세계-내-존재이기 전에 자기-내-존재이며, 만물평등의 존재다. 만물은 인간이 규정한 물체이기 전에 저마다 자기-내-존재다. 이것은 데카르트의 물체적 신체와는 다른, 고정불변의 실체가 없는 존재로서의 '기적(氣的) 소통의 존재'임을 말한다. 자기-내-존재는 후설의 '절대적 여기'가 아닌 비(非)시공간적 성격의 '지금, 여기'를 말하며, 결국 모든 존재의 '비소유적 존재성'을 말한다.

인간은 평소에 건강할 때는 신체를 살고 있기는 하지만, 신체를 의식하지 못한다. 그러다가 신체가 '아프면' 신체의 존재를 의식하게 된다. 이때 신체를 의식한다는 것은 신체를 하나의 물체로 의식하는 것을 의미한다. 우리가 신체를 의식하지 못하는 순간에도 신체는 생멸하고 있었는데 신체를 의식하지 못하는 것은 신체의 자연스런 생멸을 무의식적으로 받아들이고 있었다는 것을 의미하며, 신체의 생멸에 거부감을 보이는 것은 오히려 바로 '아픈 시점'이라는 데 주목할 필요가 있다.

생멸은 자연스러운데 '아픔'은 자연스럽지 못하다는 것은 무엇을 의미하는가? 이것은 실은 아픔으로 인해 신체는 생멸적 존재에서 소유적 존재로 돌변하게 되며, 이러한 돌변적 상황에 의식이 개입되는 것이라는 점을 알 수 있다. 의식이라는 것은 신체의 부분(아픈 부분)을 사물처럼 대상화하는 것이 되고, 대상화하는 것은 존재의 전체성에서 부분성으로 진행하는 것을 의미한다. 전체에서 부분으로의 전락은 신체적 존재가 기계적 존재로 성격을 변화하는 것을 의미한다. 그런 점에서 인간의 의식과 정신은 본래존재가 아니다. 신체의 부분은 (부분이 아닌) 신체의 전체이며, 이는 또한 신체를 둘러싼 분위기(심정적 전체)를 나타낸다.

'사유(언어)-존재(사물)'의 구조에서 사유(정신)가 존재(물질)이 듯이, 물질(육체)도 개념(사유)이다. 고정된 실체를 추구하는 서양인들에게는 사유와 존재, 정신과 물질이 결국 같은 것이다. 그러한 점에서 사유-존재의 구조가 아닌, 이분법에 포함되지 않는 '몸'(몸과 마음이 하나인 신체)의 세계를 설명하기 위한 개념으로서 '신체적 존재'가 주장되지 않으면 안 될 시점에 도달하였다. 진정한 자기는 주체가 아니고 대상도 아니다. 주체는 없고, 대상도 없다. 오직 '하나의 신체'만 있을 뿐이다. 주체-대상, 정신-물질 등 이들은 모두 언어의 개념일 뿐이다. 물질은 정신이 규정한(구성한) 개념이다. 대상은 주체가 규정한 개념이다.

신체야말로 우주의 생멸하는 전체로서의 실재다. 이러한 생멸하는 신체를 인간의 정신(의식)은 스스로 주체적인 자리에서 현상학적인 사유(언어)-존재(사물)의 방식으로 바라보면서 육체(물질, 물체)라고 규정하였다고 볼 수 있다. 다시 말하면 신체를 육체라고 규정한 것은 인간의 정신이다. 사유-존재의 현상학적인 방식은 정신-육체로 세계를 이분화한 셈이다. 인간이 이렇게 세계(자연)를 의식적으로 이분화하기 이전에는 자연(세계)은 정신-육체의 사이에서 신체적 접촉을 하는 존재로 살아갔을 것이다.

신체적 존재론을 깨닫는 데는 동양의 수신-수양 철학이 훨씬 유리한 고지에 있음은 물론이다. '수신'은 일단 신체를 관찰의 대상(육체)으로 보기보다는 자기 자신으로 보고 인격 완성과 깨달음의 동반자로 보는 것이 특징이다. 말하자면 신체가 없이는 존재가 아닐뿐더러 깨달음도 불가능함을 말해 준다. 신체적 존재론을 깨달은 사람은 만물이 신체인 만물만신(범신론)의 경지에서 살게 된다.

공자의 '인(仁)'자는 본래 '사람의 마음(人之心=사람의 씨앗)'을 의미하는 것이었으나, 갑골문에서 '인'자는 '몸 신(身)'자 아래에 '마음 심(心)'이 있는 상형으로 밝혀졌다. 결국 몸 신자의 상형인 '여성이 아이를 밴 모습' 아래에 마음 심이 있는 것으로서, '임신한 여성이 아이를 보살피는 마음'으로 해석하는 것이 '인'의 원래의 뜻에 가까움을 말해 준다.

신체는 무엇보다도 직접적으로 접촉하는 존재의 세계이다. 인간이 세계에 대해 의미를 부여하기 전에는 세계는 '접촉하는 세계'였으며, 인간의 메타(meta-)적인 사유가 있은 후로는 '의미의 세계'가 되었지만, 생명의 생성(생멸)을 떠올리게 한다. 특히 여성의 잉태의 장소는 개체 발생과 계통 발생이 동시에 일어나는 까닭으로 인해 생멸하는 우주 자체처럼 느끼게 한다. 말하자면 인간을 잉태하는 여성의 자궁은 인간을 탄생시킨 지구와 같고, 지구를 탄생시킨 우주를 거꾸로 자궁처럼 느끼게 한다.

존재론적으로 보면 가장 친밀한 인간관계는 모자(母子) 관계다. 이는 신체를 직접 낳은 '출신(出身) 관계'로서 진정으로 '친친(親親)'의 대표적인 예다. 이는 가부장 사회의 부자(父子)의 '출자(出自) 관계'보다 훨씬 신체적 관계이며 존재의 근본적인 관계라고 할 수 있다. 인류는 가부장-국가 사회에 들어가면서 '존존(尊尊)' 관계이던 부자(父子) 관계를 '친친'의 관계로 만들어가면서 자손을 보다 안정적으로 키울 수 있는 '부모 자식 관계'를 만들어간다.[34]

부자 출자의 논리는 생물학의 논리를 벗어나는 '권력의 논리'이며 '동일성의 논리'다. 동일성의 논리에 따르면 아버지는 아들을 낳고, 어머니는 딸을 낳아야 한다. 동일성의 논리가 모순의 논리가 되는 것은 당연하다. 그런데 어머니가 아들과 딸을 낳는다. 이것이 바로 음양의 상보의 논리다. 신체는 결국 아버지와 어머니가 독립적으로 떨어져서 생성되는 세계가 아니고 '부모-자식'의 논리가 되지 않으면 안 된다. 가부장-국가 사회의 부계 친족의 원리는 실은 인간의 사유 전반을 지배하고 있다고 해도 과언이 아니다. 물론 남녀(음양)의 교환이라고 할 수 있는 결혼의 외혼제(外婚制)가 인류 사회의 번영을 이루게 하였지만, 부계 친족의 원리에 숨은 동일성의 원리는 문명의 원리로 발전하게 된다.

신체적 존재론은 특히 필자의 여성 철학과 내밀한 정합성을 갖는다. 필자는 서양의 철학적 전통을 가부장-국가 사회의 남성 철학이라고 지칭한 바 있다. 남성 철학은 물론 보편성의 철학, 개념 철학, 전쟁 철학, 과학 철학의 특성을 보인다. 여성 철학은 이에 비해 일반성의 철학, 소리 철학, 평화 철학, 생태 철학의 특성을 보인다. 결국 눈으로 관찰하는 세계는 존재 그 자체가 아니며, 인간이 자신

---

34 중국의 경우 은(殷)나라는 모계 사회의 모자-친친 관계, 주(周)나라는 가부장-국가 사회의 부자-존존 관계를 이루었으나, 춘추 전국 시대를 지나면서 부자의 친친 관계를 이루면서 보다 안정적인 부모 자식 관계를 이루었다.

의 신체 전체로서 직관적으로 느끼는 세계야말로 본래존재다. 이는 세계를 '일물(一物)의 대상'으로 보는 것과는 다른 것이다.

결국 신체적 존재론으로 보면 우주 속에서 큰 것이든 작은 것이든 구별이 없는 신체적 존재로서의 존재를 느끼게 한다. 신체적 존재로서의 우주(자연)는 '일원적인 우주(一氣)'가 될 수밖에 없다. 이는 데카르트의 실체적 이원론의 세계와 대립되는 것이다. 인간이 본래 신체적 존재의 세계를 시공간의 계량적인 사물로 느끼는 것은 인간의 시각에 의한 존재에 대한 편중(불균형)의 산물일 가능성이 높다. 신체적 존재론은 서양의 수리적(數理的) 실체도 아니고, 동양적 소우주-대우주의 닮은꼴의 세계 혹은 비례적 세계도 아닌, 존재 자체로서의 신체적 세계를 말하는 것이다.

인류의 원시적 사유 체계 혹은 지각 체계라고 할 수 있는 동종 주술과 접촉 주술은 오늘에 이르러 동종 주술의 은유(유사성) 체계를 다시 환유(근접성) 체계로 바꿈으로써 세계를 기술 체계의 접촉 주술로 변하게 하였다. 사물 인터넷은 그 대표적인 결과다. 이러한 과학 기술 시대의 기술-접촉 주술은 세계를 물질 혹은 육체로 환원시킴에 따라 존재의 신체성(원시적 신체성)을 망각하는 원인이 되었다. 이에 존재의 신체성을 회복하는 철학적 노력이 바로 신체적 존재론이다.

5) 존재와 수(數), 부분과 전체

신체적 존재론의 세계는 부분이 전체이고 전체가 부분인, 세계를 부분과 전체로 분리할 수 없는, 즉 세계를 '수(數)의 실체와 비례'로 보지 않는 '존재 자체의 세계'를 말한다.

전체는 알 수 없는 존재로서 현상이 될 수 없다. 왜냐하면 현상은 이미 부분으로 전락한 것이기 때문이다. 따라서 전체는 은적(隱迹)으로 숨어있거나 은유로 있을 수 있을 수밖에 없다. 하이데거가 존재론적 은적에서 시적 은유로 전향한 것은 후자가 은유적인 수사이긴 하지만 전체를 언어로써 표현하기 때문이다.

신체적 존재론은 신과 사물마저도 둘로 보지 않는 '불이(不二)의 존재'의 세계를 말하는 것이다. 신체적 존재론은 어떤 이분법도 인정하지 않는 점이 특징이다. 신체적 존재의 세계는 부진공론(不眞空論)·진공묘유(眞空妙有)의 세계와 통하는 존재론이다. 이는 '신체'를 '육체(물질＝色)'라고 생각하여 극복의 대상으로 삼는 일부 고등 종교의 태도를 벗어나는 것이다.

신체적 존재론은 일반성의 철학과 정합성을 이룬다. 신체적 존재론을 '수의 실체'의 세계로 설명하면 마치 실체가 없는 공(空)이나 허(虛)·무(無)·영(零, 0)의 세계와 같다. 숫자의 영(0)은 중(中)과 원(圓, ○)과 점(點, ·)과 통한다. 이들은 비실체적인 세계다. 신체를 육체나 물질로 보지 않으려면 비실체적인 존재에 대한 이해가 선결되지 않으면 안 된다.

[표 11] 수와 신체적 존재론의 세계

실체로서의 하나의 세계 보편성의 철학	1(동일성)/이분 (二分)의 세계	보편성-초월적- 남성적-대뇌적 세계	현상학의 세계/ 정신-물질의 세계
무한대(∞)-무(無)	무한대	공즉시색, 색즉시공 일즉일체, 일체즉일	현상학/존재론의 이중 영역
비실체로서의 하나의 세계 일반성의 철학	0(無)/불이(不二)- 중도(中道)의 세계	일반성-내재적- 여성적-신체적 존재	존재론의 세계 몸마음(몸)의 세계

'실체로서의 하나의 세계'는 동일성·이분법의 세계이면서, 보편성-초월적-남성적-대뇌적 세계다. 이 세계는 현상학의 세계다. 반면에 '비실체로서의 하나'의 세계는 무·불이·중도(中道)의 세계이면서, 일반성-내재성-여성적-신체적 존재의 세계다. 이 세계는 존재론의 세계다. 실체와 비실체의 사이에 무한대가 있다. 불교의 '공즉시색, 색즉시공(空卽是色, 色卽是空)' '일즉일체, 일체즉일(一卽一切, 一切卽一)'의 세계도 무한대-무와 함께 현상학과 존재론의 이중 영역에 있다. 이 말은 현상학적으로도 해석할 수 있고, 존재론적으로 해석할 수도 있음을 의미한다.

세계는 본래 신체적 존재다. 신체(몸=마음=몸)는 항상 현재다. 이때의 현재는 한편으로 시간이면서 다른 한편으로는 시간이 아니라는 말과 같다. 시간은 정신(의식)과 육체(의식의 대상)의 경계선상에서 스스로를 공간적으로 구성하고 있다. 신체가 있기 때문에 공간이 있는 셈이다. 존재의 시간(관념성)이라는 것은 신체의 표

[표 12] 존재와 시간 대 존재와 신체

서양 문명(서양철학과 문화)	동양 문명(동양 도학과 문화)
남성성(가부장-국가 사회 철학)	여성성(모계-마을 공동체 사회 철학)
보편성-개념-전쟁-과학 철학	일반성-소리-평화-생태 철학
동일성-절대성-법칙성-과학성	음양성-상대성-공감성-상보성
하이데거: 존재와 시간(존재론)	박정진: 존재와 신체(신체적 존재론)
보편적 이(理)=보편성의 철학	일반적 기(氣)=일반성의 철학

면(구체성)의 흐름(변화)과 같다. 시간의 흐름이라는 것은 존재(신체적 존재)의 표면을 흐르는 흔적으로서 우주(자연)의 생멸(기운생멸)을 고스란히 반영하고 있다.

하이데거는 '존재와 시간'(전기)에서 '시간과 존재'(후기)로 들어감으로써 시간이라는 추상에 매달릴 것이 아니라, '존재와 신체'로 들어감으로써 세계의 구체성으로 나아갔어야 신체적 존재의 진면목에 도달할 수 있었을 것이다. 하이데거의 신체적 존재론은 아직 현상학적(존재론적 현상학)인 단계에 머물러 있었기 때문에 필자의 '존재론적 존재론(존재론적 신체적 존재)'에 도달하지 못하였다.

우리가 '신체적 존재'라고 말할 때 현상학적인 차원에서 말할 수도 있고, 존재론적인 차원에서 말할 수도 있다. 전자는 하이데거의 신체적 존재론이고, 후자인 진정한 신체적 존재론은 필자의 '존재론적인 신체론'일 것이다. 불교는 흔히 부처의 세계를 법신(法身)·보신

(報身)·응신(應身)으로 나눈다. 여기서 몸 신자를 쓴 것은 어쩌면 존재의 신체성에서 부처를 말하기 위한 방편이었을 것이다.

이것은 기독교에 비하면 신을 성부(聖父)·성령(聖靈)·성자(聖子)로 나누는 것에 비할 수 있다. 물론 이들은 모두 고대『천부경』의 '천지인·정기신(天地人精氣神)' 사상의 변형들이다.

이상에서 신체론을 물리학적(물체적) 신체론, 현상학적 신체론(세계-내-존재), 그리고 존재론적 신체론(자기-내-존재)으로 나누어 보았다. 물리학적 신체론의 특성은 육체(물질, 물체)-물리적 현상학-시간과 공간-실체의 운동-거리 있음(소유)으로 요약된다. 현상학적 신체론은 신체(지향성)-심리적 현상학-시간(시공간)-신체의 의미-거리 없음(의미 지향)으로 요약된다. 그리고 존재론적 신체론은 무(無)·기(氣)-신체적 존재론-시공간 없음(萬物萬身/神)-무의미(기적 소통)-기운생동(변화무쌍)으로 요약된다.

이들의 특징 가운데 실체의 운동, 신체의 의미, 무의미의 차이에 대해 주목할 필요가 있다. 특히 무·기(氣)·무의미(無意味)는 철학의 원시반본의 의미와 연결된다. 이는 본래존재의 세계가 시간이 없는 '접촉의 세계'였으며, 시간이 발명됨에 따라 본래존재의 세계가 '의미의 세계'로 환원되었음을 의미한다. 신체야말로 접촉 주술의 세계와 맞닿아 있다.

과연 하이데거의 주장대로 인간현존재는 세계-내-존재로서 세계를 향하여 열려있는가? 만약 세계-내-존재가 온전히 개방되어 있다면 현존재의 존재 이해, 즉 존재자에 대한 분류는 불가능할 것

[표 13] 신체적 존재의 여러 양상

물리학적 신체론 (물체적 신체론)	육체 (물질, 물체)	물리적 현상학	시간과 공간	실체의 운동	거리 있음 (소유)
현상학적 신체론 (세계-내-존재)	신체(지향성) 신체적 현상학	심리적 현상학	시간(시공간)	신체의 의미	거리 없음 (의미 지향)
존재론적 신체론 (자기-내-존재)	무(無)/기(氣) 신체적 존재론	신체적 존재론	시공간 없음 (萬物萬身/神)	무의미 (氣的 疏通)	기운생동 (변화무쌍)

이다. 존재 이해는 인간 중심의 분류 체계이고, 이것은 일종의 폐쇄
회로다. '세계-내'의 '내'와 존재의 '개방성'은 존재의 안팎 관계를
이룬다.

세계-내-존재는 하나의 폐쇄성 속에서 개방되어 있다. 그 바깥
의 폐쇄성이 없다면 결코 개방성을 느끼지 못했을 것이다. 하이데
거의 '세계-내-존재의 개별화'는 필자의 '자기-내-존재의 세계화'
와 대조를 이룬다. 어쩌면 세계-내-존재는 필자의 자기-내-존재
의 하이데거적 표현이거나 서구적 표현일 수도 있다. 세계-내-존
재의 개별화는 그것에 내재한 에고(ego)로 인해서 결국 세계를 놓
지 못한다.

필자의 자기-내-존재는 개방성 속에서 닫혀있다. 자기-내-존재
의 세계화로 인해서 에고를 놓음으로써 자기를 해탈시키고, 세계
를 해방시킨다. '자기'가 닫혀있다고 생각하는 것은 '세계'가 열려
있음을 전제로 하고 있고, '자기'가 열려있다고 생각하는 것은 '세
계'가 닫혀있음을 전제하고 있는 것이다. 필자의 자기-내-존재는

세계가 열려있다고 생각함으로써 자신의 인식이나 의식의 프레임이 어떤 것이라고 할지라도 한시적이고 제한적인 '닫힌 체계'임을 인정하고, 나중에 새롭게 변형되어야 할 것을 스스로 인정하게 된다. 이에 비해 세계-내-존재는 세계가 닫혀있다고 생각함으로써 자신의 인식이나 의식이 아무리 열려있다고 하더라도 끝내는 닫게 된다.

역설적이게도, 세계-내-존재는 결국 '세계'의 '경계'로 인해서 탈자(脫自)를 주장하지만 실체론자가 되고, 자기-내-존재는 '자기'의 '경계 없음'으로 인해서 무아(無我)로 인해 비실체론자가 된다. 따라서 세계-내-존재는 의식의 세계로서 에고(자아)에 머물고, 자기-내-존재는 무의식의 세계로서 무아에 이른다. 모든 존재는 분별(분류)하지 않으면 자기-내-존재다. 세계-내-존재라는 것은 인간 중심의 의식의 세계를 반영한 것에 다름 아니다. '자기-내-존재'는 존재로서 항상 '역동적 장의 개폐 상태(DSCO: Dynamic Space Closed-Open)'에 있게 된다.

철학이라는 것은 아무리 정치(精緻)하다고 하더라도 신체적 존재로서 살아가는 '인간의 생활'과는 거리가 있고, 그것을 철학적 개념으로 다 담을 수 없는 것은 물론이고, 그것을 담는 그릇인 언어 체계를 벗어날 수 없는 태생적 한계를 지닐 수밖에 없다. 그래서 지구상에서 가장 유리한 철학자는 여러 언어 체계에 능통한 사람이라고 할 수밖에 없다. 그렇게 보면 현실적으로 세계철학의 미래를 열 수 있는 가장 적임의 철학자는 인도유럽어와 한자어와 한글의 문법 구조를 알거나 그것을 구사할 수 있는 철학자일 수밖에 없다.

인간은 자기-내-존재다. 이를 언어·문화권으로 넓히면 인간은 결국 '자기 언어·문화권-내-존재'다. 인간은 어쩌면 자신의 삶이 가장 유의미하고 동태적인 것이라고 생각하는 존재인지도 모른다. 왜냐하면 다른 언어·문화권을 잘 모르기 때문이다. 자신이 잘 모르는 문화에 대해서는 유추하거나 추상적 추리를 할 수밖에 없다. 예컨대 의식의 생명성에 대해 누구보다 앞선 자각을 한 베르그송의 경우도 동태적 종교와 정태적 종교를 논하면서 기독교가 가장 동태적인 종교라고 말하고 있다.

동태적 종교는 제도를 무시하지는 않지만, 그러나 사회적 제도의 관습에서 그 생명을 키우지 않는다. 그래서 동태종교는 제도적이라기보다 오히려 정신적이요, 신비적인 성격을 지닌다. 정태종교가 사회적이고 행동적이며 실용적인 관점을 지니고 있고 현상유지적이라면, 동태종교는 생명의 창조적 비약과 직결되고 있다. 우리는 베르그송 철학이 운동과 정지를 대비시키고 있음을 안다. 정신은 운동이고 비약이며, 물질은 정체고 현상유지다. (……) "우리의 눈에, 신비주의의 정신은 생명이 표현하는 창조적 노력과의 접촉이며, 따라서 부분적인 일치다. 그런 노력은 신 자체는 아니지만, 신에서 나온다. 위대한 신비주의자는 물질성에 의하여 종(種)에 주어진 한계를 뛰어넘는, 신적인 행동을 또한 연장하는 하나의 개체성이다." (……) 베르그송이 생각하는 가장 대표적인 동태종교가 기독교와 불교다.

그러나 그는 불교보다 기독교가 더 동태적 종교의 본질에 가깝다고
생각하고 있다.[35]

　서양 기독교와 서양 문명이야말로 고정불변의 실체를 추구하
는 언어 문화로서 가장 정태적인 것은 물론이고 절대성을 표방하
는 문화이다. 그럼에도 불구하고 베르그송은 서양의 절대성과 운
동성을 동태적이라고 표현하고 있는 것이다. 그렇다면 동양의 기
(氣) 문화, 기운생동(氣運生動, 氣韻生動) 문화는 가장 정태적인 문화
로 전락할 위치에 있다. 실체의 운동이라는 측면에서는 가장 저조
하게 보일 것이기 때문이다. 더욱이 원시적인 종교들은 서양 사람
들의 눈에서 볼 때는 가장 정태적인 것이 될 수밖에 없다. 이는 레
비스트로스와 사르트르 사이에 벌어진 '정태적 사회'-'차가운 사
회' 및 '동태적 사회'-'뜨거운 사회' 논쟁에서도 재현된 바 있다.
　베르그송의 '동태(역동力動)-정태'의 관점과 필자의 '역동(易動)-
기(氣)'의 관점과 입장은 사뭇 다르다.

　기독교의 신비주의는 '행동의 유효성'과 만날 수 있는 특성을 지
녔다고 베르그송은 진단한다. 산업주의와 과학이 기독교문명에서
나온 것은 결코 우연이 아니다. 이것이 베르그송의 입장이다. 모든
인간의 허망함과 비관주의가 지배하는 곳에서는 행동의 신비주의

35　김형효, 『베르그송의 철학』, 256-257쪽.

가 자라지 못한다. 베르그송에 의하면 "완전한 신비주의는 행동이다". 다시 말하자면 베르그송은 '포기의 법열(法悅)'의 신비보다 '보편적 사랑'과 그 사랑의 실천을 가르치는 '행동의 신비'을 선택했다. 그 신비가 그의 '생명의 비약'에 알맞기 때문이다. 다시 말하면 기독교의 신비주의가 불교적인 신비주의보다 더 에너지가 넘쳐흐르고, 대담성이 있고 생명이 약동한다고 보았기에 베르그송은 불교보다 오히려 기독교를 동태종교의 정상으로 여겼던 것이 아닌가 생각된다. (……) 그런 비약과 약동은 영혼이 '닫힘'에서 '열림'으로, '정태적인 것'에서 '동태적인 것'으로, '습관적인 삶'에서 '신비적 삶'으로 이행함에서 생기는 진동과 같다.[36]

서양 문화권은 확실히 실체의 운동에 초점이 맞추어져 있고, 그것을 동태적이라고 말한다. 그런 점에서 서양의 기독교와 물리학은 같은 실체의 계열에 있다고 볼 수 있다. 이에 비해 고정불변의 실체를 인정하지 않는 한자 한글 문화권의 필자는 베르그송과 정반대의 입장에 있다. 서양은 '닫힘(실체)-절대의 문화권'이라고 보고, 동양을 '열림(氣)-상대(음양)의 문화권'이라고 본다. 서양 문화권을 '기계적-물질적 문화권'이라고 보고, 한자 한글 문화권을 '기운생동-상징적 문화권'이라고 보고 있다.

하이데거는 베르그송과 필자의 사이에 있는 '존재론적 현상학'의

---

36 위의 책, 258쪽.

[표 14] 기(記)-기(機)-기(氣)의 상관관계

데카르트-기(機, 기계)	베르그송-기(記, 기억)	박정진-기(氣, 기운생동)
사유-물질-기계적 연장	의식-순수 기억-정신	비물질적 기운생동
현상학적 존재론(신체론)	의식의 생성-지속적 흐름	존재론적(생성적) 신체론

특징을 보이고 있다. 베르그송은 의식의 유기체적 생성에 대한 환기에, 하이데거는 존재 자체에 관심을 보인 철학자다. 베르그송과 하이데거는 한 세대 차이로 '의식(생명)'과 '존재(생성)'에 관심을 보인 철학자다.

데카르트의 철학은 기(機, 기계)=사유-물질-기계적 연장으로, 베르그송의 철학은 기(記, 기억)=의식-순수기억-정신으로, 필자의 일반성의 철학은 기(氣, 기운생동)=비물질적 기운생동으로 요약할 수 있을 것이다. 동양의 도덕적 이성학인 성리학(性理學)이든, 서양의 물리적 이성학인 물리학(物理學)이든, 이학(理學)은 모두 실체론을 바탕으로 하고 있다. 서양의 정신-물질의 프레임은 가장 극단의 이학, 혹은 기계론이라고 할 수 있다. 물리는 세계를 물질로 보는 문리(文理)다. 그렇기 때문에 동양의 기학(氣學)이 아니고서는 서양의 기계론을 대적할 수가 없다.

서양철학은 데카르트에서부터 심신 이원론(심신 평행론)으로 신체를 대상으로 바라보면서 '정신-사유 실체(res cogitans)'와 '물체-연장 실체(res extensa)'라는 실체적 사유로 인해서 '신체적 존재'로서의 자신(自身)을 잃어버렸다. 말하자면 자신과 자연과 결별하면서 스스로를 소외시키고 '본래존재'로서의 자신(自神)을 다른 기억들에 의해서 망각하고 있다. 데카르트와 그 후 서양철학 전체의 입장은 "나는 (이미) 신체이면서 신체를 바라보는 입장에 있다"는 '것이다. 결국 신체는 육체나 물질이 될 수밖에 없는 입장이다.

필자의 '신체'라는 개념은 통상적인 서양철학의 현상학의 맥락에서 바라보는, 육체나 물질로 보는 것과는 다른 것이다. 종래의 서양철학적 관점, 즉 현상학적 관점은 필자의 신체적 존재론에 도달하지 못하는 장애 요인이 된다. 아마도 신체적 존재론을 잘 이해하지 못하는 사람들은 "아 그것, 마르크시즘에서 많이 하고 있는 것이야"라고 말할 것이다. 필자의 신체주의는 정신주의를 배제하면서도 동시에 물질주의도 배제하는 신비주다. 말하자면 인간과 모든 존재는 날마다 신체적 신비를 만나고 있는 셈이다. 인간과 인간의 만남이든, 인간과 돌과의 만남이든, 돌과 돌과의 만남이든 존재는 신체적 신비다. 신체를 가진 존재의 신비는 결코 풀 수 없다. 도리어 신비가 됨으로써 존재가 된다. 어쩌면 기억이라는 것도 옛 원시 부족 사회의 애니미즘을 현대적인 철학적 용어로 그렇게 부르고 있는지 모른다.

하이데거는 칸트의 예지계(叡智界)의 '자유'와 후설의 의식의 주체적 '지향'과는 다른 현존재 분석으로 전통적인 형이상학과는 달랐지만, 여전히 그의 존재 이해는 인간 중심을 벗어나서 만물평등과 만물생명을 기초로 한 '신체로서의 자연'의 원융(圓融, 혼융混融)

의 경지인 만물만신(萬物萬身/神)에 이르지 못하고 있다. 신체의 신(身)과 신(神)이 하나가 되어야 죽음에 대한 현상학적 불안이나 공포에서 완전히 해방될 수 있다. 이것은 또한 현상학적 사유로 인해 서로 떨어져 있던 신(神)과 물 자체가 하나가 되는 경지다.

인간은 자신이 죽음 이후에 무생물로 환원되는 것에 대해 원천적인 불안과 공포를 가지고 있다. 죽음의 불안과 공포는 현상학적인 인간의 집단적인 역사나 개인의 존재사, 그리고 기독교적 창조-종말 프레임에서도 핵심적 사안이다. 그런 점에서 만물평등과 만물생명 사상은 현상학적인 한계를 넘어서는 존재론적 무(無)의 경지라고 할 수 있다. 그런 의미에서 만물평등과 만물생명은 인간현존재의 불안과 공포를 근본에서부터 극복하는 실존론적인 해법이라고 할 수 있다.

인간은 태어남과 더불어 우선 세계를 이해하기 전에 자기 중심적 존재다. 이는 인간이 본래 자기-내-존재로서의 세계-내-존재라는 말에 다름 아니다. 세계를 이해하는 것은 신체적 존재로서 살아감에 따른, 나중에 일어난 일이다. 이는 인간이 본래 세계-내-존재로서의 자기-내-존재가 아니라는 말이다. 세계-내-존재는 적어도 자기 밖의 세계에 대한 전체적인 파악 이후의 일이다. 따라서 본래존재는 세계-내-존재가 아니라 자기-내-존재다.

자기-내-존재로서의 신체적 존재인 인간은 또한 언어 문화 체계의 차이를 넘어서는 실존적 존재다. 말하자면 필자가 말하는 '自身＝自信＝自新＝自神'의 존재다. 따라서 문화는 항상 스스로를 일신(日

新)하는 자신(自新)을 감행하지 못하면 죽은 것이나 마찬가지다. 신은 또한 살아있지 않으면 신이 아니다. 말하자면 책에 있는 신은 죽은 신이다.

존재에 대한 대중적 이해는 '설명할 수 없는(unaccountable) 세계' '셀 수 없는(uncountable, 無量) 세계', 혹은 '규정할 수 없는 (indefinite, unquantifiable, unqualified, unconceptual) 세계'다. 동아시아의 전통적인 이기론(理氣論)을 오늘의 존재론에 대입하면, 이를 기로 보는 것이 존재론이고, 기를 이로 보는 것이 현상학이라고 말할 수 있다.

최종적으로 '신체로서의 자연'과 '언어·신호 체계로서의 문화'를 철학적 현상학과 존재론으로 구분하면 다음과 같이 정리할 수 있을 것이다.

신체적 존재론은 유물론과 과학 기술 문명에 의해 주도되는 현대 문명을 반성하면서 모든 존재에 공통된 신체적 존재의 측면을 부각시킴으로써 인간의 존엄성을 되찾고 만물평등 사상과 함께 패

[표 15] 문화와 신체의 상관관계

문화	자아(自我)·정체성	언어·신호 체계로서의 문화: 자신(自信)	현상학 (현상학적 존재론, 존재론적 현상학)
	문화(文化)·집단 정체성	문화는 새롭게 되어야 한다: 자신(自新)	
자연	만물만신 (萬物萬神)	신체로서의 자연: 자신(自身), 자신(自神)	존재론 (신체적 존재론, 존재론적 존재론)

권 경쟁의 인류에 경종을 울리기 위한 것이다.

인간의 존재론적 특징은 바로 현존재(현재라는 시간과 공간을 가상하는 존재, 현실이라는 실체를 가상하는 존재, 신이라는 보이지 않는 존재를 가상하는 존재)라는 데 있다. 신을 발명하는 존재(과학적 인간), 신을 발견하는 존재(종교적 인간), 신을 요청하는 존재(철학적 인간, 도덕적 인간), 신을 놀이하는 존재(예술적 인간)로서의 특징을 갖는다. 이는 결국 신을 투사하는 존재로서의 원초적·종합적 인간을 말한다.

신(부처)은 절대적 존재(기독교, 타력 신앙)이면서 동시에 상대적 존재(불교, 자력 신앙)이다. 이에 앞서 신은 천지만물(범신론)이다. 무엇보다도 인간은 자연을 신(God)과 말(Logos)로 도치시킨 존재다. 인간은 또한 신을 투사한 존재다. 그런 점에서 인간은 신과 운명을 같이할 수밖에 없다.

[표 16] 인간현존재의 가상

신과 인간의 관계	인간의 존재론적 특징	인간현존재의 가상
신을 발명하는 존재	과학적 인간	'보이지 않는 신'을 가상하는 존재, 시간과 공간을 가상하는 존재, 현실이라는 실체를 가상하는 존재로서의 인간
신을 발견하는 존재	종교적 인간	
신을 요청하는 존재	철학적 인간, 도덕적 인간	
신을 놀이하는 존재	예술적 인간, 놀이적 인간	
신을 투사하는 존재	원초적·종합적 인간	

유신론과 무신론은 현상학적인 차원에서의 대립이고, 이것을 넘어서면 존재의 이중성(애매모호함)에 도달하게 되고, 그 이중성에 사유의 깊이를 더하면 본래존재에 도달하게 된다. 본래존재의 세계가 존재론의 세계이다. 그런 점에서 무신론의 유물론은 현상학적인 특성을 보이는 서양철학의 마지막 여정에서 발생할 수 있는 철학이며, 인간의 대뇌가 권력의 의지를 스스로 기만하는 거짓말의 세계의 절정이라고 말할 수 있다.

유물론은 비유적으로 말하면 남성(유심론·절대정신론)을 역으로 흉내 내는 '나쁜 여성성'의 발로에 불과하며, 신체적 존재(본래존재)로서의 '좋은 여성성'을 집단적으로 매도하거나 기피(회피)하는 신체적 존재에 대한 위선이고 기만이고 배신이다. 이는 도덕주의의 탈(양의 탈)을 쓴 위선(위선적 도덕주의)이며, 전체주의의 분노와 저주의 주술과 같다. 유물론은 권력(실질적 지배력이 있는 권력)이 아닌 폭력(기만적 권력)이며, 사랑(모성애의 여성)이 아닌 질투(분노의 여신)다.

마르크시즘의 계급 투쟁은 많은 민중(인민)을 평등과 지상 천국으로 유혹하여서 한 인간(빅 브라더) 혹은 한 집단(공산당)이 권력을 장악하기 위한 마지막 속임수라고 말할 수 있으며, 이것은 마지막 유령이라고 말할 수 있다. 이 마지막 유령을 폭로하는 것이 바로 신체적 존재론이다. 신체적 존재론은 또한 신과 메시아를 내세움으로써 죽음 이후의 내세를 보장하는 것을 통해 천상 천국과 극락세계를 보장하는 고등 종교의 자기기만을 폭로하는 목표를 동시에 갖고 있다.

존재는 정신-물질(육체), 주체-대상으로 이분화된 고정된 실체로서의 세계가 아니라 '본래하나(본래존재)'인 역동적 존재로서 그것 자체인 동사적(생성-생멸적) 존재다. 그러한 동사적 존재가 바로 지금도 생멸을 거듭하고 있는 신체적 존재다. 신체적 존재론은 그러한 점에서 자연스럽게 앎의 철학보다는 삶의 철학, 즉 도(道)의 철학을 선호하게 된다. 쉽게 말하면 '앎의 철학=현상학'에서 동양의 '삶의 철학=도학'으로 넘어오는 서양철학의 여정이 바로 서양철학의 존재론이라고 말할 수 있다. 삶의 철학에서 신체는 바로 존재 그 자체를 대변하게 된다. 자연에 흩어져있는 사물(thing)들은 저마다 '자신의 신체적 존재를 살고 있는 사건(event)'인 셈이다.

이러한 존재론의 최고 경지에 이르면 삶과 존재는 저절로 평화에 이르게 된다. 아울러 인간종의 권력 경쟁이 아무런 의미가 없으며, 인간의 모든 앎과 지식 체계, 문(文)으로써 이루어진 문화는 가상 존재로서 인간적 제도에 불과한 것임을 알게 된다. 마찬가지로 과학조차도 과학적 제도에 불과한 것이며, 그것이 궁극적으로 인류에게 평화를 가져다주지 않음을 깨닫게 된다. 과학적 사회학의 이상적 결과인 것처럼 행세하는 공산 사회주의는 소수의 공산주의자들이 계급 없는 평등한 지상 천국을 건설할 것처럼 다수의 민중을 속이는 집단적 기만이다.

공산주의의 결과는 공산당 귀족을 만드는, 보다 철저한 계급주의의 전체주의 사회다. 사회주의는 민중을 노예로 만드는 사기극이라고 말할 수 있다. 사회주의야말로 이상(위선)이 야만(대량 학살)과 통하는 역사적 증거다. 권력의 의지를 가진 인간의 자기기만의 절정이라고 할 수 있다. 신체적 욕망이 대뇌적 이상이 되고, 대뇌적 이상은 다시 민중을 노예로 만드는, '사회적 동물로의 퇴보'로 리엔지니어링한 것이라고 할 수 있다.

"인간은 삶이 두려워 사회를 만들었고, 죽음이 두려워 종교를 만들었다"(포이어바흐)는 말을 뒤집어보면, 죽음을 두려워하고 삶을 두려워하는 인간의 심리를 잘 이용한 일군의 정치적 집단인 공산당(공산 사회주의)이나 나치당(국가 사회주의)이 인간을 노예로 만든 것이 사회주의의 정체인 셈이다. 죽음을 두려워하면 결국 삶의 노예가 된다. 삶의 주인이 되려면 죽음을 두려워하지 말아야 한다.

공산 사회주의가 민중을 대상으로 한 '빅 브라더 신화학'이라면, 기독교는 가정의 아버지(하느님 아버지)를 신격화한 일종의 '기독교 신화학'에 지나지 않는다. 시간의 존재를 증명하는 것이 엔트로피(의 증가)이듯이, 마찬가지로 신의 존재를 증명하는 것은 아버지밖에 없다(어머니는 아버지에 종속적인 위치에 선다). 부모가 나를 낳았지, 내가 부모를 낳지 않은 것은 확실하기 때문이다. 인간의 상상계와 상징계는 의외로 단순하다. 이러한 단순한 것에 가상의 것이 붙은 것이 바로 문화다. 영원한 종을 상상하는 것 자체가 인간종의 존재론적 특징, 인간현존재의 특징이다.

인간의 문화와 역사는 시간의 판타지일 가능성이 높다. 영원한 종을 상상하는 것 자체가 인간종의 존재론적 특징, 인간현존재의 특징이다. 과학은 시간(존재자)의 편이고, 철학은 과학과 결별함으로써 시간의 편이 아닐 때 독립적인 존재로서의 가치를 지니게 된다. 존재론의 존재가 선을 바탕으로 한 것이라면 현상학은 악의 존재자가 된다. 악은 피조물에 무엇을 덧붙인 인간적 상상의 불결이거나 오염이 된다.

삶의 주제가 생사(생존 경쟁)에서 문화 복합(culture complex)을 통해 보다 복잡다단한 선악으로 바뀐 것은 이미 권력 경쟁을 의미한다. 권력 경쟁은 존재(자연적 존재)를 대상으로 보는 것을 의미하며 이는 철학적으로 현상학적 차원을 의미한다. 대상적 사유란 사물이든 그 무엇이든 대상(소유)으로 보는 것을 의미한다. 따라서 대상 이전의 존재 그 자체(Self)가 존재가 된다. 그런 점에서 존재란 현상 이전을 의미한다. 소유하는 자는 자신이 소유한 것만 있다고 말하지만 소유하지 않는 자는 존재하는 모든 것이 본래존재라고 말한다. 이러한 존재론의 경지는 심물일체, 심물존재의 경지다.

소유는 창조자라고 할지라도 필연적으로 악을 동반하지 않을 수 없고, 악을 피할 수 없다. 그래서 악은 인간 인식의 필연적인 결과다. 피조물이 무엇을 소유한다는 것은 실은 일종의 악의 시작이라고 할 수 있고, 피조물은 필연적으로 무엇을 탐하지 않을 수 없다. 그래서 철학은 순수 이성이나 순수 의식 등 '순수'를 찾지만, 그 순수는 인식 안에서 '절대'로 변하고 만다. 역사가 평화를 추구하면서도 언제나 전쟁으로 점철되는 것은 바로 소유-지배욕 때문이다. 이것은 피할 수 없는 악의 현상학이다. 존재는 현상되지 않는 것을 의미하기 때문에 현상된 것은 이미 존재가 아니다.

　인류에게 영원과 평화는 존재의 현상학적 표상 혹은 지향점에 불과하며, 그야말로 달성될 수 없는 목표가 된다. 그런 점에서 역사와 철학은 현상학이며 그것의 출발점에는 가족이 있다. 가족은 처음에는 모계였다가 인구의 증가와 더불어 권력 경쟁이 심화되고 자연스럽게 역사 시대에 접어들면서 부계-국가 사회로 변모하게 된다. 인간이 가족을 구성하고 대대로 가족을 재생산하면서 살기 위해서는 필연적으로 부계 사회로 전향할 수밖에 없었다.

　신(God)과 정신(Geist)이 주도하던 인간 문명에서 신이 죽고, 인간의 이성이 도구적 이성으로 전락한 때에 난데없이 등장한 것이 유령(Ghost)이었고, 그 유령은 다름 아닌 유물론과 공산 사회주의였다. 유물론은 인류의 가부장-국가 사회의 폭력적인 남성성에 대해 모계 사회의 여성성이 부활한 것이라고 볼 수 있다. 그런데 그 여성성이 가부장 사회의 폭력성에 전염되어 '질투의 여성성'으로 변질된 것이다. 오늘날 유물론은 전체주의라는 괴물이 되어서 인류를 노예로 만들려고 하고 있다. 유물론은 실은 가장 극단적인 초월적 관념론으로서 존재(세계)의 생멸하는 신체성을 부정하는 이념이다. 인류를 이념에서 존재에로 구원할 수 있는 것이 바로 신체적 존재론이다.

　서양철학과 문명은 대상에서 주체로, 다시 주체에서 대상으로 중심 이동을 하고 있다. '원인(원인적 동일성)'에 삶의 중심을 두던 철학적 관행이 '결과(결과적 동일성)'에 중심을 두는 중심 이동을 감

[표 17] 남성 중심 대 여성 중심 문명

가부장-남성 중심 (서양 문명)	권력주의 (양음 문명)	유물론 (materialism)	남성 모방 페미니즘	자유주의-전체주의 (주체-대상=주인-노예)
모계-여성 중심 (동양 문명)	비권력주의 (음양 문명)	모성주의 (motherism)	모성적 페미니즘	평화주의-가족주의 (원시 부족 공동체 사회)

행하였다. 인간이면 누구나 겪지 않으면 안 되는 죽음은 그런 점에서 인간의 최종 결과인 셈이다. '죽을 인간'은 자신이 영원히 사는 것을 꿈꾼다.

"인간은 죽으면 신이 된다"는 말이 있다. 신은 삶과 죽음의 이중성을 지닌 존재다. 인간이 제의를 지내는 까닭은 사후에도 축제의 주인공이 되어 주기적으로 되살아나고자 하는 욕망 때문인지도 모른다.

예수의 부활 사건은 '역사적 부활'이라기보다는 '신화적 부활' '축제의 부활'이다. 그런 점에서 텍스트는 '저자의 죽음'이고, 텍스트를 되살아나게 하는 것은 '독자의 읽기'다. 이론은 죽음이고 실천은 되살아남이다. 인간은 축제로써 되살아나는 존재다. 하나의 사건은 상징이고, 상징이기 때문에 상징적 상상력을 불러낸다. 동시에 하나의 역사는 신화이고, 신화이기 때문에 신화적 원형을 내포하는 것이다.

6) 축제적 존재로서의 인간

— 축제는 신체적 존재의 본래존재로의 귀향

축제(festival)란 무엇일까? 축제의 구성 요소 가운데 가장 중요한 것은 무엇일까? 바로 신체다. 신체는 어떤 프로그램보다 중요한 것이고, 축제의 본질이라고 할 수 있다.

축제는 죽은(고정된) 텍스트가 아니다. 그런 점에서 축제는 살아있는 신체가 참여하는 책읽기와 같은 것이다. 독자의 책읽기는 저자의 책 쓰기와는 다른, 의미의 살아있는 확장이다.

신체가 없는 축제는 성립할 수 없다. 신체적 존재로서의 인간현존재는 축제를 즐기고, 퍼포먼스를 원한다. 삶은 바로 축제이고, 퍼포먼스다. 삶은 이론이기 전에 이미 퍼포먼스이고, 신체적 존재로서 자기-내-존재의 열린 태도이며 끝없는 펼침이다. 현상학적 주제로서의 신체적 존재가 아니라 존재론적인 주제로서의 신체적 존재론의 길을 열어주는 것은 바로 인류의 모든 문화가 즐기고 공유하는 축제라고 할 수 있다.

인간은 축제를 통해 공동체를 운영해 왔으며, 축제를 통해 권력경쟁과 사회적 계층(계급)화에 따른 사회적 모순과 갈등을 해소해왔다. 축제는 집단생활을 하는 호모 사피엔스의 심신(心身) 의학적 차원의 치유와 질서와 안녕과 행복을 달성해 왔다고 할 수 있다. 이것은 프시케(psyche)와 소마(soma)의 융합(psychosomatic)이었다. 다시 말하면 축제는 신체적 존재로서의 인간이 정신과 육체를 동시에 만족시키는, 존재론적인 문제 해결 방안(solution)이었다. 축제는 인간으로 하여금 '신체적 존재'로의 환원을 의미하면서 본래존재를 신체로서 맛보게 하는 기쁨과 쾌락의 장이다.

축제는 인간이 철학(현상학)과 역사(집단 역사)가 달성하지 못하는 자유와 평등과 평화와 박애를 존재론적으로 달성하는 신체적·실천적 성취였다고 말할 수 있다. 축제는 신체적 존재로서의 인간이 하이데거가 말하는 공동 존재(Mit-sein)를 집단적으로 앞서서 실천한 마을 공동체 사회의 삶의 종합적인 지혜였다. 이때의 마을은 집단적으로 마음과 몸이 하나가 되는 '마을=마음=몸'의 공동체의 장이었다. 축제를 통해서 인간은 가부장-국가 사회의 위계 사회가 필연적으로 가질 수밖에 없는 계급(계층)의 갈등과 불화를 정화하였으며, 다시 일상의 질서의 공간으로 돌아갔던 것이다. 민중과 여성은 축제 기간을 통해 계급과 성적 억압으로부터 해방될 수 있었던 것이다.

축제는 시간과 공간과 질서와 모든 사회적 제도의 벽을 허물고 '공감(共感)의 장'으로 인간을 환원시킴으로서 인간을 본래존재로 돌려놓은 주기적·계절적인 사건(존재 사건)이었다. 축제는 더욱이 자연의 계절을 따라 행해짐으로써 인간과 자연의 조화도 획득하는 삶의 장치였다. 그런 점에서 어떤 축제든 반드시 자연의 생태와 하나가 되는 기제를 내장하고 있다. 축제는 종합적으로 일상의 시간과 공간을 계절과 신바람으로 돌려놓은 존재(인간현존재)의 근본적인 소통의 장이었다.

인간의 신체는 퍼포먼스를 원한다. 굿(ritual)은 인간의 퍼포먼스 가운데서도 가장 강렬하고 극적인 종합 예술이라고 할 수 있다. 이러한 퍼포먼스의 대표적인 것이 축제다. 집단은 규모가 크든 작든 축제가 아니면 본래존재로 들어갈 수 없다. 마르크스의 실천 (praxis)이라는 것도 실은 퍼포먼스의 일종이라고 볼 수 있다. 퍼포먼스는 놀이(play, game)를 벌이고자 하는 마음의 소산이다. 니체의 신체에 대한 환기(신체주의)는 서양철학을 '이데아의 존재'에서 '신체적 존재'로 전환하는 결정적인 계기가 되었다. 신체를 통하지 않은 어떠한 것도, 특히 인간의 정신은 동일성의 함정에 빠지는 것이 된다.

그래서 신체에 대한 환기는 자신의 처지(處地)에 대한 환기이고, 처지에 대한 환기는 인간으로 하여금 역지사지(易地思之)하게 함으로써 인간은 물론이고 모든 사물과의 심정적 관계를 통해 공감을 불러일으킴으로써 예술적 인간, 특히 음악적 인간이 되게 하고, 궁극적으로 심물일체·심신일체·신물일체·만물만신에 이르게 한다.

음악은 신체적 존재를 가장 쉽게 확인하게 하는 장르다. 작곡된 음악(남성적-구성적-존재자적 특징)은 연주되지 않으면 죽은 텍스트, 무의미한 존재가 된다. 음악은 연주에서 신체적 존재가 된다. 그 까닭은 리듬으로 반복되는 신화의 특징을 신체적 존재(여성적-생성적-존재적 특징)로서의 연주자가 가장 잘 표현하기 때문이다. 그런 점에서 음악은 신체적 상징, 상징적 상상 그 자체라고 할 수 있다. 음악만큼 신체적 존재에 가까운 예술은 없다.

신체적 존재론의 입장에서 보면 신체는 '정신의 반대말'이 아니라 '도구의 반대말'이다. 신체적 존재론은 도구 체계로서의 세계에 대해 가장 적대적일 수밖에 없다. 세계를 도구로 본다는 것은 세계의 존재에 대해 눈을 감는 것과 같기 때문이다. 신체는 이분화된 세계로 갈라진 정신과 육체를 잇는 매개일 뿐 아니라 존재 그 자체다.

신체의 현상학적인 접근은 자연과학적-의학적 방법처럼 어떤 하나로의 환원을 시도하지 않는다. 여기에는 신체는 육체적인 것도 정신적인 것도 아니다. 오히려 신체의 현상은 이 양자의 연관을 포함하는 것으로 기술되어야 한다.[37]

현상학(심리적 현상학)의 신체는 물리학(물리적 현상학)의 중력과 같은 것이다. 신체가 있음으로써 실존론적인 공간이 존재케 되는 것이다. 하이데거의 신체적 실존은 현상학적인 차원에 머문다.

그러나 철학(현상학)과 의학(심신의학)의 융합적인 연구는 실존적인 신체를 논하는 것이긴 하지만 신체적 존재에 대한 본격적인 존재론적인 접근은 되지 못한다. 예컨대 "신체가 없으면 세계가 없다"라는 근본적인 질문에 도달하지 못한 것이다.

현상학의 정신-육체의 이분법의 세계가 아닌 본래존재로서의

---

37 김재철, "정신의학과 하이데거의 대화: 졸리콘-세미나를 중심으로", 『현대유럽철학연구』 제39집(2015), 59~60쪽.

하나의 세계를 가정해 본다. 이렇게 보면 신체는 정신(의식)과 육체(물질) 사이에, 두께가 없는 '결여의 존재' '비어 있는 그 무엇'으로 있다.

신체는 정신과 육체(물질)의 틈(빈 것)과 같다. 신체는 정신-육체 프레임의 밖에 있다. 물리학적 세계에는 중력(인력)이 있지만 신체적 존재에는 중력이 없다. 신체적 존재는 이(理)의 세계가 아니라 기(氣)의 세계이며, 여기에는 과학적·사회적 제도에 의한 중력이 없다. 신체는 생멸을 거부하지도 않고, 굳이 지배하려고도 하지 않는다. 필자의 신체적 존재론은 그런 점에서 비권력적인, 기운생동의 사건의 세계이다. 신체에는 고정불변의 실체로서의 시간도 없는 신체 사건이다.

인간현존재에겐 현재가 있기 때문에 죽음이 있고, 동시에 죽음이 있기 때문에 현재가 있다. 현재와 죽음과 영원은 같은 것이다. 자연적 존재로 태어난 인간은 현존재가 되어서도 실은 자연을 본능적으로 잃지 않았던 것 같다. '현재'라는 의미의 영어 단어인 'present'는 동시에 '선물'의 의미로도 쓰인다. 'present'는 '나타나다=현상(숨다=존재)'의 의미도 있다. 우리는 여기서 철학적으로 중요한 사실을 발견할 수 있다. 시간적 '현재'는 동시에 '선물'이라는 사실이다. '현재'에 '선물'이라는 의미가 내재해 있다. 인간이 만든 단어 가운데 가장 존재(본래존재)에 가까운 동사(명사)가 선물이다. 선물을 현상학적으로 의미 전환하면 현재가 되고, 현재를 존재론적으로 의미 전환하면 선물이 된다. 존재는 선물이다. 선물이 현재로 전환하는 것과 함께 소유적 의미인 육하원칙이 부가됨을 알 수 있다.

'선물'은 존재이고, '현재'는 현상이다. '내'가 있으면 현상이고, '내'가 없으면 존재다. '절대-상대'는 현상이고, '무'와 '공'은 존재다. '유물-유심'은 현상이고 '심물'이 존재다. 중심(中心)은 현상이고, 심중(心中)은 존재다. 소유는 현상이고, 존재는 존재다. 기독교는 현상이고, 불교는 존재다. 이데아는 '존재'에 이름 붙인 '현상'이고, 존재는 이름 없는 존재다. 권력은 현상이고, 비권력은 존재다. 남성은 현상이고, 여성은 존재다. 대뇌는 현상이고, 신체는 존재다.

선물과 현재, 존재와 현상의 갈라짐을 권력의 관점에서 설명하면, 선물과 존재는 비권력의 편에 서고 현재와 현상은 권력의 편에 서는 것을 의미한다. 세계를 현재와 현상으로 생각하는 그 자체가 이미 세계를 소유하고 지배하려는 권력의 의지의 출발이다. 세계 전체가 사유의 대상이 되고, 인식론적 대상(인지적 패턴 처리의 대상), 즉 표상으로 처리하는 대상으로 변하게 된다. 이때의 표상은 신화 체계는 물론이고 절대신, 그리고 모든 문화 패턴 혹은 문화 체계를 의미한다. 이러한 문화 패턴의 핵심에는 권력 체계(위계 체계, 분류학 체계)가 존재한다.

인간은 생존 경쟁에서 지배종이 된 후 세계를 권력 체계로 볼 뿐만 아니라 종 내부 혹은 크고 작은 사회 집단의 권력 체계에 몰두하는 생물종으로 변모하고 말았다. 이를 두고 권력에 중독되었다고 말하거나 권력 경쟁의 병에 걸렸다고 말할 수도 있을 것이다.

권력은 아편과 같은 것으로 한번 중독되면 좀체 빠져나오기 힘든 것이다. 그래서 결국 인간종은 권력 경쟁을 하다가 어느 순간 멸종하게 되는 생물종이 될 가능성이 크다. 세계를 권력적으로 바라보는 것이 아니라 비권력적으로 바라보는 훈련을 하지 않으면 인간은 언젠가는 인간종 내부의 전쟁으로 인해 멸종하게 될 것이다. 세계를 비권력적으로 바라볼 줄 아는 것이 바로 존재론으로 들어가는 첩경이다.

우리가 보는 세계는 세계가 아니라 존재다. 존재를 세계로 보는 순간, 우리는 권력적인 인간이 되는 첫 발걸음을 떼게 되는 셈이다. 그러한 점에서 우리는 하이데거의 세계-내-존재(존재자)가 아니라 자기-내-존재(본래존재)다. 자기-내-존재는 사물 그 자체가 존재가 된다는 점에서 역으로 존재-내-자기라고 해도 무방하다. 자기와 존재는 내외가 없다는 점에서 하나이기 때문이다.

존재는 세계가 아니다(존재≠세계). 존재는 경계가 없기 때문에 세계가 아니다. 존재를 세계라고 하는 순간 존재는 존재(본래존재)를 잃고 만다.

하이데거는 또한 "언어는 존재의 집이다"라고 말했다. 이 말은 아직 하이데거가 현상학의 굴레를 완전히 벗어나지 못했음을 의미한다. 존재가 언어의 집이다. 존재가 없었으면 언어가 없었을 테니까 말이다. 물론 인간은 언어를 가지고 존재를 이해하는 현존재다. 그런 점에서 인간은 인간 중심으로 존재를 이해함으로써 존재를 세계로 역전(전도)시킨 존재다. 이 말은 하이데거의 존재 진리(존재-

진리)에 대응하는 필자의 "존재는 진리가 아니다(존재≠진리)"라는 말과 통한다. "존재는 진리가 아니다"라는 화두는 필자의 '일반성의 철학'으로 통하는 핵심이다.

존재는 진리에 앞선다. 인간은 지금껏 진리를 추구하는 진리-존재의 인간이었으나 이제 존재(본래존재)로 돌아가는 존재-진리의 인간이 되지 않으면 안 된다. 더욱이 존재 그 자체에 도달하여야 한다. 진리 존재의 인간은 사유를 통해 소유를 추구하는 사유-존재의 '소유적 사유'에 있었으나, 존재 진리의 인간은 존재-사유의 '존재적 사유'인 자각(自覺)을 통해 존재 그 자체로 돌아가지 않으면 안 된다.

사유는 소유이고 권력이다. 세계의 진정한 주인은 소유하지 않는다. 진정한 주인이라면 소유할 필요가 없다. 신은 주인이 된 인간의 다른 말이다. 그런 점에서 신이 세계를 창조한 것이 아니라 창조하는 것이 신이다. 신은 명사의 신이 아니라 동사의 신이고, 소유의 신이 아니라 존재의 신이다. 존재의 신은 반드시 본래존재로 돌아갈 것을 꿈꾼다.

인간이 본래존재로 돌아가지 않고 계속적으로 권력 투쟁과 패권 경쟁을 일삼으면 인류는 멸종을 피할 수 없게 된다. 인간은 사유의 소유적 자기기만에 빠져서 권력에의 의지를 불태우다가 공멸할 가능성에 노출되어 있다. 인간은 사랑을 내세우면서 소유를 하고 정의를 내세우면서 소유를 감추는 자기기만에 빠져 있다. 권력 경쟁은 지배의 의지에 다름 아니다. 존재(자연)는 결국 인간의 지배를

[표 18] 세계-내-존재와 자기-내-존재

하이데거 (현상학적 해석학)	현존재 (Da-sein)	세계-내-존재 (존재-진리)	언어는 존재의 집 (감옥?)이다 (언어=존재자= 현상학적 존재)
박정진 (존재론적 신체론)	신체적 존재 (somatic-Sein)	자기-내-존재 (존재≠진리/≠세계)	존재는 언어의 집 (근본)이다 (신체=존재= 본래존재)

방관하지만은 않을 것이고, 결코 지배당하지 않는다. 왜냐하면 지배 자체에 멸망을 감추고 있기 때문이다.

존재는 자기이며 자기존재다. 자기존재(自己存在)는 자존(自存)이면서 자존(自尊)이다.

그런 점에서 존재하고 있다는 사실에 대해서는 아무리 감사(感謝)해도 지나친 일이 아니다. 감사는 공감(共感)에서 비롯되는 일이고, 감사는 존재에 대한 스스로의 사례(謝禮)다. 공감과 감사에 이르는 길은 실은 현상학적인 모든 굴레와 속박, 즉 시간과 공간의 제도에서 벗어나야 도달할 수 있는 최종적인 길(道)이면서, 동시에 원시반본의 길이다. 옛 부족 사회의 선조들은 모두 자연에 감사하면서 살 줄 아는 인간이었다. 신체적 존재론을 통과해야 신(身)이 신(神)인 줄 안다.

7) 현상학적 굴레와 신체적 존재론

— 현상학과 존재론의 화해와 융합

현상학을 제대로 알고나면 인간의 의식에 의해 발생한 이원 대립적인 항들은 서로 가역왕래(可逆往來)의 성격이 있음을 알게 된다. 요컨대 물질이라는 것은 인간의 정신이 규정하거나 구성한 것이고, 그렇기 때문에 현상학적인 레벨에서는 거꾸로 물질이 정신이 되어도 아무런 문제가 없다. 그래서 마르크스는 헤겔의 유심론을 뒤집어서 유물론을 주장했다. 마찬가지로 현상학적인 레벨에서는 유신론이 무신론이 되고, 유가 무가 된다. 유든 무든 모두 가상실재로서의 현상일 뿐이다.

다시 말하면 현상학적인 레벨에서 유와 무를 구분하는 것은 현상학적인 레벨에서는 의미가 있어도 그것을 벗어나면 일종의 말놀이와 같은 것이 되고, 심지어는 무의미한 것이 된다. 현상학은 쉽게 말하면 인간이 의미를 부여하면서 사는 존재라는 것을 말하는 철학인데, 의미를 부여하면서 살아가는 존재인 인간이 무의미에 이르면 우선 허무주의에 빠지겠지만, 실은 그러한 허무는 인간이 가상 실재(현상)를 존재라고 생각한 자업자득일 수밖에 없다. 이렇게 생각하면 허무주의조차 그렇게 심각하게 허무한 것도 아니다.

현상학적 허무의 이면(저변)에서 우리는 거대한 자연을 다시 발견하게 된다. 도대체 자연이란 무엇일까? 우리는 현상학으로 인해서 인간을 정신(주체)이라고 전제하고 자연을 물질(육체, 대상)이라고 규정하는 어리석음을 범했는지도 모른다. 우리는 정신과 물질(육체)과 다른 신체에 대해 토론하고, 시시각각 생멸하는 신체에 대해 관심을 집중하지 않으면 안 된다는 절박함에 도달하게 된다. 과학 기술 만능 시대에 이른 지금, 기계에 저항하기 위해서 신체적 존재에 대한 환기를 새롭게 시작해야 할 필요성을 느끼게 된다. 신체가 없는 것은 모두 가상 실재이고 유령이다. 유령의 가장 대표적인 것이 텍스트이고 문자다.

　인간의 신체는 육체가 아니고, 자연은 물질이 아니다. 인간의 신체는 정신의 대상으로서의 육체나 물질이 되기 전에 고유성을 지닌 존재다. 신체는 정신과 육체(물질)라는 이분법으로 나누어지는 존재가 아니라 자연적 존재다. 따라서 신체를 정신 혹은 육체(물질)로 분리하여 말하는 것은 신체적 존재를 왜곡하는 것이다. 신체의 고유성은 고정된 정신과 물질(실체)의 존재가 아니라 생멸의 존재로서 실존적 의미를 갖는 것이다. 축제는 생멸하는 인간존재에게 문명화로 인해서 잃어버린 신체와 감정을 만나게 하는 계기가 되는 것이다.

　축제는 신체적 존재론을 바탕으로 인간의 전인성(全人性)을 회복하는 총체적 예술로서의 의미를 가진다. 축제는 '미래의 목표를 위해서 지금을 참는(희생하는)' 것이 아니라 지금을 철저히 즐기는, '신체적 존재로서 고유성을 회복하는 장'인 것이다. 동시에 '시간으로서의 현재도 망각해 버리는 장'인 것이다. 축제의 상징과 의례는 신체적 존재로서의 인간에게 자연의 생멸의 과정을 느끼게 하는 '통과(통과 의례)'와 '프로세스(의례적 과정)'의 의미가 있는 것이다.

지금까지 신체는 현상학적으로 다루어져 왔다. 현상학적으로 다루었다는 의미는 신체를 대상으로, 혹은 주체-대상의 지평에서 다루었음을 의미한다. 이와 달리 신체를 존재론적으로 다룬다는 것은 신체 그 자체를 있는 그대로 '존재'로 인정한다는 뜻이다. 신체의 생멸하는 그 자체를 존재로 인정하면서 생멸 그 자체를 즐긴다는 뜻도 된다. 요컨대 분석적인 언어로써 신체를 육체의 부분으로 조각내는 것이 아니라, 신체 그 자체를 하나의 전체로서 받아들이면서 신체의 기운생동과 함께한다는 뜻이다.

신체는 놀이와 퍼포먼스를 원한다. 놀이와 퍼포먼스는 '놀이하고자 하는 인간의 마음'에서 비롯된 것이며, 그것이 집단적으로 표출된 것이 축제다. 축제의 '연행(演行, performance)'은 마르크스의 '실천(praxis)'과 다른 점이 많다. 축제적 연행은 비역사적인 것인 데 반해 마르크스의 실천은 역사적이다. 연행은 비목적적이거나 자연스럽게 목적을 달성하는 것인 데 반해 실천은 매우 의식적이며 목적적이다.

축제적 연행이 원시 부족 사회 혹은 마을 공동체 사회(community)를 유지하고 긴장과 갈등을 해소하는 데 주안점을 둔 것이라면, 마르크스의 코뮤니즘(communism)은 계급 투쟁을 통해 사회주의 혁명을 달성하는 것을 목적으로 두고 있다. 해석 여하에 따라서는 마르크스의 실천의 부분들도 연행적 성격을 내재하고 있다고 볼 수 있다. 이를 거꾸로 말하면, 실천은 의식적·의도적 연행이라고 할 수 있다. 마찬가지로 연행은 무의식적·자연적 실천이라고 할 수 있다.

하이데거는 "언어는 존재의 집"이라고 말했지만, 필자의 생각에는 언어는 존재가 아니고, 신체가 존재다. 신체가 언어를 담고 있지 언어가 신체를 담고 있는 것은 아니다. 이는 존재가 언어를 담고 있지 언어가 존재를 담고 있지 않은 것과 같다. 예술은 신체와 더불어 형상을 만들어가는 장르로서 신체적 존재론을 솔선수범하는 것이라고 보여진다. 그래서 신체적 행위가 수반되는 예술은 예술 행위 그 자체로서 만족되는 경우가 많은 것이다.

신체와 감정이 없이는 예술이 성립될 수 없다. 시를 짓는 행위를 비롯한 기타 모든 예술 행위 이외에도 스포츠와 축제는 신체적 존재론을 수행하고 실천하는 장르로서 의미를 지닌다고 볼 수 있다. 더욱이 스포츠와 축제가 함께 어우러져 있는 올림픽 경기와 월드컵의 경우 신체적 존재를 회복하고 각성하는 데 있어서 그 역할은 다른 어떤 경기 축제와도 비교할 수 없을 것이다.

과학 기술의 발달은 인간의 신체를 기계에 접근시키고 있고, 기계적 부품으로 전락한 '조각난(segmented) 인간'은 신체의 전체성을 회복하기 위해 크고 작은 축제를 요구하고 있다. 만약 현대인에게 축제가 없다면 모두 정신분열증 환자가 되어버리고 말지도 모를 일이다. 우리의 일상생활에서도 얼마든지 축제적 요소를 발견할 수 있다. 가깝게는 가족이 함께하는 식탁도 축제의 장이 될 수 있고, 선술집이나 칵테일 바도 축제의 장이 될 수 있다. 스포츠 경기 장이 축제의 장이 되는 것은 물론이다. 심지어 영화관과 연극·오페라·뮤지컬 극장도 축제의 장이 될 수 있다.

현대 문명의 입장에서 볼 때 인간의 미래는 자연을 기계의 세계로 환원하거나 기계 인간을 만들어 함께 살아가는 존재가 될 가능성이 높다. 인공 지능(기계 인간)의 알고리즘은 프로그램이지만, 인간의 알고리즘은 기계인지 모른다. 그러한 점에서 인간의 신체에 대한 새로운 환기, 즉 신체에 대한 현상학적인 연구보다는 신체에 대한 존재론적인 연구가 절실한 편이다. 신체야말로 존재이고, 신체야말로 인간으로 하여금 자연을 회복하고, 자연과 더불어 사는 존재로서의 본성을 기억하게 하는 장이 될 수 있을 것이다.

축제는 또한 만물을 평등하게 만드는 기제가 되기도 한다. 만물은 인간과 마찬가지로 나름대로의 신체를 가지고 있다는 점에서 동등하다. 만물이 없는 인간을 생각할 수 없듯이 만물은 인간의 바탕이다. 인간의 신체는 다른 만물의 신체와 다르지 않다. 인간의 신체도 똑같이 생멸하고 있는 것이다. 인간이라고 해서 불멸한다거나 불멸해야 하는 것처럼 생각하는 것이야말로, 요컨대 인간이 지혜의 동물이라고 해서 영혼불멸하는 존재가 될 수 있다고 생각하는 자체가 바로 소유적 존재로서의 인간의 자기 착각이며 자가당착이다.

모든 존재는 신체적이라는 점에서 동등하다. 이때의 신체라고 하는 개념은 흔히 무생물(물질)에도 적용되는 신체다. 만물은 신체적 존재라는 관점을 깔고 있다. 무생물도 고정불변의 것(실체)으로 존재하는 것이 아니라 생멸하는 존재임에 틀림없다. 모든 존재는 질료를 가진 존재로서 함께 있는 공동 존재다. 인간의 신체는 기계가 아니고, 과학적 대상으로 존재하는 육체나 물질이 아니다. 신체는 머리를 포함하고 있는 유기체로서, 동시에 무기물을 내장하고 있는 '현재적 유기체'로서의 '과정적 우주' '자족적 우주'다.

인간의 신체는 생성(본래존재)의 세계, 기운생멸하는 총체이며, 상징이며 은유다. 인간의 신체, 신체로서의 세계야말로 무엇보다도 풍부한 상징이고 은유다. 따라서 신체적 존재론과 신체적 상징론이야말로 일종의 신체적 상황론(context = 氣)이며, 존재 자체에로 들어가는 관문이다. 서양의 후기 근대 철학이라는 것도 동양의 생성론(음양론, 천지인 사상)마저 삼켜버리고 변형을 통해 자신의 담론을 권력으로 만들어버리는 또 다른 '담론 권력'에 불과한 것이다.

신체적 존재론은 신체를 육체 혹은 물질로 취급하는 유물론과는 달리 신체에 대한 독일의 존재론과 프랑스 현상학을 융합한 신체에 대한 새로운 이론이다. 신체적 존재론에 따르면 정신-물질(육체)은 같은 현상학적 차원인 반면, 신체는 그러한 현상학적인 대상이 아니라 정신-물질의 바탕(근거)이 되는 '불이(不二)의 존재론'이며, 자연적 존재론이다. 말하자면 신체는 인간이 결코 대상으로 할 수 없는 존재적 특징을 가지고 있는 존재이며, 스스로 생멸하고 있는 존재다.

결국 신체로서 존재하지 않는 것은 모두 가상 실재다. 그렇게 보면 정신도 육체도 가상 실재다. 신체는 자연의 생멸하는 그 자체를 말한다. 그런 의미에서 신체적 존재론은 자연적 존재론이다. 존재의 관념성을 탈피하기 위해서는 신체를 육체(물질)라고 하는 것부터 벗어나야 한다. 왜냐하면 육체란 정신-물질의 현상학적 세트의 산물이기 때문이다. 사물을 정신이라고 하는 것이나 물질이라고 하는 것은 현상학적 왕래(이중성)에 불과한 것이다. 따라서 신체적 존재론은 칸트가 남겨둔 '신'이나 '물 자체'의 세계를 현상학이 아닌 존재론적인 차원에서 다시 논의하는 것이라고 할 수 있다.

신체적 존재론의 신체는 마르크시스트의 관점에서 보는 육체가 아니라 신이나 물 자체, 만물만신(萬物萬神)과 심물일체의 물 혹은 물성(物性)과 같은 것이다. 한국인들은 신체를 '살' 혹은 '살점'이라는 말로 표현한다. 이 말 속에는 신체를 사는 것이 '삶'이라는 뜻이 내포되어 있다. 말하자면 '살'이 없으면 '삶'을 살 수 없다. 살은 삶의 가장 구체적인 증거이고 현존적인 존재다. 살이 없으면 삶이 될 수 없다. 한국인의 '살'과 필자의 '신체'는 같은 것이다.

'살'은 현상학적으로 규정할 수가 없다. 만약 태초가 있다면 태초와 더불어 시작된 존재가 지금까지 이어져온 것이고, 그런 점에서 '살'이야말로 유전학적으로도 조상으로부터 계속 이어져온 것이고, 자연의 상속자다. '살'은 인간이 규정한 정신-육체와는 다른 차원의 개념이다. '살'이 '사는(동사) 것'을 명사화한 한국인의 '삶'은 바로 신체적 존재론의 소산이라고 말할 수 있다. 살을 살고 있는 것이 인간의 삶이다. 다른 만물도 비록 삶의 방식은 다르지만 자신의 삶을 살고 있는 존재다.

인간의 존재론, 만물의 존재론은 신체적 존재론에로 귀결되지 않으면 하나가 될 수 없다. 세계가 하나인 것을 실증하는 유일한 개념이 바로 신체적 존재론이다. 이때의 신체는 정신이 구성하거나 규정한 육체나 물질이 아니라 인간의 사유가 미치지 않는, 인간의 사유 이전의 자연으로서의 신체를 말한다. 인간의 사유와 기억이라는 것은 이미 제2차적인 것이며, 진정한 사건이 아닌 사물이다. 인간은 죽은 사물의 판타지 속에서 살아가는 존재다. 현상학적인 존재(존재자)라는 말 자체가 이미 존재론적인 존재 사건(사태)을 사물화하고 기억하고 명사로 박제하는(덮어씌우는) 유령(동일성) 행위에 지나지 않는다.

서양 문명이 신봉하는 언어와 기계는 진정한 존재가 아니다. 서양의 언어학과 자연과학은 그런 점에서 존재와는 거리가 멀다. 존재는 자연의 신체일 따름이다. 만물은 신체로 생성되었고, 지금도 생멸하고 있는 신체다. 만물의 원자 구조는 지금도 끊임없이 움직이고 변하고 있고, 생물의 신체 세포는 생멸하고 있다. 이때의 신체는 우리가 이미 '대상으로 바라본 육체나 물질'이 아니라는 점을 명심할 필요가 있다. 세계를 대상(목적)으로 바라보지 않으면 이미 존재(현존적 존재, 신체적 존재)를 만나고 있는 것이다. 서양철학은 자신도 모르게 본능적으로 존재를 대상으로 바라보면서 존재(존재 자체)인 '자기를 바라보지 못하는 맹점'에 빠져들었다.

[표 19] 신체적 존재론의 변증법적 통합

하이데거	프랑스 현상학	박정진	변증법적 통합
존재론	신체의 현상학	신체적 존재론	신체가 존재다 (새로운 제물론齊物論)
이데아(Idea)가 아직 남아있음	유물론적(육체 적) 성격이 강함	신체의 기운생동 론을 바탕으로 함	

하이데거의 존재는 신체가 없음으로 인해서 자칫하면 독일적 관념론으로 떨어질 위험을 안고 있고(Idea로서의 존재의 의미가 아직 남아있음), 프랑스의 현상학은 신체를 육체(물질)로 봄으로써 유물론으로 떨어질 위험을 내재하고 있다. 결국 필자의 '신체적 존재론'은 이 양자의 위험을 해결하는 일종의 신체적 상징론 혹은 신체의 기운생동론(기운생멸론)으로서 신체가 바로 존재라는 사실을 알려주는 철학이다. 만물은 신체로서 평등하게 존재하고 있다. 이것은 새로운 제물론(齊物論)이다.

신체는 물리적·생물학적 존재(대상적 존재)가 아니라 여러 차원의 의미를 내포하고 있는 상징적 존재다. 신체는 그런 점에서 '기표연쇄'의 결정적인 존재가 아니라, 의미를 무화시키는 '기의 증발'의 비결정적인 존재라고 말할 수 있다. 인간은 인위적(유위적)으로 만들어진 존재가 아니라 자연으로부터 주어진 존재(givenness), 생성된 존재다. 신체의 의미는 하나의 맥락에서 결정되는 것이 아니라 비결정적인 의미로서 의미의 집합체(의미의 다발)이며, 역동적 의미로서의 상징(음양 상징)이다. 신체적 의미는 완결된(closed)

의미로서의 '하나의 텍스트'라기보다는, 열린(open) 의미로서 '하나의 콘텍스트'라고 말할 수 있다. 그런 점에서 신체적 의미는 존재론적 의미다.

따라서 신체적 만남은 단순한 물리적·생물학적 만남 혹은 기계적인 만남이 아니라 수많은 의미의 만남으로서, 항상 인간이 기획(계산)한 의미 이상의 의미를 내품는다. 이것을 상징적·징후적·은유적 의미라고 말할 수 있다. 더구나 신체적 의미는 의미를 넘어서는, 어떤 결정적인 의미도 무화시키는 '존재 그 자체의 의미'다. 그러한 점에서 신체와 신체가 만나는(부딪치는) 축제는 '의미 너머의 의미'를 달성하는, 신체적 존재를 회복하는 열린 장이라고 할 수 있다. 인간은 크고 작은 축제를 통해서 존재론적 상호 소통과 교감을 달성하는 존재다.

신체와 신체가 동등하게(주체-객체가 아닌) 만나는 신체적 만남은 일종의 생기를 회복하는 우주적 사건이며 존재 사태적 사건이다. 신체는 그 자체가 '살(살점)'을 사는 '삶'으로서 기운생동(생멸)하는 존재이며 사건이다. 모든 존재는(무생물조차도) 사건이고, 하나의 등차(等差)도 없는 우주적 사건이다. 모든 사건은 삶이고, 모든 삶은 사건이다. 사건적(사태적) 존재는 자기이고, 결코 타자가 아니다.

필자의 신체적 존재론에 따르면 자연은 신체이고, 존재다. 언어는 존재가 아니다. 인간이 지금까지 사물이나 대상으로 취급한 것은 실은 존재 그 자체였고, 남자의 소유의 대상이 되었던 여성이야

[표 20] 서양철학과 동양 도학의 비교

서양철학	동양 도학	동서철학의 융합
타자의 철학(이분법)	자기의 철학 (제물론齊物論의 세계)	타자와 자기의 융합 현상학과 존재론의 화해 신체적 존재론: "자연 은 신체이고 존재다"
물리학-과학(세계-내-존재)	음양오행-주역(자기-내-존재)	
언어의 철학(눈의 철학)	신체의 철학(몸의 철학)	
초월적 현상학(주체-대상)	내재적 존재론(몸＝세계)	
언어의 실체론(언어＝실체)	신체적 존재론(신체＝존재)	
가상실재(시각-언어＝가상)	자연 실재(자연＝신체)	
신들의 전쟁(타자와의 전쟁)	신들의 평화 (연기적緣起的 존재)	

말로 특히 존재 그 자체였다. 인간(남성)이 사물(대상)과 여자의 주체(주인)가 되었다고 생각한 것은 거꾸로 종속이었다. 인간이 가부장-국가 사회의 등장과 더불어 대상 종속(subject to object)을 끊고 '주체적인(subjective) 인간'으로 탈바꿈한 것에는 주체와 대상의 역전의 의미가 내포되어 있다. 그러한 점에서 인간이 이룩한 문명은 자기도착적 존재로서의 실현이었다고 할 수 있다.

'언어가 존재의 집'이 아니라 '존재가 언어의 집'이다. 존재가 없으면 어떻게 언어가 인간의 대뇌에서 반사적으로 생겨났을까? 인간과 신은 합세하여 존재와 언어의 입장을 뒤집어서 언어를 존재의 주인이 되게 하고, 존재를 노리개(노예)로 삼을 것을 기도(祈禱, 企圖)했다. 그러나 인간도 숨을 쉬고 사는 동물이다. 자연이 먼저 있은 뒤에 언어가 생겨났다. 그런데 인간의 사유는 언어가 자연을 만들었다(사유-존재)고 생각한다. 인간이 말하는 '세계'는 이미 언어이지 존재 자체가 아니다.

언어를 잘못 쓰면 존재의 집은 고사하고 존재의 감옥이 될 수도 있다. 과학 기술 문명에 갇힌 인간이야말로 그러한 죄수의 표본이다. 과학 기술 문명은 언어를 도구적 이성으로 사용하는 반면, 시는 일상어를 사용하기는 하지만 신체를 통과한(신체적으로 습득한) 신체적 형상이다. 언어를 신체적 존재에 넣어서 살아있는 언어로 재탄생시킴으로써 본래존재로 돌아가게 하는 패스포트다. 신체의 축제와 시의 은유는 기계 문명에 저항하는 존재의 마지막 무기이면서 형상(이미지)이다. 이는 신체적 존재의 인간이 신체의 존재성을 빼앗기지 않으려고 본능적으로 대결하는 것이다.

신체는 생존을 위해서 본능적으로 혹은 존재론적으로 무술 혹은 무예를 하게 되어있다. 무예는 평화시에는 스포츠로 변형되어 보다 많은 사람들에게 신체적 수련의 목표를 제시하는 것을 통해 몸과 마음을 닦는 교육 제도로 존재하게 된다. 생존이라는 것은 의식적이기 전에 무의식적인 영역이고, 그런 까닭에 의식적인 지향 이전의 존재 그 자체의 요구이고, 부름이다. 이때의 존재 그 자체의 요구나 부름은 하나의 의미라기보다는 삶을 위한 총체적이고 다층적인 의미를 지닌 상징 혹은 상징적 의미라고 할 수 있다. 그런 점에서 신체는 상징임을 다시 한 번 확인하게 된다. 신체는 신성한 존재다.

현상학적인 의미는 결국 의미 대상을 지향함으로 인해 동일성을 추구하는 까닭으로 기표 연쇄인 자연과학(존재자)으로 향하고, 신체적 상징과 시적 의미는 상징적 의미 지향으로 인해 의미의 다양성(다의미)으로 열려있는 의미라고 할 수 있다. 앞에서도 말했듯이 과학이 '기표 연쇄의 환유'라면 존재는 '기의 증발'이라고 말할 수 있을 것이다. 존재론적 의미는 고정불변의 의미와 다의미를 넘어서 '무의미' 혹은 '무(nothingless)'에 도달하는 것이라고 할 수 있다. 현상학과 존재론의 차이는 무한대와 무의 차이와 같다. 무한대는 무를 현상하고, 무한대는 무를 존재케 한다. 무한대는 끝없이 영원을 향하여 나아가야 하지만, 무는 바로 존재가 된다.

결국 이상을 '동일성-과학'과 '상징성-시'와 '존재성-무'로 정리하면, 신체적 존재론은 '존재성'에 해당하는 존재론이라고 말할 수 있을 것이다. 신체야말로 존재인 것이다. 이것이 신체적 존재론의 결론이다. 신체적 존재론의 '신체'는 잡을 수 있는 육체(물질)가 아니라, 잡을 수 없는 '생성(생멸)하는 신체'의 의미라는 점에 유의할 필요가 있다. 자연은 신체적 존재이면서 본래존재다. 역으로 본래존재는 신체적 존재다. 신체적 존재론은 인간을 자연으로 되돌려 놓는 철학이다.

신체적 존재론은 존재론과 현상학을 극복한 제3의 철학일 뿐만 아니라 유심론과 유물론, 유신론과 무신론 등 모든 이원 대립을 극

[표 21] 동일성, 상징성, 존재성

현상학적 존재론	동일성	절대 의미, 기표 연쇄의 환유, 자연과학
시적(詩的) 상징론	상징성	다의미, 열린 의미, 시적 은유
신체적 존재론	존재성	무의미, 무(nothingless), 기의 증발, 본래존재(자연)

은유는 존재로 향하는 언어이고, 환유는 과학으로 향하는 언어다

복하는 제3의 철학이다. 신체적 존재론은 '삶의 철학'이고, '삶의 철학'이고, '존재론의 완성'이고, '원시반본의 철학'이고, 한글로 '몸 철학'의 시작이다. 신체적 존재론의 입장에서 보면 은유는 존재로 향하는 언어이고, 환유는 과학으로 향하는 언어다.

신체적 존재론이 정립되기까지의 철학적 여정을 보면, '사유-존재'(현상학적 존재론)에서 '존재-사유'(존재론적 현상학)로, 다시 존재-사유에서 '신체-존재'(신체적 존재론)로 사유의 중심 이동을 했다. 신체적 존재들은 그동안 인간의 철학적 전도에 의해 육체 혹은 물질로 불리어졌지만, 신체가 있는 만물이야말로 진정한 존재다. 따라서 신체적 존재야말로 자연의 진면목, 본래자연이다.

필자의 신체적 존재론은 들뢰즈가 말하는 '육체(신체) 없는 기관'과 '기관 없는 육체(신체))'와도 다른 것이다. 들뢰즈의 주장은 한마디로 현상학적인 접근의 결과인 반면, 필자의 신체적 존재론은 그야말로 존재론의 영역이다. 여기서 존재론의 영역이라고 하는 것은 신체를 육체나 물질로 보지 않고 생멸(생성)하는 '존재 그

[표 22] 박정진의 존재론과 들뢰즈의 현상학

박정진 (존재론)	신체적 존재: 생명 '氣運/氣韻–氣號' 체계	기(氣), 기운생동 기호(氣號): 氣를 소통한다	생명의 의미로서의 신체
들뢰즈 (현상학)	신체 없는 기관: 機械 '記號–機械' 체계	기관 없는 신체: 물질기계 (機械): 기계주의(machinism)	육체적 의미로서의 신체

자체'라고 보는 것이다.

　신체 없는 기관은 쉽게 말하면 기계를 말하고, 기관 없는 신체는 물질을 말한다. '기계(機械)'는 기표 연쇄의 결과이면서 기호와 연결된다. '기호(記號)'는 의미를 표기하고 고정·결정하는 의미 맥락의 기호다. 신체적 존재론의 '기호(氣號)'는 기(氣)를 부르고 응답하는, 즉 기통(氣通)하는 의미의 기호(氣號)이다. 결국 들뢰즈는 '기호(記號)–기계(機械)'로 연결되고, 박정진은 '기운(氣運/氣韻)–기호(氣號)'로 연결된다.

　필자의 신체적 존재론은 후자인 '기운–기호(氣號)'의 의미 맥락과 연결된다고 할 수 있다. 이것은 쉽게 말하면 기통하는 세계다. 우주는 신체적 존재들의 교감 체계라고 할 수 있다. 신체적 존재론의 세계는 존재를 대상으로 보거나, 이용이나 수단으로 보지 않는, 바로 현존하는 세계(현존적 존재)를 말한다. 신체적 존재론의 세계는 만물만신이 동등하게 존재하는 세계이다. 이때의 만물만신은 만물만신(萬物萬神)이면서 동시에 만물만신(萬物萬身)이고, 만물만신(萬物萬信)이다. 신(神)은 바로 몸(身)이고 믿음(信)이라는 뜻이다. 이들 사이에는 어떤 거리도 없다는 뜻이다.

필자의 존재론은 쉽게 '소리 철학'이라고 불리기도 하는데, 그 까닭은 소리가 추상이 아니라 구체이며, 동시에 입자가 아니라 파동이라는 측면에서 그렇다. 소리 철학은 존재의 본성을 이(理)로 보는 성리학(性理學)에 비해 존재의 본성을 음(音)으로 본다는 점에서 성음학(性音學)이라고 말할 수도 있다. 니체가 '(음악으로부터) 비극의 탄생'을 말했다면 필자는 '(소리로부터) 해탈의 탄생'을 말하고자 한다. 여기서 '(소리로부터) 해탈의 탄생'은 관음(觀音)을 말한다.

신체적 존재론은 소리 철학의 '소리(파동)'가 신체적 존재론의 '신체(생명적 파동 혹은 리듬)'로 발전한 것이다. 촉각은 피부(신체)의 파동으로 전달된다는 점에서 촉각은 신체에 붙은 귀라고 할 수 있다. 귀는 반대로 만질 수 없는(거리가 떨어진) 사물을 만지기 위한 촉각의 변형이라고 할 수 있다. 소리 철학이라는 것도 실은 은유적 표현이다. 문자 철학에 대한 반론으로 소리 철학을 주장하였지만 실은 소리가 없는 우주와 경계를 이루는 상징성(이중성)으로서 소리를 주장한 것이기 때문이다. 우주에는 소리가 없다. 음파가 이동하는 데 가장 중요한 요소는 전달 매체이며, 공기가 없는 우주에서는 소리가 이동할 수 없으므로 우주는 절대 고요라고 할 수 있다. 과학적으로는 공기가 없는 곳에는 소리가 없다지만, '태초의 소리'라는 것이 있다. 태초의 소리는 마음의 소리다.

필자의 신체적 존재론은 보편성의 철학에 대해서 일반성의 철학, 개념 철학에 대해서 소리 철학, 남성 철학에 대해서 여성 철학, 전쟁 철학에 대해서 평화 철학, 권력 철학에 대해서 비권력의 철학,

기계 철학에 대해서 생태 철학으로 불렸다. 여기에 더하여 개체 철학에 대해서 신체 철학으로 집대성된 것이 최근의 일이다. 철학 하면 으레 집단성의 보편성을 운위하는 것이 상식이었다가, 실존주의가 등장하고부터 집단성보다는 개체성을 중시하는 것이 현대 철학의 메인 스트림이다. 그러나 개체 철학마저도 존재의 일반성을 설명하는 데 미흡한 까닭에 개체들의 공통적 바탕이라고 할 수 있는 신체성에 주목한 것이 신체적 존재론이다.

신체적 존재론을 가부장제의 남성과 여성의 관계라는 관점에서 비유하면 그 진의가 적절하게 설명된다. 흔히 남성과 여성의 성관계는 남성이 여성에게 씨를 뿌리는 것으로 설명된다. 또 여성에게 존재 의미(가치)를 부여하는 것으로 설명되기도 한다. 그리고 남성과 여성이 부부가 되어 자식을 낳으면 남성의 성씨(姓氏. 여성에게서 태어난 것을 의미함에도)를 계승하게 된다. 여성이 단지 남성에게서 씨를 받거나 존재 의미를 받는 존재에 불과한 것이 아님에도 불구하고, 여성의 DNA가 반영되고 여성의 존재 의미가 독립적으로 있음에도 불구하고, 그것은 마치 없는 것처럼 무시된다. 그것은 마치 '없는 것처럼 존재'하고 있다.

여성의 존재 의미는 마치 언어학에서 소리의 지위와 같다. 소리는 본래 기의(의미)이면서 동시에 기표(표상)다. 그런데 소리의 기표는 다른 기표와의 경쟁에서 살아남지 못하고(다른 많은 의미를 생산하지 못하고) 기능을 상실한다. 따라서 그 최초의 의미, 즉 본래 의미는 의미가 없었던 것처럼 여겨진다. 바로 소리의 입장이 본래존재의 입장과 같은 것이다. 그래서 개념 철학과 대조가 되는 것이 소리 철학이다. 소리는 또한 자연에서 가장 일반적인 존재이면서, 자연의 차이(차이의 자연)를 구체적으로 표상하는 존재라는 점에서 매우 신체적이다.

가부장제 이후 인류의 문명과 철학에서 신체는 바로 여성의 입장과 같으며, 여성의 특징도 바로 말 못 하는(자기 주장을 말하지 않는 관계로) 신체에서 찾기도 한다. 말 못 하는 신체가, 무시되는 신체, 없는 것처럼 있는 신체가 바로 철학적으로 존재론의 입장과 같은 것이다. 존재는 말할 수 없는(말로 표현할 수 없는) 것이다. 말할 수 있으면, 말하여진 것은 이미 존재가 아니다. 마치 없는 것처럼 존재하고 있으면서도 모든 존재의 바탕이 되는 것이 여성성이고 신체성이다. 이런 여성성과 신체성을 철학적으로 재조명하는(끄집어내는, 현현하는, 탈은폐하는) 철학이 신체적 존재론이다. 그런 점에서 신체적 존재론은 '존재론의 종결' '철학의 종말'이라고도 할 수 있다.

남성 철학과 개념 철학이 포지티브(positive) 철학, 양(陽, 凸)의 철학이라면 여성 철학과 신체 철학은 네거티브(negative) 철학, 음(陰, 凹)의 철학이라고 말할 수 있다. 현상학으로 대표되는 서양의 철학이 전자를 상징하는 것이라면 도학으로 대표되는 동양의 철학은 후자를 상징하고 있다. 그래서 동양에서는 음양(陰陽)이라고 말하지 양음(陽陰)이라고 말하지 않는다. 서양철학은 존재의 유무를 중시하지만 동양에서는 생성의 음양을 중시한다.

동서양의 철학을 유무의 관점에서 보면, 서양철학은 유무 대립이고, 이것을 동양의 음양론으로 설명하면 유무상생(有無相生)으로 표현할 수 있을 것이다. 그러나 유무상생은 진정한 음양론이 아니다. 동양철학의 관점은 어디까지나 음양상생이 되지 않으면 안 된다. 유무 대립은 절대성을 바탕으로 하고 있고, 음양상생은 상대성을 바탕으로 하고 있기 때문이다. 음양 사상은 고정불변의 절대성(동일성)을 허용하지 않는다. 음양마저도 상대적인 것이고, 상대성마저도 절대적인 것으로 표현하지 않기 위해 관계성으로 표현하기도 한다. 서양철학은 시간(존재와 시간)에 매인 현존재(Da-sein)를 중시하지만, 동양에서는 삶 자체, 살아가는 도상-존재(道, Weg-sein)을 중시한다.

이는 동서양 철학이라는 관점에서 비교하기보다는 인도유럽어 문화권과 한자 문화권이라는 관점에서 비교하면 보다 선명하게 드러낼 수 있다. 흔히 불교는 동양 문화의 정수라고 생각하기 때문에 동아시아 문화의 유교와 한 묶음으로 분류되는데, 언어와 문화권으로 보면 전혀 그렇지 않다. 불교는 도리어 서양 문명과 언어적 친연성(인도유럽어)을 띠고 있다.

불교의 중도와 유교의 중용을 비교하면 더욱 잘 드러난다. 불교의 중도는 대립적인 세계를 서로 있게 하거나 일으키거나 혹은 없게 하거나 지우는 것을 통해 공이나 무를 깨닫게 한다. 이것이 바로 '차유고피유(此有故彼有, 이것이 있기 때문에 저것이 있게 된다)' 혹은 '차기고피기(此起故彼起, 이것이 발생하기 때문에 저것이 발생한다)'이다. 불교는 인도유럽어 문화권의 전통에 따라 고정불변의 실체를 전제하는 문화권에서 실체가 없음을 주장하는 의미에서의 중도를 주장한 것이다. 불교의 중도는 처음부터 존재론의 철학이다. 존재론 철학은 유무를 중시한다.

이에 반해 유교의 중용은 한자 문화권의 음양 전통에 따라 대립적인 세계를 동시에 역동적으로 잡게 하는 지혜의 소산이다. 음양 사상은 고정불변의 실체를 전제하는 것이 아니라 변하는 세계를 인정함으로써 역동적인 중(中)을 찾아가는 '윤집궐중(允執厥中, 진실로 그 중을 잡아라)'을 덕목으로 삼는다. 중용은 처음부터 삶의 철학이고 도덕적 철학이다. 음양론 철학은 상보(相補)를 중시한다.

하이데거는 존재 자체가 하나의 세계상이 되는 것을 표현하기 위해 'Sein'을 'Seyn'으로 표기하기도 했다. 존재는 인간이 의지(意志)할 수 있는 그 무엇도 아니고 고정된 세계관 혹은 세계상과도 다른 것이기 때문에, 새로운 존재 표현으로서 'Seyn'을 궁여지책으로 궁리한 것이다. 바로 인간이 모체로부터 타고난 신체야말로 자연의 오랜 생성 과정의 결과로서 '지금, 여기'에 이르게 된 'Seyn'이다. 'Seyn'을 신체라고 명명하지 못한 이유는 신체가 정신에 의해 규정된, 정신의 대상으로서의 육체 혹은 물질로 규정된 철학적 타락(존재퇴락), 혹은 문화적 타성 때문일 것이다. 'Seyn'은 동양의 의기(意氣)에 가깝다. 왜냐하면 의기는 마음(意)의 문제이면서 동시에 기(氣)의 문제이기 때문이다.

서양철학은 철학 자체가 초월론을 벗어나기 어렵다. 메타-피직스(meta-physics)의 '메타'는 바로 어떤 것에 대한 초월을 의미한다. 메타-랭귀지(meta-language)도 마찬가지다. 철학은 항상 '메타'의 위치에서 초월적 사유를 하지 않을 수 없다. 하이데거가 존재(Being, Sein)에 대문자를 쓰는 것 자체가 이미 초월론적 입장이다. 대문자를 쓰는 모든 존재, 예컨대 기독교의 유일신(God)도 마찬가지다. 초월론은 실은 대뇌적 사유의 산물이다. 그런 점에서 인간의 사유 자체가 초월론(선험론·지향론)의 성격을 갖는다. 초월론을 벗어나려면 진정한 존재론에 도달하여야 한다. 필자의 신체적 존재론은 초월적 위치에 있는 존재를 인정하지 않는다. 모든 존재는 '생성의 과정'에 있는 평등한 존재다.

신체적 존재론은 어떤 점에서 개체의 변하지 않는 요소라고 할 수 있는 자아(ego)·개체(individual)·원자(atom)를 인정하지 않는 까닭으로 존재의 일반성 혹은 존재의 기초라고 할 수 있는 본래존재를 생성으로 보고 있다. 그런 점에서 신체적 존재론은 '생성(becoming) 철학'의 또 다른 표현이라고 할 수 있다. 생성은 어떤 말(개념)로도 잡을 수 없는 것이기에 어떤 고정불변적인 개념도 가지지 않는 뜻으로 기(氣)의 철학이라고 말하기도 한다. 말하자면 종래의 철학이 이(理) 철학인 것에 대해서 기 철학인 것이다.

신체적 존재론이 생성의 철학인 것은 신에게도 적용된다. 신체적 존재론의 신은 '생성(becoming)의 신'이며 '기(氣)의 신' '기운생동의 신'이다. 말하자면 '존재(Being)의 신' '이(理)의 신' '이념의 신'이 아닌 것이다. 이러한 신은 제1원인으로서의 신이 아니라 지금

생성되고 있는 신이며, 고정불변의 신이 아니라 변화하는 신을 말한다.

신체적 존재론은 동양의 전통적인 기 철학을 동서고금의 철학을 융합하는 맥락에서 새롭게 이름 붙인 것이다. 신체야말로 육체나 기계가 아닌, 지금도 생멸하고 있는 기 덩어리라는 점에서 그렇게 명명한 것이다. 신체가 아닌 어떤 것도 생성적 존재가 아니라는 뜻에서다. 존재는 신체인 것이다. 이제 신이 있다면 신체야말로 신인 것이다.

철학이 현상학을 극복하려면 절대론(absolutism)과 상대론(relativism), 절대-상대론을 넘어서 관계론(theory of relation)으로 들어가지 않으면 안 된다. 관계론에 들어간다는 것은 어떤 프레임이나 체계 속에 해석되는 실체론이 아니라 끊임없이 세계-내-존재의 자신을 세계 밖으로 내보내야 한다는 것을 의미한다. 관계론은 결국 실체의 무를 의미하게 되고, 무를 절대적인 없음(nothing)이 아닌 있음(nothingless)으로 표현하기 위한 개념 아닌 개념으로서 기를 말하지 않으면 안 된다. 이때의 기는 물리적인 에너지가 아닌 기분, 혹은 분위기, 혹은 분위기로서의 전체(총체)다. 분위기로서의 전체는 신체가 되지 않으면 안 된다. 세계는 하나의 살아있는 신체(생명체)다.

존재는 신체이고, 사유는 존재가 아니다. 이것을 성리학에 비교하면 성리학의 이(理)는 사유이고, 기는 존재인 셈이다. 또한 이는 남자이고 기는 여자이다. 성리학의 이기론은 "이발이기수지(理發而

氣隨之, 이가 발하면 기가 따른다)하고, 기발이이승지(氣發而理乘之, 기가 발하면 이가 탄다)한다"고 한다. 퇴계는 주자의 견해를 충실히 따랐지만 율곡은 여기에 자신의 의견을 보태서 "기발이승, 이통기국(氣發理乘, 理通氣局)"이라고 하였다. '기발이승'은 '기발이이승지'를 그대로 따랐지만 그 뒤의 '이통기국'은 결국 이를 통해 소통을 하지만 궁극적으로 남은 것은 기라는 뜻이다.

성리학의 문맥에서 보면 대체로 이를 대뇌의 명령에 비유한다면 기는 그 명령을 따르는 신체가 된다. 율곡은 이를 중시하지만 그래도 종국에는 기를 우주의 본래존재(본체)로 보고 있음을 알 수 있다. 그의 심성정의 일로설(心性情意一路說)에서도 볼 수 있지만 율곡은 이기 일원론(理氣一元論) 혹은 이기 이원적 일원론(理氣二元的一元論)의 입장임을 알 수 있다. 신체적 존재론은 율곡의 주장에 가깝다. 율곡의 기에 신체를 대입한 것이라고 볼 수 있다.

철학은 이제 개념에서 존재로, 집단에서 개체로, 정신에서 실존으로, 역사에서 운명으로, 앎에서 삶으로, 대뇌에서 신체로, 남성 중심에서 여성 중심으로 이동하였다. 철학의 진리는 이제 존재 앞에서 죽은 것이 되었다. 이것이 철학의 종말이다. 그렇다면 미래의 철학은 존재 그 자체에 대한 탐구와 기쁨일 수밖에 없다. 신비와 창조가 함께하는, 스스로 창조하는 신이 되는 것이며, 이를 두고 '자신(自神)의 길'이라고 말할 수 있을 것이다.

필자는 진작부터 "존재는 진리가 아니다(Being is not truth)"라고 말해 왔다. 존재가 진리가 아니라면 존재는 개념도 아니게 된다.

진리는 개념의 구문이기 때문이다. 그렇다면 존재의 의미는 무엇인가? "존재는 무의미의 의미"라는 역설에 도달하게 된다. 이 말은 "과학은 사유가 아니다"라는 하이데거의 말과 통한다. 존재는 의미 이전의 사건이고, 철학 이전의 사건이고, 언어 이전의 사건이다. 존재의 의미는 고정된 의미가 아니라 살아있는 신체와 더불어 지금도 생성되고 있는 의미인 것이다. 그렇다면 존재의 의미는 과학을 위한 개념이 아닌, 흔히 시인들에게서 볼 수 있는 시적 의미를 말한다.

존재는 진리와의 연관성이 전혀 밝혀지지 않더라도 존재다. 또한 신체도 진리와의 연관성이 전혀 없더라도 존재인 것이다. 이 말은 어떤 맥락(context)에서의 보편성이 전제되지 않더라도 존재는 존재라는 뜻이며, 이는 개별적 존재자를 넘어서 존재의 역동적(유동적) 전체성을 개별자가 내포하고 있다는 뜻이 된다. 그렇게 되면 일개 사물일지라도 세계의 전체성이나 기운생동의 역동성에 시시각각 참여하는 것이 된다. 이것을 두고 만물만신이라고 부를 수 있을 것이다. "존재는 진리가 아니다"라는 데 이르는 존재의 여정은 다음과 같은 메타포를 필요로 한다.

삶은 존재다(Life is existence).
존재는 이데아가 아니다(Being is not idea).
이데아는 실재가 아니다(Idea is not real).
리얼리즘은 존재와 실재가 아니다(Realism is not existence, real).

존재는 축제다(Existence is festival).

삶은 드라마다(Life is drama).

드라마는 존재다(Drama is existence).

고대 원주민 사회의 사람들은 언어(symbol)보다는 주로 의례적 언어(ritual symbol)를 통해 삶을 영위했다. 의례는 몸의 활동을 수반하면서 감정 교류를 통해 공동체의 정체성을 확인하고 강화하는 계기로 작용했다. 이들은 노래(詩歌)와 의례와 음악을 통해 집단의 삶을 영위했다. 신체야말로 존재의 중심에 있었다. 언어는 부차적이었다. 여기서 신체와 존재의 진리와 상관없음을 기반으로 신체적 존재를 상상할 수 있다.

존재를 진리라고 말하면서 도리어 존재가 훼손되기 시작했다. 다시 말하면 진리가 등장하는 바람에 본래존재의 만물만신이 사라져버렸다. 칸트가 현상할 수 없는(제약할 수 없는) 세계로 무제약자인 신·영혼(초월적 주체, 초월적 자아, 자유)·세계(물 자체)를 명명하고, 이것을 현상할 수 없다는 점에서 이념(Idee)이라고 했지만, 바로 그것이야말로 본래존재다. 그러한 본래존재를 인간은 쉽게 이념화하고, 도그마화한다. 도그마(dogma)는 존재에의 독(毒)이다.

인간은 역사 현상학적으로는 세계-내-존재이면서 동시에 존재론적으로는 자기-내-존재다. 그렇기 때문에 항상 집단적으로든 개인적으로든 이 두 가지 성격의 삶을 슬기롭게 병행하면서 삶을 유지할 필요가 있다. 활기 있는 삶, 행복한 삶을 영위하는 것은 모든 시대의 열망이다. 집단적 역사와 개인적 실존의 균형을 맞추는 것은 인간의 영원한 과제다.

신체적 존재론은 자연의 생멸하는 존재로서의 특성, 그리고 생멸하는 존재로 태어난 인간존재의 삶과 죽음을 당연하게 받아들이는 태도를 갖게 함으로써 인간을 죽음의 앞에서도 안심입명(安心立命)할 수 있게 한다. 생멸이야말로 도리어 자연을 자연답게 하고 인간을 인간답게 하는 상도(常道)임을 깨닫게 한다. 인간은 대뇌적(기계적) 존재가 아니라 신체적 존재다. 신체적 존재는 바로 생멸함으로써, 죽음으로써 영원을 달성하는 존재다. 만물은 신체적 존재다.

신체적 존재론에 이르기까지 인간의 철학을 크게 조감해 보면 '구성(해체) 철학'과 '생성(존재) 철학'으로 나눌 수 있다.

신체적 존재론은 쉽게 말하면 '여성적 존재론'이다. 여성은 신체적으로 한 번도 끊어지지 않은 인류의 유전자 풀(gene pool)이면서 진정한 상속자의 위치에 있다. 그렇기 때문에 자신의 출계(出系, descent rule)를 주장하지도 않고 정치권력을 주장하지도 않는다. 모계란 아이를 양육해야 하는 입장에서 자연스럽게 형성된 출계에 지나지 않는다. 그런 점에서 매우 존재론적인 존재다. 이에 비해 남성은 매우 역사 현상학적인 존재로서 인위적·문화적으로 자신의 출계(부계 친족)와 국가 권력을 형성하고 소유하고자 한다.

남성이 현상학적 존재인 것은 미래(과거와 연결되는)를 지향하기 때문이다. 여성이 존재론적인 존재인 것은 현재(현존적 존재)에 관심을 갖기 때문이다. 미래에 대한 관심은 자연스럽게 역사 철학적

[표 23] 구성 철학과 생성 철학

| 인류의 철학 ||
구성(해체) 철학	생성(존재) 철학
인간의 철학(현상학)	자연의 도학(道學)
나(I, ego)-너(you, 타자)	우리(we)의 철학
주체-대상(원인-결과)	본래존재(근거 아닌 근거)
선험, 초월, 지향	존재, 무(無), 바탕(matrix)
초월(超越) 철학	내재(內在) 철학
존재 생성(존재와 시간)	생성 존재(시간과 존재)
사물(thing)-대상적 사유(앎의 철학)	생명(life)-삶의 철학
본질(essence) 철학	존재(existence, being) 철학
사유-존재(눈의 철학, 남성 철학)	존재-사유(귀ear의 철학, 여성 철학)
시니피앙(표상)의 철학	시니피에(의미)의 철학
인과의 철학(인과적 신화)	상징의 철학(상징적 신화)
유위(有爲), 인위(人爲)	무(無), 무위(無爲)
도덕(道德)-자연과학 철학	도(道)-자연철학
정신-육체(물질), 유심-유물	심물일체, 심물존재
이원 대립	음양상보(陰陽相補)
기독교-유교(성리학)	불교-선교(도교)
대뇌 중심 철학-현상학적 존재론	신체 중심 철학-신체적 존재론
코기토(cogito)-기계론적인 세계	몸 철학-생명론적인 세계
	현상학과 존재론의 화해 초월적 내재, 혹은 내재적 초월 신물일체(神物一切), 만물만신(萬物萬神)

존재의 성격을 갖는 반면, 현재에 대한 관심은 신체적 존재의 성격을 갖게 된다. 남성은 세계를 디자인하는 존재로서 문화적 문법을 구축하면서 그 본성에 지배(권력: 인간에 대하여)와 기술(기계: 자연에 대하여)을 숨기고 있는 존재 기만적-사유적 존재(사유-존재)다. 이에 비해 여성은 인구를 재생산하는 근본적(분모적) 존재로서 자연의 신체적 기적을 지속하면서 가족의 생활에 헌신하는 존재 회복적-신체적 존재(신체-존재)다. 이상을 종합하면 남성은 심신 이원론적-현상학적 경향을 보이고, 여성은 심신 일원론적-존재론적 경향을 보인다.

서양 문명의 시각-언어-페니스의 능동적(소유적) 성향은 자연의 음에 대해 양의 입장을 유지하는 반면, 동양 문명의 청각-상징-버자이너의 피동적(존재적) 성향은 자연의 양에 대해 음의 입장을 유지한다. 전자는 자연을 개발하려는 입장이고, 후자는 자연에 적응하려는 입장이다. 서양 문명은 대체로 현상학적인 입장을 갖는 반면 동양 문명은 존재론적인 입장을 갖는다.

하이데거는 현상학과 존재론의 경계 지점에 있다. 서양철학사에서 하이데거 이전은 현상학이고, 하이데거 이후는 존재론 혹은 실존론으로 들어갔지만 여전히 현상학적인 경향을 벗어나지 못하고 있다. 하이데거마저도 완전한 존재론, 즉 생성적 존재론으로 들어가지 못했다. 이는 서양철학이 종래의 남성적-가부장적 시각을 벗어나지 못하는 것과 관련이 있다.

[표 24] 현상학과 존재론

	신(God)	정신(Geist)	유령(Ghost)
시간	부모(parent)-과거	나(ego)-현재	자손(offspring)-미래
니체	"신(God father)은 죽었다"(자유의 근거)	권력에의 의지: 초인(超人, 순간-영원)	영원 회귀 (eternal recession)
후설	기원(origin)- 환원(reduction)	판단 정지(절대 현재)	지향(intention)
화이트헤드	초월적 주체 (superficial-subject)	주체(subject)- 대상(object)	영원한 대상 (eternal object)
하이데거	현재 완료 (존재론의 출발)	현존재(Dasein)-관심: 기분(氣分)-존재(Sein)	저기(da): 저 너머
박정진	여성성(여신)의 부활: 평화(平和)의 신	신체적 존재론: 지금, 여기 (일반성의 철학, 소리 철학)	가상 실재(철학)의 종말

중세의 종교로부터 독립하고 근대 들어 과학을 독립시킨 근대 철학은 언어의 환유성 혹은 기계 언어(과학적 언어)에 기대기보다는 언어의 은유성 혹은 시 언어(존재적 언어)에 기댈 수밖에 없다. 그런 점에서 시야말로 인류의 구원이다. 궁극적으로 사유의 편에 서있는 철학은 과학(존재 기만)의 기술보다는 예술의 존재(존재 회복) 편에 설 수밖에 없다.

7

몸은 육체가 아닌 세계 그 자체다

1) 가브리엘 마르셀과 메를로 퐁티의 '몸' 철학

인간의 생명은 몸(신체)을 부여(선물)받음으로써 비롯된다.

세계(우주)는 언어이기 이전에 하나의 몸이다.

태초에 몸이 있었다.

육체나 물질은 인간의 정신이 규정한 것에 지나지 않는다.

서양철학사에서 몸에 대한 환기를 한 철학자는 '구체 철학(la philosophie concrète)'으로 알려진 가브리엘 마르셀과 '몸' 철학자로 알려진 메를로 퐁티다. 두 실존적 현상학자에 의해 몸은 철학의 중심 주제로 들어오게 된다. '몸' 철학이 중요한 이유는 현상학과 존재론, 추상의 철학과 구체의 철학을 연결하는 가교 역할을 하기 때문이다.

마르셀은 '추상의 정신'을 매우 위험하게 본다.

어떤 사상이 결과적으로 '추상의 정신'으로 흐르게 되면, 결국 그 사상은 현실적으로 끔찍한 폭력을 반드시 낳게 된다. 종족주의 사상은 타종족을 살상하고, 종교적, 정치적 이데올로기에 노예가 된 정신은 다른 이데올로기나 종교를 증오하여 진리의 이름 아래 종교전쟁을 일으킨다. 계급주의의 신화에 젖은 사람은 다른 계급의 사람들을 죽여도 살인의 자의식을 갖지 않는다. 다른 적대계급에 속하는 사람들은 얼굴을 가진 인간이 아니라 잘못 쓰여진 오답과 같기 때문이다. 오답을 지우고 정답을 써야 한다. 그것이 마르크시스트가 말하는 계급투쟁이다. 그래서 마르셀은 "추상의 정신은 격정적 본질을 지니고 있고, 반대로 격정은 추상을 제조한다"고 지적하였다.[38]

마르셀의 구체 철학은 특히 음악의 정신과 연결된다는 점에서 필자의 소리 철학과도 깊은 관련이 있음을 볼 수 있다.

회화의 정신은 추상과 연결된다는 점에서 타당성이 있어 보인다. 메를로 퐁티가 회화적 사고, 즉 '미리 앞서 있는(il y a)' 사고인 반면, 마르셀은 음악적 사고, 즉 '이차적 실재'의 사고라는 대조를 보이고 있다. 마르셀의 '이차적 실재'는 '정신적 실재'를 말한다.

---

38 김형효, 『가브리엘 마르셀의 구체철학과 여정의 형이상학』(인간사랑, 1990), 18쪽.

철학자들이 보편성이라고 하는 것은 더 정확하게 말하면 추상이다. 추상을 벗어나기 위해서는 눈에 보이지 않지만 구체적인 감각으로 들어오는 소리 혹은 음악에 귀를 기울일 필요가 있다. 필자의 일반성의 철학이 일명 소리 철학으로 불리는 것은 이 때문이다.

시각은 사물을 있는 그대로 보는 것 같지만 실은 구성되는 것인 반면, 청각은 사물의 파동을 있는 그대로 전달해 주는 것이 특징이다. 청각은 듣는 이의 청각 환경에 따라 소리의 강도는 다르지만 같은 파동을 전해 준다. 음악은 바로 청각의 이러한 특징을 토대로 하고 있다. 옥타브 낮거나 높은 음을 같은 음으로 듣는(해석) 것을 당연하게 느낀다. 음악은 청자에게 동감(同感, 共感)을 일으킴으로써 세계의 도구적 성격을 사라지게 한다.

서양철학의 기조를 추상의 정신으로 파악한 마르셀이 인간의 몸에 관심을 갖는 것은 너무나 당연하다. 마르셀은 인간의 신체가 소유와 존재의 경계 지대에 있다고 말한다. 소유와 존재는 바로 절대와 상대, 절대와 무의 경계이기도 하다. 우리는 본래존재(자연적 존재) 대신에 '깨어진 세계(le monde cassé)'를 가지고 존재라고 인식하고 있는 셈이다. 깨어진 세계는 현상의 세계요, 인식(의식)의 세계다. 그래서 어떤 인식이라도 신체와 합류하는 육화(체화) 과정을 거쳐서 본래존재의 세계로 귀환하게 된다. 의식과 시간과 언어는 탄생의 시점이 같다고 말할 수 있다. 메를로 퐁티는 육체를 벗어나는 신체를 말하기 위해 '살(la chair)'이란 개념을 창출하기도 했다.

인간의 지각 체계의 특징은 세 단계로 나누어볼 수 있다. 첫째, 감각(sense)의 단계, 둘째, 감각 이미지(sense-image)의 단계, 셋째, 지각 이미지(sense-perception)의 단계가 그것이다. 감각은 동식물도 하는 단계이고, 감각 이미지도 일부 동식물이 참가하는 단계다. 그러나 지각 이미지의 지각(perception)은 사물을 깊게 인식하는 인상(impression)과 기억(memory)으로 인해 그야말로 사물(존재)을 사물(고정불변의 실체)이게 하는 역할을 한다.

우리는 그래서 거꾸로 '지각에서 감각으로'의 여행을 감행해 볼 필요가 있다. 감각(느낌)에는 인식과 개념으로 인한 오류가 발생하지 않는다. 감각 이미지의 이미지는 지각의 개념 대신에 이미지와 상징을 되돌려줌으로써 우리의 인식을 보다 풍부하게 할 뿐만 아니라 동식물 및 무생물과 근원을 함께 하는 공동 존재감, 혹은 동류의식을 느끼게 한다.

서양의 몸 철학은 아직은 '정신'이라는 것을 '마음'으로 대체하지 못하고 있다. 마르셀은 항상 느낌을 말하지만 동시에 반성을 놓지 않고 있다. 여기에 인간현존재의 이중적 성격(존재이면서 존재자)이 내재해 있다. 이러한 이중성은 현상학 차원에서, 혹은 현상학과 존재론의 사이에서 발생하고 있다. 이에 대해 김형효는 이렇게 해석한다.

즉 인간조건은 느낌이 생각으로 바뀌어야 하는 운명적 과정 자체이므로, 과학적 사유는 당위의 소산이 아니고, 자연의 산물이다. 그

[표 25] 감각, 지각 이미지, 지각

지각이미지(sense-perception)	감각 이미지(sense-image)	감각(sense)
개념(concept)-인식	상징(symbol)-이미지	감각-데이터
시간과 공간, 양화(量化)	언어-상징적 의미 발생	신체적 적응
인간	동식물	
인간과 동식물	동식물	

러므로 느낌은 어차피 상실되기 마련이기에, 그것은 불충분해진다. 생각이 느낌을 대신한다. 그런데 생각이 느낌을 대신하는 것으로 충분하다고 여긴다면, 인간은 과학으로 부족함이 없이 살아야 한다. 그러나 철학은 과학적 지식만으로 불충분하다고 여기는 데서 다시 출발한다.[39]

마르셀은 이렇게 말한다.

"나는 생각한다. 그러므로 존재는 존재한다(je pense, donc l'être est).[40]

이는 '존재론적 관여(關與)' 혹은 '존재에 대한 사유의 관여'를 말한다.

관념론적 전통의 독일은 '몸'에 관한 철학이 없다. 이에 비해 이

---

39 위의 책, 141쪽.
40 위의 책, 195쪽.

성적이고 구체적인 전통의 프랑스는 '몸' 철학을 통해야 마음으로 넘어갈 수 있는 특성을 보인다. 그래서 몸 철학이 활발하게 전개되었다. 그런데 몸 철학을 전개한 마르셀은 '마음'에도 각별하게 관심이 많았던 것으로 보인다. 마르셀은 프랑스 철학자답지 않게 마음에 관한 존재론적 사유를 하였던 것으로 보인다. 프랑스 철학자로서 보기 드물게 마르셀은 독일의 '관념'에 가장 가깝게 다가간 듯하다. 마르셀은 프랑스적 전통과 독일적 전통을 융합함으로써 존재론에 가장 가깝게 다가간 프랑스 철학자다. 그러나 마르셀은 '존재'와 '존재자' 가운데 존재자에 중심을 둔 반면, 하이데거는 존재에 중심을 두는 차이를 보인다.

마르셀의 '깨어진 세계(본질적 깨어짐)'는 인간이 본질적으로 그 깨어짐을 안고 태어났다는 것을 말해 준다. 그 '깨어짐'은 인간의 등장으로 비롯된 세계이고, 그 깨어짐의 틈은 바로 인간의 등장을 의미한다. 그런데 그 깨어짐에서 태어난 인간이 스스로 그 깨어짐을 고치거나 극복한다는 것은 불가능한 일이다. 바로 '세계의 깨어짐'은 인간의 숙명과도 같은 것이고, 역설적으로 바로 깨어짐에서 모든 인간적인 모든 기준, 예컨대 시간과 공간이 탄생하고, 그로 인해 원인과 결과가 생기고, 도덕과 문명이 생긴 것이기 때문이다.

마르셀의 몸 철학이 감각에 머물렀다면 메를로 퐁티는 지각(sense-perception)의 특징을 보인다. 메를로 퐁티는 주관적 세계와 객관적 세계를 모두 부정하면서 그것을 통합하는 것으로 '인간의 몸'을 들고 있다. 다시 말하면 그의 『지각 현상학』은 한마디로

'몸의 현상학'이라고 말할 수 있다.[41]

몸 철학의 본격적인 전개는 아무래도 메를로 퐁티에 의해서인 것 같다. 메를로 퐁티는 객관적 세계로부터 몸을 탈환해야 하는 한편 지각하는 주체 또한 지각되는 세계임을 동시에 증명하는 데 몰두했다. 그는 과학적인 세계는 가짜의 세계라고 말한다.

우리는 흔히 과학에서 진짜 내 몸이라고 말하는 실재적인 나의 몸을 본질상 볼 수 없고, 만질 수 없는 것으로 여기게 됩니다. 왜냐하면 그렇게 과학적인 관점으로 본 실재적인 나의 몸이란 볼 수 있는 (지각될 수 있는) 것이 아니기 때문입니다. (……) 과학적인 사유에 충실하다 보면 진짜 존재하는 세계는 볼 수도 없고, 만질 수도 없고, 들을 수도 없는 것이고, 우리가 실제로 보고 만지고 들으면서 연속적으로 반응해나가는 세계는 가짜가 되고 맙니다.[42]

그는 몸은 물체의 환영(幻影)에 의해 유혹되고 매혹되어 자신을 양도하고 결국 '보는 자'와 '보이는 자'가 서로 위치를 바꾸고 둘은 결국 하나가 된다고 주장한다. 또 보는 자는 보이는 것들, 즉 가시적인 것들의 영역에 편입되어 있다는 것이다. 이 가시성의 신비를 가능케 하는 것이 바로 몸이라는 것이다. 이로써 전통적으로 주체와 객체 혹은 주관과 객관의 이분법은 부정되기에 이른다. 메를로

---

41 조광제, 『몸의 세계, 세계의 몸』(이학사, 2004), 236쪽.
42 위의 책, 44쪽.

퐁티는 동물의 본능은 분절되어 있거나 결정되어 있지 않고 매우 상황적이라고 한다.

메를로 퐁티는 나아가 지각에서의 '대상-지평'의 구조를 제안하면서 대상의 시간적 지평의 열림은 대상의 실체성을 근거짓는다고 한다. 그는 "나의 시선 이전에 있었던 것과 마주할 수 있는 까닭은 단지 시간과 언어의 매개에 의해서이다"라고 전제한다.

메를로 퐁티에 있어서 '체화된 주체'는 중요한 개념이다. 그러나 이 개념을 이해하는 것은 쉽지 않다. 왜냐하면 "체화된 주체는 인식론적인 주체로 변형되기 일쑤고, 체화된 주체가 사는 세계는 즉자적인 세계로 변형되기 일쑤"이기 때문이다. 이는 대상을 주체로 인식한다고 하면서도 대상이 되면 이미 주체로 인식하기보다는 대상으로 인식하기 쉽고, 동시에 체화된 주체는 이미 대상이 없기 때문에 대상으로 인식한다고 하면서도 이미 세계를 주체적으로, 즉 즉자적으로 인식하기 때문이다. 결국 주체와 대상이라는 말은 이미 실존을 표시하기에 한계에 있게 된다. 실존은 몸을 중심으로 전개되는 '현전하는 계기'일 뿐이다. 요컨대 말(발화)은 신체 전체가 참여하는 퍼포먼스다.

몸은 정신과 육체, 주체와 객체, 기호와 의미, 추상과 구체가 상호작용하는 장소다. 몸은 지극히 '대상적 현상학'의 공간이면서 동시에 '존재론적 현상학'의 영역이다. 말하자면 대상과 존재가 뒤섞이고 뒤바뀌는 장이다. 우리 몸은 시공간의 압박을 받으면서도 동시에 그것을 벗어나는 장이다.

몸을 개체(개별성)로 볼 때는 소유가 있고 시공간의 제약을 받지만, 동시에 '우주를 하나의 몸(살아있는 몸)'으로 볼 때는, 다시 말하면 일반성으로 볼 때는 소유가 있을 수 없고, 시공간의 제약도 받지 않는다. 흔히 몸을 육체로 볼 때는 시공간의 대상이 되지만 '우주적 몸'과 연관된 '하나의 살아있는 몸'으로 볼 때는 자기 안에 시간과 공간의 사이(間)나 거리를 둘 수 없다. 메를로 퐁티는 우선 공간의 문제를 지향성의 문제로 보고 '인간학적 공간(l'espace anthropologique)'을 제안한다. 그는 반성 철학을 공격하면서 "내용을 형식에 종속시키기 전에 내용 속에 형식이 상징적으로 잉태되어 있음을 다시 인식해야 한다"[43]고 말한다.

메를로 퐁티가 '침묵의 코기토'를 설명하면서 "미리 존재하는 유일한 로고스는 세계 자체"라고 하는 것은 도리어 세계를 기(氣)로 바라보려는 배수진과 같다. 다시 말하면 일리(一理)를 전제해 놓고 몸과 기·기질(氣質)을 논의하려는 속셈이다. 우리는 여기서 눈여겨볼 것이 있다. 메를로 퐁티가 말하는 '침묵의 코기토'라는 말과 '유일한 로고스' '진리에의 존재＝세계에의 존재'라는 일련의 말들이 갖는 뉘앙스다. 이들은 우리의 동양철학에서 '일리'라고 하는 것과 통한다는 점이다. 다시 말하면 '침묵의 코기토＝유일한 로고스＝진리에의 존재＝세계에의 존재'라는 등식이다. 메를로 퐁티는 처음에 출발은 '간주체성'에서 했는데, 이는 어떤 종류의 절대론(존재

---

43 위의 책, 357쪽.

론)도 부정한 때문이었다. 그런 그가 제3의 공간으로 '인간학적 공간'을 제안하고 그 구체적인 것으로 '몸의 공간', 즉 '체화된 공간'을 든다.

메를로 퐁티는 그러나 '체화된 의미'의 생산을 위해 다시 유일한 로고스에 도달하는 과정을 밟는다. 이 과정은 주기론자들이 이기 논쟁을 하는 과정에서 이(理)에 대항하기 위해서 기를 주장하지만 그것은 다시 중리(衆理)를 인정하는 것이 되고, 중리를 다스리기 위하여 결국 일리(一理)로 다시 돌아가는 것과 같다.

김형효는 메를로 퐁티에 대해서 이렇게 말한다.

그(메를로 퐁티)는 사르트르와 같은 수준의 탁월한 현상학자였지만 사르트르의 코기토 철학과는 다른 길을 갔다. 그도 코기토의 의식을 말하지만 그 의식은 바깥 세계의 앞에 선 투명한 의식의 주체가 아니고, 이미 바깥 세계와 혼융된 반심반물(反心反物)의 애매모호한 영역으로서 '반성 이전의 주체(le sujet pré-réflexif)'인 지각(la perception)이다. 그 지각도 무의식(inconscient)에 가까운 전의식적(préconscient)인 무심한 수준의 지각으로서(It is perceived)이다.[44]

그(메를로 퐁티)의 의식은 몸과도 이원적으로 분리가 안 되는 '살

---

44 김형효, 『철학 나그네』(소나무, 2010), 13~14쪽.

(la chair)'로서 어떤 실존적 분위기(une ambiance)와 다를 바 없고, 사회 역사도 실존의 지각과 함께 가는 공간 시간의 상황에 지나지 않는다. 구체적인 사회 역사를 떠난 추상적 사고는 무의미하다. 몸이라는 실존적 상황을 벗어난 생각이 공허하듯이, 또한 모국어의 말(la parole)로 표현되지 않는 생각은 틀이 안 잡힌 뜬구름 잡는 헛소리일 뿐이다"라고 말한다.[45]

몸이라는 실존적 상황을 벗어나지 않은 '구체 철학으로서의 철학'의 가능성을 열어가는 데 김형효의 주장이 크게 힘을 실어준 셈이다.

메를로 퐁티의 '살'이라는 개념은 참으로 '살아있는(live) 몸' 혹은 '구체적인 몸'을 말한다. 예로부터 한민족은 '살'이라는 말을 좋아했다. 우선 우리 몸을 '살'이라고 하였고, 피부를 '살갗'이라고 하였다. 또 살아가는 것을 '삶(life)'이라고 하였고, 살아가는 맛을 '살맛'이라고 하였다. 또 살아온 햇수를 셀 때 '몇 살'이라고 하였다. 한민족은 '살'로 시작해서 살로 끝나는 민족이다. 그런 점에서 한국만큼 자연적인 삶을 사는 민족도 드물다고 할 것이다.

철학인류학이 철학과 다른 점은 원시인의 마음, 대칭적인 마음을 대립이 아닌 순수한 대칭으로서 알아주는 것이다. 반면 서양철학은 원시인의 '대칭'을 '대립'으로 놓기를 원한다. 대립으로 놓아

---

45 위의 책, 14쪽.

야만 역사적으로 발전을 합리화할 수 있기 때문이다. 그러한 점에서 서양철학은 역시 변증법의 연장선상에 있고, 발전론의 우상에 싸여 있음을 알 수 있다. 역설적으로 그렇기 때문에 서양은 근대에 들어 세계를 지배했는지도 모른다.

결국 이는 이기철학으로 볼 때 이(理)는 기가 되고 기는 이가 되는 셈이다. 즉, 이기는 짧은 순간에 '이=기'라는 등식이 성립된다. 절대론과 존재론을 부정하던 메를로 퐁티는 간주체성이라는 중간(과정)에서 출발하여 '몸이라는 장'을 통해 주체와 객체를 물리쳤지만 결국 다시 양극에 있는, 일종의 절대론인 주리론과 주기론, 즉 이와 기가 말은 다르지만 결국 같다는 결론에 도달한다.

유리론(唯理論)과 주리론(主理論)과 일리론(一理論)은 서로 다르다. 이에 반해 유기론(唯氣論)과 주기론(主氣論)과 일기론(一氣論)은 같다. 유리론은 절대 유일적인 것이고, 주리론은 가부장적인 것이다. 일리론은 유리론이나 주리론과 달리, 일기론으로 통할 수 있는 것이다. 한편, 유기론과 주기론과 일기론은 모두 같은 것이다. 기는 어떤 말을 붙이든 같은 것이기 때문이다. 유기론과 주기론과 일기론은 기를 설명하는 방식들에 불과하기 때문이다. 일리론과 일기론은 말만 다를 뿐 같은 것이다. 세계를 권력이나 주장이 없이 하나로 보는 것이다. 둘은 보편론이 아니라 일반론이다.

철학도 말의 이분법에서 출발하여 그것을 부정하고 새로운 이분법을 창출하는 연속적 의식 운동으로 볼 때 일종의 거대한 신화군(群)이라고 볼 수밖에 없다. 주체와 객체, 관념과 경험, 이성과 감성, 이와 기 등 철학의 낯익은 용어와 개념들은 이미 처음부터 신화적 이분법에서 출발한 것으로 이들도 역시 자신이 쳐놓은 순환론에 빠져 버리게 된다.

새로운 철학은 단지 스스로 새로운 순환론에 빠짐을 인식하는 과정에 지나지 않는다. 철학은 따라서 신화적 담론에 의해 세계를 구성하고 살아가던 원시인들의 신화가 매우 불합리하게 보임에 따라 새로운 '비순환의 담론=인과론'의 형식을 창출하기 위하여 신화의 순환론을 일시적으로, 혹은 어떤 폐쇄된 상태(작동적 조건)에서 '인과론=합리성'으로 전환하여 순환론에 빠지지 않았음을 보여주는 잠시 동안의 속임수, 주술에 지나지 않는다. 아니면 변화하는 우주(역동적인 우주)에 발맞추어 '말을 사용하는 인간'이 새로운 철학적, 혹은 담론적 유행을 만들어낸 '철학적 패션=철학적 옷입기'에 지나지 않는 것이 된다.

이성이 창조적 이성이 되어야 하는 이유는, 그러지 않으면 기를 만날 수 없기 때문이다. 다시 말하면 창조적 이성만이 기운생동을 만날 수 있다. 그래도 창조적 이성은 이와 기의 경계선상에 있다. 그러나 존재의 전체성은 이성을 버리지 않으면 결코 도달할 수 없다. "존재하는 유일한 로고스는 세계 자체"라고 하거나 "코기토는 내가 세계로 열려 나가고 세계가 나에게 빨려 들어오는 통로"라거나 "의식은 초월"이라는 말들은, 메를로 퐁티가 '몸'에서 가역성과 기운의 장을 발견하기는 했지만 아직 후설의 의식학의 수준을 벗어나지 못했으며, 따라서 이성의 범주를 완전히 벗어난 것은 아

[표 26] 현상학적으로 본 세계와 '몸의 세계'

세계 안(in)의 존재	세계에(to: ↔)의 존재		세계 밖(out)의 존재
존재론 즉자(卽自)-자연(自然)	몸의 현상학(의식학: 시간성) 대자(對自)		물리학(과학: 공간성) 타자(他者)
reproduction(생명)	reductionism(환원주의)		production(기계-제품)
천지개벽(天地開闢)	인간의 등장으로 깨어진 세계		천지 창조(天地創造)
마음/몸, 심물일체(心物一體)	가브리엘 마르셀 ← 구체철학	메를로 퐁티 지각 현상학 →	정신-육체(물질) 이분법
존재론/자연의 세계 (마음의 物學=心物學)	현상학적 존재론	존재론적 현상학	과학적(물리적) 현상학
	기독교적 종말론 초월적 구원론	'살(la chair)': 삶, 살다, 살아있다, 살맛난다	
	심리학적 ↔ 생리학적		생리학
열린 세계 (기운생동의 세계)	열리고 닫히는 세계 (형태론적 '장(場)'의 세계)		닫힌 세계 (원자적 실체의 세계)

님을 말해 준다. 다만, 메를로 퐁티는 이미 이에서 기로 넘어가는 꼭짓점은 넘어간 느낌이다.

존재의 세계, 즉 자연의 세계는 '열린 세계＝기운생동의 세계'이고, 현상학의 세계는 '열리고 닫히는 세계＝형태론적 장의 세계'다. 이에 비해 과학의 세계는 '닫힌 세계＝원자적 실체의 세계'라고 말할 수도 있을 것이다.

가브리엘 마르셀은 현상학적 존재론이고, 메를로 퐁티는 존재론적 현상학이다. 마르셀과 메를로 퐁티의 현상학적 '몸' 철학은 아직 동양의 심물 철학, 몸·마음 철학, 기(氣) 철학에 이르지 못하고 있다. 몸은 욕망과 소유와 쾌락의 출발이면서 동시에 거기서 욕망을 그칠 수 있는 존재론적 장소이기도 하다. 왜냐하면 모든 '있음'의 자리가 동시에 '없음'의 자리이듯이 출구(出口, ex)는 동시에 입구(入口, in)이기 때문이다.

몸은 소유와 존재가 공동 거주하는 곳이다. 현상학적 의식(자아)은 이미 지상(시간과 공간이 있는)에서의 소유이고, 무의식(무아)에서 몸으로의 드러남은 존재(시간과 공간이 없는)다. 그래서 존재론적으로 볼 때는 우리 몸에는 시간과 공간이 없다. 이는 거꾸로 우주 전체의 몸으로 확대해도 마찬가지다. 우주에는 주인도 없고, 주어도 없고, 초월적 존재도 없다. 이러한 것들은 모두 가부장제의 아버지(하느님 아버지)의 말씀, 천지 창조, 혹은 정언명령(定言命令), 혹은 천명(天命)에 의해 발생한 인위(人爲), 혹은 위(僞)다.

우리(인간)의 몸에는 가부장제가 없다. 우리의 몸에는 어느 특정 성씨의 계통(혈통)이 없다. 단지 공동 조상만 있을 뿐이고, 인류는 공동 조상의 동조(同祖) 집단일 뿐이다. 그 동조 집단을 거슬러 올라가면 어머니가 있을 뿐이다. 그 어머니는 누군지 정확히 모르겠지만 분명히 우리의 몸을 낳고 낳아준 조상이다. 그것이 몸의 진정한 차연(差延)이다.

몸의 차연은 인간이 시각적으로 사물에서 발견하는 차연과는 다른 것이다. 시각적 차연은 차연이라고 하지만 최초의 원인적 동일성 혹은 최후의 결과적 동일성과 같은 동일성(동일성의 잔영)을 내재하고 있다. 사물의 연속성이라는 것은 무한대를 가정하는 것이고 이는 결국 하나의 연속된 흐름이기에 전체적 동일성, 혹은 결과적 동일성을 지향하고 있다.

이에 비해 몸의 차연은 동일성이 아닌 생멸성을 지니고 있다. 몸은 시시각각 생멸하면서 살아가고 있다. 몸의 차연은 그러한 점에서 고정불변의 무엇을 가정하고 있지 않다. 그렇지만 몸은 증명할 수 없지만 분명히 태초로부터 이어져온 것이고, 다시 태초를 이어갈 자손을 낳는 존재다. 내가 지금 여기서 몸을 가지고 있다는 것은 태초의 시공(時空)을 가진 것이고, 살아있는 내 몸을 통하지 않고는 결코 태초와 종말을 증명할 수 없다. 그러한 점에서 내 몸이야말로 태초와 종말을 증명하는 것이 아니라 살아가는 존재다. 내 몸을 만들어준 존재야말로 그러한 점에서 신이고, 내 몸 또한 신이다. 몸은 시공을 의식화(언어화)하지 않는 가운데 태초와 종말을 품고 있다. 영원이나 무한대라는 것은 무와 무의식을 의식화한 것이다. 그러한 점에서 우리는 몸으로부터의 사유를 시작할 필요가 있다.

가부장제의 우주론은 '자연적 존재'를 '소유적 존재'로 만들었다. 여기서 소유적 존재라는 것은 실은 의식적 존재를 말한다. 의식적 존재는 대상화된 존재를 말한다. 이때 대상화라는 것은 현상학적으로 초월적 위치에 있는 것이 그렇지 못한 것을 대상화하는 것을 뜻한다. 그 초월적 위치라는 것이 남자이고, 더 정확하게는 남자 중에 가장 힘 있는 파워풀(powerful)한 남자인 것이다.

가부장제하에서는 여자는 가장 힘 있는 남자의 소유물이다. 그러나 가장 힘 있는 남자가 모든 여자를 소유할 수 없기 때문에 남자들이 각자 여자를 소유하는 것이다. 여자는 남자의 소유가 되고, 자연은 인간의 소유가 되었다. 이때의 소유는 물론 사적 소유다. 소유에 공동 소유는 있을 수가 없다. 공동 소유는 이미 소유가 아니다. 그러한 점에서 존재는 소유가 아니다.

철학이 왜 가부장제라는 가족 제도와 관련이 있는가? 이는 순수한 철학적 사유로는 도달하기 어렵다. 그래서 철학에 인류학이 필요한 것이다. 결국 철학인류학이 되어야 철학이라는 순수 사유가 가족 제도라는 환경의 영향을 받은 것이고 나아가서 자연환경과 풍토의 조건에서 자유롭지 못하다는 것을 알 수 있다.

말하자면 지금까지 서양철학에서 전가의 보도처럼 사용한 '이성'이나 '자아'라고 하는 것도 특정한 자연 조건, 말하자면 이성(자아)이 발달하여야 하는 환경의 산물이라는 것을 인정하지 않을 수 없게 된다. 그렇다면 지구상의 모든 인간이 이성을 발달시키지 않을 수도 있었다는 말이 된다. 쉽게 생각하면 삶의 조건이 인간이 살기에 적당했던 지역은 이성을 발달시킬 필요가 없었다는 말이 되고, 반대로 이성이 발달한 지역은 삶의 조건이 삶의 필요를 충당하기에 부족했던 지역이라는 것을 알 수 있다. 또 같은 지역이라도 시기에 따라 삶의 조건이 나빴던 시대에는 이성이 발달하였을 것이라고 추론해 볼 수 있다.

이성은 필요의 산물이다. 필요가 이성이다. 이 말을 거꾸로 말하면 이성은 필요하지 않을 수도 있다는 말이 된다. 철학은 이제 더 이상 이성에 머물러 있어서는 안 된다는 것을 알 수 있다. 이성은 '필요선(必要善)'보다는 '필요악'적인 요소가 많기 때문이다.

이성은 다시 말하면 '몸'의 요구에 의해 발달한 것이다. 몸의 요구에 의해 발달한 이성이 몸을 지휘하고 몸을 규정할 수는 없는 것이다. 이는 부분이 전체를 총괄하고 넘어서는 것이다. 이는 마치 어머니로부터 출생한 아들이 어머니를 지휘하는 것과 같다. 이성은 가부장제의 산물이라는 것이 거꾸로 입증되는 셈이다. 이는 문명이 자연을, 산업이 인간을 종으로 지휘하는 것과 같다.

헤겔 철학이 마지막에 '주인과 노예'의 관계와 그것의 역사적 왕래를 설정한 것은 이성 철학 및 역사 철학의 집대성자로서 당연한 것이다. 그러한 역사 철학의 후예인 마르크스가 인간으로 하여금 노예의 입장에서 벗어나도록 프롤레타리아의 계급 투쟁을 설정한 것 또한 당연한 귀결이다. 이것이 서양철학의 한계이고, 서양철학은 실은 마르크시즘에서 그 포물선의 정점을 이루었고, 그 정점에서 '허무'를 처음 바라본 자가 니체였던 셈이다.

니체의 서양철학사적 의의는 세계를 '권력에의 의지'라고 천명한 점이다. 이것은 현상학의 종결을 의미하는 동시에 새로운 시작으로서의 존재론의 탄생을 예언하고 있다고 할 수 있다. 이것은 하이데거의 해석에 따르면 서양 형이상학의 완성이면서 동시에 과학 기계주의에 대한 항복을 의미함으로써 본래존재에 대한 망각, 즉 존재 망각을 의미하는 것으로 비판된다.

니체의 진정한 의의는 헤겔이 제시한 '주인과 노예'의 관계 설정에 이어 '주인의 도덕'과 '노예의 도덕'을 설정한 점이다. 니체는 마르크스의 계급 투쟁에 의한 공산 사회주의의 이상은 소수의 공산당 지도자(공산당 귀족)들이 민중(인민)을 '노예의 도덕'으로 길들이는 위선의 정치 체제임을 천명한 점이다. 공산당 지도자들은 자신들은 권력자가 되고 민중들은 평등한 전체주의 사회의 노예가될 것을 강요했다.

과학과 서양철학 전반에 걸쳐 해당되는 현상학의 주체-대상의 프레임은 인문·사회학에서 주인-노예의 프레임으로 변형된 셈이다. 대뇌적 이성이 신체적 욕망을 완전히 억압하는 것은 '노예의 도덕'과 관련이 있음이 드러났다. 사회주의는 바로 역사적으로 입증된, 평등이라는 정치적 슬로건으로 민중을 유혹한 다음에 그들을 노예로 만드는, 일부 정치 세력(공산당)들의 이데올로기적 속임수 혹은 음모였음이 역사적으로 드러났다.

공산 사회주의는 물론이고, 국가 사회주의 등 모든 사회주의는 이미 사회를 형성하고 있는 인간에게 다른 사회적 개념을 허용하지 않고 사회 그 자체를 이데올로기로 삼으라고 명령하고 강요함으로써 오직 사회주의에 맹목적 복종을 요구하는 이데올로기로서, 결국 전체주의로 향함으로써 종말을 고하게 되어있는 인간 대뇌의 우상 혹은 질병과 같은 것이다. 현대의 전체주의는 비단 공산 사회주의나 국가 사회주의의 나쁜 결과라고 볼 것이 아니라 중세의 절대주의의 변형 혹은 그것에 대한 반사일 가능성이 높다. 그런 점에서 인간의 내면에 도사리고 있는 모든 절대주의에 대한 반성을 필요로 한다. 자기에게 절대적인 것(절대 신앙)은 용인될 수 있지만 남에게 절대를 강요하는 것은 폭력으로 돌변하게 된다.

서양철학은 정신에서 벗어나기 위해 정신에서 출발할 수밖에 없었고, 당연히 '육체'에서 '몸'으로 선회하지 않을 수 없었을 것이다. 몸 철학은 허무주의에 빠져있어서만은 안 되는 서양철학의 구출작전과도 같은 사명을 띤 일종의 전위 부대, 아방가르드였던 셈이다. 몸 철학에서 존재론과 해체주의가 배태되었던 셈이다. 몸에 대한 현상학적 접근과 해석, 몸을 가진 존재의 존재론적 사유를 시작한 것은 후속 조치로서의 의미가 있다.

서양철학은 몸 철학을 통해서 적어도 '정신-육체(물질)'라는 이분법을 벗어나는 실마리를 마련하였다는 점에서 몸 철학은 서양철학사에서 매우 중요한 위치를 점하고 있다. 몸 철학은 언젠가는 마음 철학에 도달할 가능성을 엿보였다고 말할 수 있다.

마음 철학에 도달할 수 있는 가능성이야말로 존재론적 가능성이다. 몸이 마음이 되지 않는 한 아직 몸은 '정신-육체' 이분법에서 자유롭지 못하다. 마음 철학에 도달하지 못한 몸은 아직 정신 속에 자아를 숨기고 있으며, 기껏해야 물아일체, 혹은 심물합일(心物合一)의 단계에 머물러 있기 때문이다.

물아일체는 아직 정신 속에 자아를 잡고 있는 것이며, 그렇기 때문에 물은 아직 육체나 물질에서 완전히는 벗어나지 못하고 있다. 심물합일도 심과 물이 합일되어야 하는 바로 그 '합일'에서 역사적으로(시간적으로) 물에 도달하여야 하는 까닭으로 정신 속에 주체(자아)를 설정하고 있다. 심물일체든 물심일체든, 일체(一體)가 되어야 마음과 몸이 하나가 된다. 이때의 일체는 물론 주체로서의 일체가 아니라 본체(本體)로서의 일체다. 우주의 근본에 도달하기 위해서는 결국 완전히 자아(주체)를 놓아야 한다는 뜻이다.

그러한 점에서 서양의 몸 철학은 아직은 미완성의 심물 철학, 미완성의 물심 철학이다. 물에서 심으로 도달하든 심에서 물로 도달하든 상관없이 어느 쪽이든 도달하면 된다. 서양철학이 진정한 존재론에 도달하려면 바로 여기에 도달하여야 한다.

2) 동양의 심물(心物) 철학과 마음·몸 철학

그렇다면 동양의 심물 철학, 동양의 몸·마음 철학을 살펴보자.

가부장제의 허구에 의해 발생한, 자아도 없고 주인도 없는 자연에서의 생사(生死)나 일반적 의미의 생멸(生滅)이라는 것은 존재의 당연한 것이고, 굳이 이것은 진여(眞如)라고 말하지 않아도 된다. 그래서 존재론이나 존재론적 현상학의 입장에 서면 매사에 초연하게 되는 것이다. 자아가 없는데 무엇이 걱정인가? 소리에는 자아가 없다. 소리에는 온통 하나로 어우러지는 파동의 리듬, 급기야 혼돈만 있을 뿐이다.

동양의 심물론은 서양의 정신과 물질의 이분법과는 본래부터 다른 것이다. 동양의 심(心)이 서양의 정신이 아니고, 동양의 물(物)이 서양의 물질(육체)이 아니라는 뜻이다. 그래서 동양의 심물론이 서양의 유심론과 유물론을 통합할 수가 없다. 극단적으로 말하면 서양의 유심론은 유물론과 같은 것이다. 유심이 있기에 유물이 있는 것이다.

심물은 잠시라도 떨어져서는 안 된다(心物不相離). 동시에 심물은 서로 혼합되어서도 안 된다(心物不相雜). 심물은 동봉(同封)되어 있거나 동거(同居)하고 있는 것이다. 심물은 가역왕래하고 있다. 이것이 세계의 역동성을 보장하는 것이고, 세계가 '역동하는 하나의 장'이라는 것을 말하는 것이다.

이는 유심론과 유물론으로 대립된 서양과는 달리 심즉물(心卽物,)·물즉심(物卽心)이고, 심즉시물(心卽是物)·물즉시심(物卽是心)이다. 심물은 '심=물'의 등식(=)이 아니라 가역(可逆, 왕래, ↔)함을 뜻한다. 따라서 여기서 사용하는 물을 물질로 보는 것은 잘못이고, 심을 정신이라고 보는 것도 잘못이다. 이미 세계는 물이기 때문에 심을 주장하고, 이미 세계는 심이기 때문에 물을 주장한다. 이미 세계의 물을 체물(體物)했기에 심을 주장하고, 이미 세계의 심을 체심(體心)했기에 물을 주장한다. 심물과 물심에는 이미 역설이 내재해 있기 때문에 섣불리 심물을 선후와 상하로 말하는 것은 잘못이다.

그럼에도 불구하고 학문의 효용성으로 볼 때 인문학은 궁극적으로 '심물일원(心物一元)'이 아니면 존재 이유가 없다. '물심이원(物心二元)'이 자연과학의 특징이라고 할 수 있다. 인문학이 보이지 않는 세계(invisible world)와 비언어적 세계(nonverbal world)에 대한 추구라면, 자연과학은 보이는 세계(visible world)와 언어적 세계(verbal world)를 추구한다.

그러한 점에서 마르크스의 유물론은 사회과학의 과학화라는 이름으로 전 세계적으로 동원된, 종교와 과학, 하늘과 땅의 유착이다. '존재의 역동성'이 '사회적 혁명성'으로 전환된 것이다. 유심론이 있기에 유물론이 있는 것이고, 주체가 있기에 객체가 있는 것이고 보면 둘은 결국 한통속이다. 결국 유심-유물, 주체-객체는 서로 대립하는 것 같지만, 동양적 음양론의 시각에서 보면 음양의 한 현상인 대칭의 역사적(시간적) 전개에 불과한 것이 된다.

세계는 유심도 아니고 유물도 아니고, 본래 자연이고, 본래 소리다. 신(神, 萬神)은 만물의 주체이면서 동시에 신앙의 대상이 된다. 물(物, 萬物)은 대상으로서의 물질이면서 동시에 질료의 주체가 된다. 그러한 점에서 말은 자연을 분리하고 이원화하는 원인이고 근원이다. 그래서 이원화된 한자말의 '심물'보다는 하나로 발음되는 '소리'가 더 자연의 혼원일기(混元一氣)를 나타내는 말이다. '소리'는 자연이 본래 하나라는 것을 잘 나타낸다.

합일(合一)·통일(統一) 혹은 통합(統合)이라는 말은 실은 나누어진 것을 하나로 만든다는 뜻이다. 이 말들은 현상학적인 차원에서 일어나는 것으로서 말 속에는 인위가 숨어있거나 전제되어 있다. 합일이나 통일은 역사 변증법적인 결과다. 이에 비해 심물일원은 역동적인 상관관계를 말한다. 이것은 역사 변증법적인 것이 아니고 도리어 상징적이다. 여기서 상징적이라는 말은 양자의 관계가 이중적이고 가역적이라는 말이다.

심물론은 흔히 유심론과 유물론의 통합을 이룬 것처럼 생각하기 쉬운데 그보다는 유심론과 유물론 이전, 혹은 양자의 대립 이전의 상황이며, 심물의 분별이 없는 경지를 말한다. 유심론은 유물론과 마찬가지로 이분법의 소산이다. 이것보다는 일심론(一心論)·일물론(一物論)이 훨씬 세계의 일원상을 드러내는 적합한 말이다. 인간이 말하는 심은 결코 심이 아니며 물은 결코 물이 아니기 때문이다.

'자연'이나 '소리'라는 말에는 인위가 아니라 무위(無爲)·무형(無形)의 의미가 강하다. 모든 인위는 자연이나 본래가 아니라는 점에서 한계가 있다. 우주는 시시각각 빅뱅이고 시시각각 블랙홀이다. 우주는 스스로 내놓은 것을 스스로 거두어들여야 완벽한 존재가 되기 때문이다.

인간의 안에 음양이 있고, 인간의 밖에 음양이 있을 뿐이다. 세계는 다원 다층의 음양의 세계이고, 그렇기 때문에 다원 다층의 음양학이 존재한다. 바로 다원 다층의 음양학이 소리 철학, 포노로지이다. 세계는 이제 종교와 과학이 지배하던 시대가 아니라 예술의 유희(遊戲) 세계다. 예술의 유희 세계에 걸맞은 철학이 소리 철학이다.

혼원일기(混元一氣)＝심물일원(心物一元)＝심물존재(心物存在)＝심물(心物) 소리＝심물 음양(心物陰陽)＝심물자연(心物自然)＝자연(自然)

[표 27] 심물 존재, 심물 소리

		문화	心物	주체(神, 萬神) ↔ 대상(物, 萬物)	시각-언어
혼원일기 (混元一氣): 심물존재 (心物存在), 심물(心物) 소리	天	종교 (神=心)	심물일원 (인문학)	만신(萬神)은 신앙의 대상이면서 만물의 주체다.	invisible, nonverbal
	人	천/지 = 종교/과학	사회과학	주체/대상: 인간은 개체이면서 집단이며, 집단이며 개체다.	예술(art)의 유희 세계
	地	과학(物)	물심이원 (자연과학)	만물(萬物)은 인간의 대상이면서 질료의 주체다.	visible, verbal

마음속의 천지는 상징적인 관계이고, 종교는 이러한 마음속의 천지의 상호 작용이다.

동서양의 철학들은 정도의 차이는 있지만 은연중에 '물'을 대상으로 보는 경향이나 타성에 젖어왔다. 이는 '인간 중심'이나 '신 중심'의 사고를 반영한 것이다. 동양의 이(理) 철학적 전통도 서양의 이성 철학과는 다르긴 하지만 예외는 아니다. 그래서 동양의 기 철학적 사고와 체계가 필요한 것이다. 서양의 이성 중심주의 철학은 바로 유심론적 철학과 유물론적 철학을 낳았다.

유물론적 철학도 이성 중심주의 철학의 산물이다. 기 철학은 본질적으로 이성 중심주의 철학이 아니다. 그러한 점에서 유물도 유심도 아니다. 유물론과 유심론의 통합이라는 것도 실은 이성주의의 연장선상에 있다. 심물의 통합이나 합일이라는 것도 역사적 변증법의 산물이다. 통합이라는 것은 본래 하나인 것이 아니라 둘 혹은 여럿으로 갈라진 것을 하나로 통합하는 것인 데 반해, 기 일원론은 유물·유심 이전의 '하나의 총체성(전체성)'으로서의 우주라고 말할 수 있다.

　인간을 중심으로 보거나 신을 중심으로 보면 '물'을 대상화하지 않을 수 없다. 우주의 전체성과 총체성을 말할 때, 예컨대 물과 심이라는 두 단어를 쓰면 아무리 그것의 합일을 주장한다고 하더라도 어딘가에 이분법의 흔적이 남는다. 이것은 궁극적으로 인간이 사용하고 있는 언어의 문제이다. 그래서 동양의 선 불교에서는 불립문자(不立文字)를 주장하고 있다. 이는 문자나 언어를 사용하면 이미 '나누어진 세계'를 전제하게(빠져들게) 되기 때문이다.

　동서양을 막론하고 하늘(天)과 마음(心)을 높이는 반면, 땅(地)과 몸(物)을 천시하는 경향이 있어왔다. 서양의 경우 물질 숭배에 빠진 것은 근대 과학 문명을 이루고부터이다. 이는 오랫동안 하늘과 마음이 천지와 심물을 대표했기 때문이다. 이제 적어도 이 둘을 나누거나 차별하지 않는 것이 현명할 것 같다. 우주는 '기운생동의 총체상'이고 '하나의 공명하는 소리'다. 물은 '대상으로서의 물질'이 아니라 물 자체, 물 전체, 일기(一氣)다.

　소리에는 하늘과 땅이 없다. 소리에는 심과 물이 없다. 소리에는 인간과 사물의 구분이 없다. 소리는 소리일 뿐이고 하나의 공명하는 파동만이 있을 뿐이다. 그래서 '소리＝기(氣)'이고 둘은 하나인 것이다. 서양 문명의 이성주의와 이원론, 그리고 동양의 주리적 사고를 극복하기 위해서는 '기 철학'과 '소리의 철학'이 필요하다.

　서양에는 실은 동양의 '마음'이라는 말이 없다. 독일어의 'Geist'와 프랑스어의 'esprit'는 '정신'으로 번역되며, 마음이 아니다. 영어의 'mind'도 마음으로 번역되기는 하지만 동양의 '마음'이 아니다. 프랑스어에서 심장을 나타내는 'coeur'가 차라리 '마음'으로 번역될 만하다. 이는 동양의 마음(心)이 심장과 관련이 있는 것이고 보면 상통하는 바가 있다. 기독교에서는 'spirit'를 '성령'이라고 한다.

서양의 현상학이 성공한 것은 바로 '몸'의 발견에 있다. 마르셀의 구체 철학, 메를로 퐁티의 몸 철학은 그 좋은 예다. 현상학의 나머지 영역, 예컨대 의미 대상·초월성·기호의 발견은 종래 물리적 시공간에서 벌어지던 과학·종교·언어가 의식에서 어떻게 구성되는지, 그 발생학을 밝힌 것에 불과하다.

서양의 몸 철학은 서양철학으로 하여금 동양의 마음으로 통하게 하는 교량 역할을 하였다. 특히 메를로 퐁티의 '살'은 바로 몸이 물질이 아니며 마음이라는 것을 말해 준다. 서양철학은 이제껏 정신과 물질을 찾았다. 오늘날 서양 과학은 유물론의 바통을 받아 실질적으로 물질로서의 정신을 증명하려고 노력하고 있다. 유물론은 사회과학적으로는 실패하였지만, 자연과학적으로는 아직 진행되고 있는 셈이다.

오늘날 과학 철학은 철학이 과학의 시녀 노릇을 하면서 과학을 인문학적으로 해석하고 뒷받침하고 있다고 보고 있다. 과연 철학은 과학의 시녀로서 그 삶을 마쳐야 하는 것인가? 정신과 물질의 이분법으로는 철학이 과학을 어찌할 도리가 없다. 그러나 철학이 마음과 몸을 되찾을 때 과학을 다시 앞설 수 있을 것이다. 과학이 아무리 발전하여도 설명하지 못하는 세계가 있고, 그 세계는 바로 마음(心)·몸(物)의 세계다.

철학은 더 이상 보편성과 형상, 원리나 법칙을 찾는 보물찾기가 아니다. 철학은 이제 도리어 우주를 구성하고 있는 일반성·질료·사물에 귀를 기울여야 하고, 사물을 대상으로 이용하려고 하는 인간 중심의 목적론이 되어서는 안 된다. 이제 철학은 개념의 구성이 아니라 존재 일반, 존재 그 자체, 물, 그리고 삶 그 자체에 도달하여야 한다.[46]

일반성의 철학이라는 관점에서 보면 만물은 이미 평등하고, 이미 행복하다. 이것이 불교의 부처이고 해탈이다. 이를 두고 만물에 불성(佛性)이 있다고 말한다. 만물은 불성이 있는 것이 아니라 이미 부처다. 만물은 구성되어 있지 않고 서로 연관되어(correlative) 있다. 이를 불교에서는 이미 연기(緣起)되어 있다고 말한 바 있다. 이것이 다시 후대에 제자들에 의해, 혹은 인간의 자아의식과 설명에 의해 초자아적 구성 철학으로 바뀐 것이 오늘날 불교라는 종파적 종교다. 그러한 점에서 불교마저도 없어지는 것이, 종교가 없어지는 것이 바로 불교가 추구하는 무상평등(無上平等)·무상정등각(無上正等覺)의 세계가 아닐까? 초자아적 의미의 부처도 없다.

결국 철학은 반(反)철학이 될 수밖에 없고, 종교는 반종교가 될 수밖에 없다. 철학은 '삶을 유지하기 위한 말의 체계'다. 시공간의

---

46 박정진, 『철학의 선물, 선물의 철학』을 참조하면 보다 상세한 진술이 있다.

차이에 따라 저마다의 철학이 다른 것은 저마다의 삶이 다르기 때문이다. 철학이 있기 전에 삶이 먼저 있었다. 삶은 무의식적이고 본능적이다. 인간은 여전히 자연이고 본능이다. 자연의 일부로서 이성이, 자연의 일부로서 본성이 있는 것이다. 이것을 서양에서는 이성이라고 말하고, 동양에서는 성리라고 말해 온 것이다.

따라서 철학은 삶을 후차적으로 정리하면서 삶에 피드백으로 영향을 주는 것이다. 그런데 그동안의 철학은 삶을 선험적으로, 초월적으로 정리하는 의식적이고 이성적인(도덕적인) 작업이었다.

인간은 '생각하기 때문에 사는' 존재가 아니고 '살기 때문에 생각하는' 존재인 것이다. 그런데 생각하는 동물인 인간은 삶과 생각을 서로 피드백하면서 살아간다. 후기 근대의 해체 철학이라는 것은 바로 삶에 더 비중을 두는 철학적 선회다.

철학은 이제 인간의 삶을 관리 감독하는 것이 아니고, 삶의 본능과 본성을 관망해석(觀望解釋)하는 것이다. 관망 해석의 정점이 바로 관음(觀音)이다. 철학은 이제 삶의 이런 저런 소리를 듣는 것일 수밖에 없다. 그러한 점에서 철학은 이제 보편성의 시대에서 일반성의 시대로 선회하고 있다.

그동안 이성 중심주의 철학은 보편성 속에 일반성을 넣어버렸고, 일반성을 마치 매개변수처럼 사용하였다. 이는 철학의 전체주의라고 말할 수 있다. 철학의 전체주의는 삶의 전체성(totality, wholism)을 무시하고, 도리어 삶을 경직되게 하고 획일화하는 데 기여하였다. 삶은 본능적으로 가장 활발하게 교류하고 교차하게

[표 28] 몸에 대한 동서 철학의 차이

서양철학	동양철학	한국철학	
추상화·개념화	심물일체(心物一體)	몸·마음 일체	몸
정신/육체: 주체/대상	심(心)	마음	
물(物, physis)	물(物)	몸	

되어있는데 철학과 도덕과 제도는 인간의 삶을 자신의 뜻에 맞도록 칸막이에 넣어서 삶을 차단하였다고 말할 수 있다.

그런 점에서 인간은 '도덕적 삶'이 아니라 '축제적 삶'으로 돌아가야 한다. 물론 그동안 인간의 삶이 축제를 잊어버린 것은 아니었다. 자연으로부터 발생한 본능적이고 축제적인 삶은 언제나 자신을 달성하고야 마는 성질을 가지고 있다. 축제적이고 재미있는 삶을 영위하기 위한 철학적 뒷받침이 필요한 시점이다.

서양철학사에서 정신과 대립되는 육체, 주체와 대립되는 대상이 아닌 물(physis) 혹은 물 자체에 대한 관심은 스피노자·니체·프로이트·베르그송·하이데거로 이어진다.

베르그송은 생명의 창조적 진화를 주장한다. 또 지성과 직관을 구분하고, 직관에 기초를 둔 형이상학이 지속·생성·진화를 파악하여 그것으로써 과학을 보완해야 한다고 주장한다. 또 사회는 폐쇄된 사회와 개방된 사회 두 가지가 있는데, 개방된 사회를 지향해야 한다고 역설한다.

베르그송은 정신주의, 혹은 신비적 정신주의 계열에 속하면서도 정신의 대칭 관계에 있는 물질을 대립적으로 파악하지 않고 생명과 물질의 숨바꼭질로 봄으로써 생명의 불꽃 같은 비약을 설명하였다.

불꽃은 그 중심부에서 폭발하여 공기 중으로 산개(散開)하고 있다. 불꽃이 어디로 어느 방향으로 치솟게 될지 아무도 미리 예측하지 못한다. 그 불꽃이 용출될 때, 지구의 중력과 공기저항 등에 따라 튀어오르는 방향이 달라질 수 있다. 바로 이 중력과 공기저항이 곧 자연계에 있어서 생명에 대한 물질의 저항과 같다. 생명은 비약을 원하나 물질이 그 비약을 밑으로 잡아당긴다. 그렇게 보면 자연계는 생명과 물질의 숨바꼭질과 같은 놀이가 생기는 지대다. 그러나 식물, 동물, 인간이 자연계에서 탄생하였다는 것은 생명이 물질의 방해와 저항을 뚫고 무기력의 상자 속에 갇히기를 거부한 것의 결과이다. 물론 생명의 각 영역마다 특성상의 차이는 있다. (……) 생성의 끝없는 흐름 안에서 의식과 자연이 생명이 서로서로 손을 잡고 있다. 생명을 통하여 의식은 자연세계에까지 연장되고 있고, 생명은 인간의 정신세계에까지 들어와 있다. 의식과 생명 사이에는 이질적인 장벽이 존재하지 않는다.[47]

47 김형효, 『베르그송의 철학』, 18~19쪽.

베르그송의 장점은 '정신과 물질' 사이에 '의식과 생명'이 존재하고 있음을 상기시킨 점이다. 그 후 의식의 철학인 현상학이 전개되고, 동시에 정신과 물질의 이분법에서 벗어나는 무의식의 철학인 존재론 철학이나 해체론의 철학이 등장할 공간을 마련하였다고 할 수 있다.

　프로이트도 직접적으로 해체 철학에 공헌한 것은 아니지만 의식 대신에 무의식을 주창함으로써 의식적 차원에서 논의되던 철학적 담론을 무의식과 욕망의 차원인 심층으로 들어가게 한 공로가 있다. 프로이트는 꿈을 '무의식에 은폐된 소원 성취'라고 해석한다.

　후설의 현상학과 프로이트의 무의식의 세례를 받은 라캉은 무의식을 언어로 환원시킬 수 있다고 주장한다. 결국 라캉에게 있어 욕망은 언어다. 말(언어)은 허공(백지)에 던지는(그리는) 페니스인 셈이다. 모든 비어있는 것(자연)은 버자이너이고, 그것을 채우는 것은 페니스(남성)인 것이다. 데리다의 에크리튀르(écriture)도 결국 같은 현상학적 레벨로서 단지 이성 중심의 철학을 해체의 시각에서 바라볼 뿐이다. 그렇다고 이성 중심을 완전히 벗어난 것은 아니다.

　원시 미개인들은 자신의 몸에 보디 페인팅을 한다. 이는 자신의 표현의 욕구를 몸에 실현하는 셈이다. 자신의 몸을 마치 그림의 바탕(素) 혹은 캔버스·백지처럼 생각하는 것이다. 마찬가지로 남자는 여자를 그러한 백지처럼 생각하는 경향이 있다. 남자들이 여자의 몸에 정충(씨)을 뿌리는 성적(생리적) 행위는 심리적으로 마치 여자의 몸에 글씨를 쓰는 것과 같으며, 그러한 행위는 소위 문명이라고 말하는 사회적 공간에서 제도를 만들고, 물리적 시공간에서 과학을 형성하는 것으로 은유된다.

결국 남자들의 여자들에 대한 관음증(觀淫症)과 과학은 불가분의 관계에 있다. 여자의 자궁(구멍)은 자식을 낳고, 남자들은 폭발하는 인구를 부양하기 위해서 전쟁도 불사하고 산업을 발달시키고 과학을 발달시켜서 오늘날 우주를 정복하기에 이른 셈이다. 관음증은 결국 천문학과 입자 물리학이라는 거시·미시 물리학을 형성하기에 이른다. 아마도 인구 증가라는 동인이 없었으면 인류의 문화는 오늘날처럼 거대한 외연을 형성하지 않았을 가능성이 높다. 성경의 낙원 추방(Expelled from Paradise)은 결국 외연을 넓힌 것이다.

서양철학은 매우 가부장적인 철학을 구사하고 있는 셈이다. 이는 어쩌면 인도유럽어 문명권 전체의 문제이기도 하다. 인도유럽어 문명권 속에서 불교는 기독교와는 다른 대척점에 있기는 하지만 초월성이나 절대성에서 완전히 제외되는 것은 아니다. 불교는 기독교에 비해서는 가부장적 요소가 덜할 뿐만 아니라 어떤 점에서는 모성적 요소를 매우 강조하는 편이지만, 이는 음양 사상을 위주로 하는 한자 문명권과 비교하면 여전히 가부장적이다.

기독교와 불교의 큰 맹점은 바로 몸에 대한 부정적인 생각이다. 그러한 점에서 기독교와 불교는 인류에게 베풀어준 다른 많은 종교적 기여와 교리적 장점에도 불구하고 몸에 대한 부정적인 생각을 퍼뜨린 이데올로기로서의 단점이 있다. 이들에 의해서 몸은 얼마나 큰 상처와 모독과 오해를 받았던가. 두 종교의 결정적 결함도 바로 몸에 대한 잘못된 생각에 그 근본적인 병인이 있다.

인간이 여인(여성)의 몸으로부터 태어나는 것이 무슨 잘못인가? 이것보다 인간으로 하여금 스스로가 자연의 산물임을 깨닫게 하는 사건은 없는 것이다. 여성에게서 태어남은 실은 기독교의 천지 창조보다 훨씬 위대한 천지개벽의 사건이고, 진실한 사건이고, 그 태어남은 바로 우주적 빅뱅과 블랙홀의 현존적(현재적이 아니다) 사건이다. 이때 현존적이라 함은 자연과 조금의 간격과 차이도 없는 자연 그 자체의 사건, '존재적 사건'이라는 뜻이다.

불교는 이 사건, 인간의 탄생을 고(苦)의 시작으로 보았고, 기독교는 여인의 몸으로 태어남을 모독하기 위해서 무염수태(無染受胎)를 주장했다. 이 얼마나 남성들의 위선과 거짓이 한꺼번에 저장된 이데올로기의 초월적 산물인가! 생멸은 당연한 것이고, 여자가 남자를 만나서 아이를 낳는 것은 만고의 진리다. 이는 불교와 기독교가 태어나기 이전에 일어난 인류의 일상이고, 인간으로 하여금 인간이게 하는 사건이다. 이것 말고 진리가 어디에 있고, 길이 어디에 있고, 생명이 어디에 있고, 빛이 어디에 있다는 말인가? 이것 이전에 무엇이 있다는 말인가?

불교는 진리라는 말보다 진여(眞如)라는 말을 씀으로써 진정한 진리가 어디에 있는가를 은유적·암시적으로 표명하고 있기는 하다. 진여는 진리의 이(理)가 아니라 '~같은(然)'의 의미인 여(如)자를 쓰고 있고, 실지로 여(如)자는 또한 계집 녀(女)자와 구멍 구(口)자의 합성어다. 진여의 상징을 종합적으로 말하면 진리란 여성성에 도달하기 위해서 가부좌를 틀고 있는 인간(남성)에 지나지 않는 것이다.

가부장제의 시작과 더불어 여성은 몸을 재생산하는 어둠의 대명사가 되고, 남성은 빛이 되고 진리의 담당자가 되었다. 인간의 초월의식은 바로 가부장제의 의식적 반영의 결과다. 그와 더불어 인간의 몸은 천시되었고, 어둠의 대명사가 되었고, 여성은 음란한 동물이 되었다. 이는 모두 아이를 낳지 못하는 남성의 여성에 대한 콤플렉스의 반영이고 자기 투사인 것이다.

가부장제와 더불어 여성은 아이를 재생산하는 공장으로서의 의미가 있고, 남성은 이를 대신하여 아이 대신에 인간의 몸의 밖에서 다른 생산을 하는 것(공장 생산)을 최고의 가치(가격)로 매기면서 가부장제의 연장인 국가와 이를 뒷받침하는 고등 종교와 정의와 도덕이라는 깃발을 앞장세워서 세계를 정복과 지배의 제물(대상)로 삼았던 것이다.

여기에 전 지구적으로 유행한 하늘(天) 사상은 가부장제의 형성에 지대한 공헌을 하였다. 하늘을 흔히 자연을 대신하는 용어로 자리매김하면서 권력을 행사하기 시작하였고, 그 권력은 전제주의를 넘어서 때때로 전체주의의 광풍을 퍼뜨렸던 것이다. 전체주의란 가부장제의 거짓과 위선에 대한 자연의 보복인 것이다.

우주(자연)의 전체성은 은유적으로 달성될 수밖에 없다. 은유는 단지 말이 그렇게 되는 것이고, 흘러가는 것이고, 결코 그 전체성을 소유하거나 정지시키지 않고 노래하기 때문이다. 이에 반해 전체주의는 전체성을 환유적으로(역사적으로) 실현하려는 것이기 때문에 항상 실패로 끝난다. 환유는 이미 존재에 대한 소유이고, 소유는 전체성을 깨뜨리기 때문이다.

전체주의란 가부장제에 의해 등장한 절대주의(의식)가 자연의 모성성(무의식)에 대한 향수를 잊지 못해 간헐적으로 발광하는 인간의 무차별적 정치적 테러인 것이다. 그런데 이 전체주의는 항상 이상주의, 혹은 낭만적 이상주의의 천사를 표방하다가 급기야는 그 악마성을 드러내는 것이다. 기독교 성경은 천사가 악마가 되는 구조로 되어있다. 이 말은 현상학적으로 보면 악마가 천사가 될 수도 있다는 가역성과 이중성을 드러낸다. 마르크시즘이야말로 역사적으로 실천된, 천사가 악마가 된 구조다.[48]

이 모두 인간의 몸과 구체성(생명성)에 대한 정신과 추상성의 폭력인 것이다. 인간은 자연적 존재이면서 동시에 제도적 존재자다. 제도라는 것은 필요한 것이지만, 그 필요가 존재 자체를 위협할 때는 인간은 속수무책인 것이다. 그래서 필요는 위험한 필요인 것이다. 몸과 구체성에 대한 폭력은 남성의 여성에 대한 철학적·형이상

---

48 마르크시즘을 기초로 한 공산 사회주의는 "천사의 얼굴을 한 악마" "처음엔 천사였다가 나중에 악마"가 되는 것이고, 자유를 기초로 한 자유 자본주의는 "악마의 얼굴을 한 천사" "처음엔 악마였다가 나중에 천사"가 되는 것이라고 말하기도 한다.

학적 폭력인 것이다.

정신(마음의 변형)을 형이상학이라고 하고 물질과 육체(몸의 변형)를 형이하학이라 한 것 자체가 이미 잘못된 철학적 분류인 것이다. 몸은 형이하학적 존재가 아니다. 몸이야말로 존재의 진면목으로서 세계의 현존이고, 시공간을 초월한(시공간의 틀에 매이지 않은) 존재로서 세계적 물(物)에 관여하는 주인이며 매개다. 몸이 없는 세계에의 관여란 없는 것이다.

가부장제, 남성의 초월 의식이란 바로 인간의 몸을 떠난 의식화이며, 자연이 아니다. 전반적으로 초월 의식이란 인간의 의식이 무의식의 전체성과 만나면서 그 전체성에 이름을 붙이면서 비롯되는 허상이며 허명이다. 그것은 위선(僞善)과 인위(人爲)와 위(僞)의 극치이며, "인간적인, 너무도 인간적인"(니체) 권력 의지의 출발이다. 그러한 점에서 미래의 철학은 인간의 몸으로, 여성으로 돌아가야 한다. 그곳에 인간의 평화와 평등과 자유와 사랑이 있다.

3) 내 몸(신체)은 신이다

제6장에서 신체적 존재론을 토론했지만, 서양철학사 전체를 관통하는 의미 맥락에서 신체의 의미를 종합적으로 되새겨 볼 필요가 있다. 왜 지금에 와서 신체란 말인가?

신체적 존재론은 철학의 원시반본에 해당한다. 신체를 새삼스럽게 존재라고 하는 이유는 인류 문명이 '기계적 신화'의 끝에 있다는 방증인가?

신-기계-신체는 일종의 순환 관계에 있는 것 같다. 우리는 신체-신-기계, 기계-신체-신을 가정해 볼 수 있다. 신체가 신이라는 사실에 도달하는 철학적 여정을 가보자.

내 몸에 부모의 유전자가 들어있다. 그렇게 거슬러 올라가면 이론적으로는 신에 도달할 수 있어야 한다. 그러나 이렇게 소급하는 방법으로는 철학적 아포리아(aporia)에 빠지게 된다. 그렇다면 다른 방법은 없을까?

우리가 설사 신의 정체를 모른다고 할지라도 내 몸이 현재 살아 있는 것은 분명하다면, 신은 내 몸과 함께 있다. 이것은 데카르트의 생각과 몸을 전도시키는 방법이다. 이것은 데카르트의 '사유 존재'를 '존재 사유'로 바꾸는 철학적 행위다.

태초에 신이 있다면 결국 수많은 단계 혹은 유전의 단계를 거쳐서 나에게 이르렀을 것이다. 내 몸에는 그 신의 흔적(궤적·기억)이 있음이 분명하다. 따라서 "내 몸만이 확실한 신이다"라고 말할 수 있다. 내 몸은 데카르트가 생각했듯이 "생각하는 나를 담지하고 있는" 담지자로서의 몸이 아니다. 몸이야말로 본래존재이고 신이다. 신은 기독교의 영향으로 초월적인 존재(절대 타자)로 생각되어 왔지만, 지금부터는 내 몸과 함께 있는 일반적인 존재(자기-내-존재)다.

인간은 지금까지 신(God)과 정신(Geist)과 유령(Ghost)으로 사유하기를 즐겨왔다. 오늘날 신은 자본주의, 정신은 과학주의, 유령은 사회주의의 형태로 자라나 있다. 서양의 기독교 자본주의(자유 자본주의)는 공산 사회주의(평등 전체주의)라는 사생아를 낳았고, 이들은 둘 다 과학기술주의(기계)라는 물리력(무력)을 동원해서 패권 전쟁을 벌이고 있다. 가부장-국가 사회는 결국 역사의 어떤 시점부터 진행된 남성적-권력적-대뇌적 패권주의(예: Pax Americana, Pax Sinica)의 연장일 뿐이다. 진정한 평화는 여성적-비권력적-신체적 평화주의로 달성되어야 한다. 여기에도 신체적 존재론의 철학이 효과적일 수밖에 없다.

신-정신-유령의 서구 근대 문명 체계는 남성적 패권주의로 인해 결국 광기에 빠질 수밖에 없다. 신은 '신-악마', 이성은 '이성-도구적 이성', 유령은 '유령-광기'의 이중성(종적縱的 이중성)을 띠고있다. 그러면서 '신-이성' '이성-유령' '유령-신'도 이중성(횡적 이중성)을 띠고있다. 말하자면 이들은 종횡으로 이중성을 띠고있는 셈이다. 이들이 현상학적(역사적)으로 이중적이라는 것은 구조적(언어적)으로 이원 대립적이기 때문이다. 구조적으로 이원 대립적인 것은 그것의 중간으로서 제3의 삼각 구조(triangle)를 요구한다. 역사 변증법적으로 정-반-합은 구조언어학적으로 삼각 구조와 대응한다.

현상학의 선험-초월-지향도 과거-현재-미래처럼 서로 이중성을 띠고 있다. 선험이 없으면 초월할 수도 없고, 초월이 없으면 지향할 수도 없다. 선험은 이미 초월이고, 초월은 이미 지향이다. 신-

정신-유령, 선험-초월-지향은 서로 피드백하는 관계에 있다. 서로 확연하게 구분할 수 없다. 사물(존재)을 설명한다는 것은 이미 사물을 분석적으로 바라본 것(분열시킨 것)이고, 분열된 것은 결국 통합될 수밖에 없다.

철학에 있어서 경험론의 귀납법이나 합리론의 연역법도 말로는 구분(이분)되지만, 정작 우리가 사물(존재)을 보고 귀납적으로 사유했는지 연역적으로 사유했는지는 알 수 없다. 우리가 아는 것은 둘 중 어느 쪽에서 사유했든 가정(hypothesis)을 함으로써 사유의 길을 갈 수 있다는 사실이다. 가정이야말로 본격적인 사유의 출발이며, 사유는 존재를 가상 존재로 탈바꿈(해석)하는 행위다. 연역이나 귀납이라는 것은 결국 가정을 하기 위한 철학적 사전 조치에 불과하다.

인간의 가정 중에서 가장 시원적인 것은 신에 대한 가정일 것이다. "태초에 신이 세계를 창조했다"는 천지 창조설은 그 대표적인 것이다. 이런 생각은 미안하지만 역사 시대의 인간에 의해서 발상된 것이 아니라 대체로 구(舊)인류인 네안데르탈인에서부터 시작됐다. 그런 점에서 모든 인간은 '종교적 인간(Homo religiosus)'이다. 그러한 점에서 신은 인간이 실행한 최초의 증명이기도 하다. 신은 인간의 이상형이다. 일신론이니 이신론이니 다신론이라는 것은 신이 등장하고부터 발전한 것이다.

그다음에 등장한 정신이라는 것은 신으로부터 보증된 것이다. "나는 생각한다. 고로 존재한다"라고 선언하면서 근대의 정신을 연

데카르트도 결국 신의 보증을 받는 형식을 거쳐서 신으로부터 독립하는 의식의 경로를 밟았다. 결국 신으로부터 권력을 계승한 셈이다. 그렇지만 정신, 즉 이성을 처음 떠올린 인간도 근대인이 아니라 "태초에 로고스가 있었다"라는 성경의 기록이나 그리스 고전 철학을 보더라도 역사 시대를 전후한 무렵이다.

유령이라는 것은 서양철학에서 보더라도 근대 이후의 일이다. 유령이라는 것은 도리어 신과 정신의 본래적 성질을 폭로한 측면이 있다. 유령이란 가상 실재를 부르는 다른 이름이기 때문이다. 유령의 입장에서 보면 인간은 존재로부터 유령(phantom)을 만들어내는 현존재(존재자)다. 유령은 끝없이 미래적으로 다가오는 열린 존재다. 현대철학에서 마르크스는 공산 사회주의를 유령이라고 명명했고, 데리다는 유령론으로 메시아를 등장시기기도 했고, 이에 앞서 레비나스는 '타자의 얼굴'을 메시아로 해석하기도 했다.

아무튼 신·정신·유령이라는 것은 세계 자체에 대한 인간의 가상 실재라는 공통성을 갖는다. 이를 거꾸로 말하면 인간은 이들을 통해 세계를 이해했다고 볼 수 있다. 이를 칸트 철학에서 찾으면 신·영혼(정신)·세계 전체(유령)라고 할 수 있다. 그러나 이들 모두는 세계 자체에 대한 이해 방식은 아니다. 그렇다면 세계 자체란 구체적으로 무엇을 말하는 것인가?

인간의 대뇌가 생각이라는 활동을 하기 전에 존재한 것은 무엇일까? 나아가서 대뇌를 생성시킨 존재는 무엇인가? 내 몸이 수정체(受精體)로부터 시작해서 피부를 형성하고 나중에 뇌를 형성하게 되는 것은 발생학적 진리다. 그렇다면 내 몸은 신체의 외피, 즉 신체로부터 시작된 것임에 틀림없다.

그런데도 우리는 왜 몸으로부터의 사유를 회피해 왔는가? 몸이 동물과, 혹은 식물과, 혹은 무기물과 공유하는 존재라서 회피한 것일까? 그러한 몸을 생각하면 인간의 자존심, 더 정확하게는 만물의 영장(Homo sapiens sapiens)이라는 분류학적 자존심을 상하게 하는 것에 무의식적으로 저항한 것일까? 생각해 보면 무엇보다도 몸은 존재 자체이기 때문에 그런 것일 것이다. 존재 자체라는 것은 말하지 않더라도 태초의 성질을 가지고 있기 때문에 으레 전제되는 것이고, 그렇기 때문에 사유(논의)에서 빼버린 것일 가능성이 높다. 요컨대 좋은 사례가 있다. 여자(어머니)는 아이를 낳고 자신의 성씨를 붙이려고 강박 관념을 갖지 않는다. 왜 그럴까? 반면에 남자(아버지)들은 자신의 씨가 아닌 경우에도 자신의 성씨를 붙이려고 한다. 왜 그럴까?

아마도 여자는 자신의 몸으로부터 생산했기 때문에 당연히 자신의 것(분신)이고, 그것에 굳이 인위적(의식적·역사적)으로 자신의 성씨를 붙일 욕망을 느끼지 않기 때문일 것이다. 여자의 출계는 몸에서 몸으로 이어진다(미토콘드리아 이브). 이보다 확실한, 거짓이 끼어들 여지가 없는 혈통은 없을 것이다. 이에 비해 남자의 출계는 항상 단절과 거짓(가짜, 양자)이 끼어들 여지가 있다. 그래서 남자들은 혹시라도 여자가 다른 남자의 씨를 품은 것이 아닌가, 감시하고 감독한다(의처증은 그 대표적인 것이다).

남자에게는 혈통의 계승에 대한 근본적인 불안이 있다. 이것이 나중에 정치 사회적으로 확대되면 자신의 권력에 대한 불안으로 확장된다. 더 정확하게 말하면 권력이란 탄생부터 불안에서 시작된 것이다. 그래서 남자들은 권력 본능을 가졌을 가능성이 높다. 말하자면 암컷의 자궁에 자신의 정자를 뿌리는 젖먹이동물들의 수컷의 생식 방식에서 권력과 권력의 불안이 파생된 셈이다.

인간은 종(種) 간의 생존 경쟁에서 패자(覇者)가 된 후, 본격적인 종 내부의 권력 경쟁으로 들어가면서 국가를 만들고, 제정일치·제정 분리 사회를 거치게 된다. 제(祭)는 신과의 문제를 해결하는 장치로, 정(政)은 정치권력을 해결하는 장치로 활용하게 된다. 인구의 증가와 더불어 불가피하게 선택한 가부장제는 무엇보다도 전쟁의 무사(武士)를 안정적으로 공급받기 위한 조치였다고 할 수 있다. 이는 여성(모계 사회의)에게도 불가피하게 선택할 수밖에 없는 카드였다.

가족 제도, 국가 제도가 철학에 끼친 영향은 무엇일까? 놀랍게도 우리는 가부장제가 인류의 남성 신-보편성의 철학을, 여성 신-일반성의 철학(이것은 필자가 명명한 철학이다)[49]보다 높게 자리매김하였음을 알 수 있다.

여성과 신체는 떼려야 뗄 수 없는 관계에 있다. 여성은 신체의 요구에 따라 살아갈 수밖에 없는 존재였다. 지금은 남녀가 동등하게

---

49 박정진,『철학의 선물, 선물의 철학』;『소리의 철학, 포노로지』;『일반성의 철학과 포노로지』에서 자세하게 토론하였음.

교육을 받고 사회에 진출하고 직장 생활을 하고 보통선거에서 투표를 하지만, 그렇게 된 것은 실로 백 년 정도밖에 되지 않았다. 인류 역사의 대부분은 여성이 인구를 어떻게 증가시키고 그러한 인구를 남성들이 어떻게 성공적으로 부양하고 보호하느냐에 성패가 달려 있었다.

여성의 삶은 항상 신체와 결부된 것이 대종을 이루었다. 옛 여성들은 출산과 더불어 의식주를 거의 책임지는 가사 노동에 시달렸다. 그러면서도 가사 노동의 생산성은 특별히 생산이라고 여겨지지도 않았다. 가사 노동이 생산성에 포함된 것도 역설적으로 여성이 가사 노동(전업 주부)에서 보다 해방되고 직장을 가지기 시작한 최근에 이르러서다. 그렇다. 바로 어떤 철학이라는 것은 그것의 결핍(필요)이 심각할 때에 발견되는 것이다.

인류 문명은 이제 신체로부터 기계로 많은 부분을 넘겨주었다. 기계를 필요로 할 때는 기계(서양의 근대 철학은 결국 기계적 세계관을 가지기 위한 여정이었다)를 생산하기 위한 사유 방향을 택했지만, 사방에 기계가 넘쳐나는 세상에서는 거꾸로 신체에 대한 사유를 시작해야 하는 처지에 놓이게 된 것이다. 바로 작금에 이르러서야 역설적으로 신체가 본래존재라는 것을 깨닫게 된 것이다.

기계로 향하던 사유 시기를 '사유 존재의 시기'였다고 한다면, 신체로 향한 사유를 '존재 사유의 시기'라고 할 수 있을 것이다. 몸으로부터의 사유는 그래서 시대적 당위성을 갖게 된다. 생각해 보면 몸에 대한 철학은 '대상적 사유' '세계-내-사유'보다는 자신을 성찰하는 '내관적 사유' '자기-내-사유'를 종용하게 되고, 그렇게 되면 존재는 '자기-내 존재'가 된다. '자기-내-존재'는 자신의 내부에서 들려오는 소리를 듣게 한다. 이때의 자기는 바로 '타자로서의 육체나 물질'이 아니라 '자기로서의 신체'가 되는 것이다.

신체는 우리에게 태초의 소리를 들려준다. 만약 신체에 태초가 없다면 그 태초는 신체와 분리된 것이기 때문에 진정한 태초라고 할 수 없다. 신체는 나의 모든 조상들이 있는 곳일 뿐만 아니라(이것은 기억이 아니다), 태초와 더불어 한 존재라는 점에서 '태초 그자체' '세계 그 자체' '사물 그 자체'라고 할 수 있다. 그런 점에서 신체는 신(神)이라고 해도 과언이 아니다(身＝神). 아울러 다른 사물(존재) 모두가 신체가 되지 않으면 안 된다. 만약 다른 모든 존재가 신체가 되지 않으면 나의 신체는 다른 신체와 분리된 것이기 때문에 진정한 본래존재로의 신체라고 할 수 없다.

신체는 '지금, 여기'에서 생멸하고 있는 '태초이자 종말인 존재'이다. 신체야말로 우리에게 '신의 살아있는 존재성'을 느끼게 하는 존재다. 신체는 기억이 아니고, 계속해서 새로운 생각을 구성(구상)하기 때문에 살아있는 '생성적 존재'다. 신체를 육체나 물질로부터 해방시키는 것은 신체를 동시에 생각이나 소유로부터 해방시키는 것이 된다. 신체적 존재론이 종래 육체에 흔히 부여된 욕망과 달리 역설적으로 깨달음에 이르게 하는 것은 관념과 가정으로부터 우리를 자유롭게 하기 때문이다.

신체적 존재론은 기존의 철학적 선험과 초월과 지향을 넘어서는 존재 자체로의 귀향이다. 동시에 신과 정신과 유령으로부터 벗어나는 경계다. 관념에서 신체로, 생각에서 무념으로, 욕망에서 무욕으로 나아가는 길은 역설적으로 그동안 죄악과 욕망의 근원으로 비난받아 온 신체다. 신체 그 자체를 바라봄으로써(끌어안음으로써) 우리는 자기가 있는 자리에서 그대로 죽어도 안심입명할 수 있다. 왜냐하면 모든 존재는 신체이니까, 죽음은 단지 신체의 변용에 지나지 않는 것이 되기 때문이다.

신체적 존재론은 인간의 자아(주체)를 넘어서는, 그럼으로써 존재를 대상으로 보는 대상적 사유(주체-대상)를 넘어서는 존재론이 된다. 이것은 현상학을 완전히 넘어서는 존재론의 완성이라고 할 수 있다. 니체의 생기(生起) 존재론(예술가-형이상학)이나 하이데거의 존재 사태론(존재 사유론)은 존재론의 완성이라는 측면에서는 부족한 것이었다. 그들의 존재론이 부족한 이유는 아직도 현상학의 언덕에서 건너편의 존재(본래존재)를 바라봄으로써 존재 그 자체에 이르지 못하고 있기 때문이다. 그러한 조망에는 아직도 현상학의 잔영이 남아있다.

여기서 현상학적인 잔영이란 신·정신·유령의 '3G'와 함께, 제1장에서 말한 사물·시간-공간·텍스트·테크놀로지의 '4G'를 의미한다. 3G와 4T는 가상 존재를 설정하는 인간의 대뇌적 속성과 가상 존재의 순환성을 설명하는 필자의 모델이다. 이들은 모두 이분법의 세계, 이원 대립적인 세계에서 출발한다.

모든 이원 대립적인 세계에서 벗어나려면 신체 그 자체, 존재 그 자체를 받아들이면서 대긍정할 수밖에 없다. 그런 점에서 신체적 존재론은 만물만신·심물일체의 또 다른 표현일 수밖에 없다.

4) 새로운 정신으로서의 신체적 존재론

신체적 존재론은 신체적 존재를 회복하지 않으면 인간이 기계가 되고야 말 것이라는 불안, 스스로 기계의 숭배자가 되는 것을 마다 하지 않을 것이라는 불안에서 비롯되었다. 이러한 존재에 대한 근본적인 불안은 죽음에 대한 실존적 불안에 못지않은 불안이다. 그렇긴 하지만 신체적 존재론이 본래존재로서의 인간의 존엄과 의미를 주장하는 것에 그치고, 신체의 생성적 의미와 함께 역사의 단계마다에서 새로운 역사적 생산에 참여하지 못한다면 해체론과 다를 바 없는 것이 된다.

따라서 신체적 존재론은 시대정신에 부응하면서 존재로부터 신체의 새로운 개념과 정신을 만들어내지 않으면 안 된다. 이것이 신체적 존재론의 역설적인 의미다. 존재로부터 떠오른(솟아오른) 개념은 시작(beginning)과 끝(ending)의 성격이 아니라 새로운 기원(origin)을 의미한다. 새로운 기원은 기존의 것을 판단정지(epoché)하는 것을 통해 신기원(epoch)을 수립하는 것이다.

이러한 신기원은 존재의 밑바닥에 도달한 자가 떠올리는 내재적 초월, 혹은 끊임없이 초월을 향해 지향을 감행한 초월적 내재에 맞닿아 있는 것이다. 이때의 초월과 내재는 '천지의 순환적인 것'이면서도 동시에 '역사의 영원한 타자(object)'일 수도 있다. 이것은 집단 존재의 역사적인(시간적인) 것인 동시에 개인 존재의 역사 운명적인 것일 수도 있다.

이때의 개인은 집단을 위한 희생이 될 수도 있다. 인류의 성인(聖人)들은 그 좋은 예이다. 인간의 만물의 영장으로서의 영장성은 바로 성인을 탄생시키고, 그 성인을 희생물로 하늘의 제단에 바침으로써 보다 많은 집단과 국가의 생존을 보장받는 의식을 행한다는 점에서 발견된다. 그렇기 때문에 성인의 탄생을 무시하거나 그것에 대해 무지하면 개인이든 집단이든 망할 수밖에 없다. 성인들은 신체를 타고나면서도 그것을 육체로 한정짓지 않는(육체에 갇히지 않는) 신체적 존재론의 산 증인이다.

신기원은 매우 성스러운 것이다. 기독교의 천지 창조야말로 신기원의 가장 대표적인 것이다. 인류는 그런 신기원을 발견했기 때문에 집단의 역사에서, 혹은 개인의 존재사에서 작은 시작과 끝을 연출하는 드라마를 계속해서 쓰고 있다고 할 수 있다. 그런 점에서 인간 각자는 작은 신이 되어 일생이라는 각자의 시작과 끝을 쓰고 있다. 그것이 바로 보통 사람들의 삶의 드라마다.

오늘날 신체와 관련한 성스러운 개념과 정신은 신체가 어떻게 인류의 평화에 기여할 것인가를 둘러싼 것일 가능성이 높다. 이에 대한 구체적인 방안으로, 전쟁 무술에서 출발한 스포츠와 무예가 어떻게 인류의 평화에 기여할 것인가가 초미의 관심으로 떠오르고 있다. 평화에의 관심이 높아진다는 것은 역으로 공포의 전쟁(핵 전쟁)의 분위기가 우리를 둘러싸고 있다는 방증이다. 왜 그런 기분이 드는 것일까? 그것은 아직도 살아남은, 존재의 저 깊은 곳에 감추어진 생존의 본능일까?

신체적 존재론의 인류 평화에의 기여는 보편성의 철학 대 일반성의 철학, 개념 철학 대 구체 철학, 남성 철학 대 여성 철학, 과학 철학 대 생태 철학 등 철학의 다양한 이원 대립항들이 전쟁(경쟁) 대신에 평화(공존)를 중심으로 새롭게 정리되어야 함을 뜻한다. 이는 과학 기술 무기의 발달로 인해 인류가 이제 더 이상 패권 경쟁을 하면 공멸할 수도 있다는 절체절명의 위기의식, 즉 인류 멸종을 지연시킨다는 의미 맥락상에 위치한다. 다시 말하면 이것이 오늘날 철학의 시대정신이다.

오늘날 스포츠나 무예의 기본 정신은 상대(적)를 완전히 절멸시켜서 죽게 만드는 것이 아니다. 스포츠나 무예는 일종의 '게임과 놀이'로서, 혹은 '신체의 예술'로서 받아들이지 않으면 안 된다. 건강한 신체에 건강한 정신이 깃든다는 의미와 함께 인간의 신체를 존재론적으로 인정함으로써 인간의 존엄을 회복하는 한편, 생존 경쟁과 권력 경쟁으로 증대된 인간의 투쟁 본능을 무마시키고 세련되게 하는 것을 통해 공존과 평화를 증진시키기 위함이다. 오늘날 스포츠와 무예는 일종의 '평화의 의례'로서 자리매김되어야 한다. 올림픽과 월드컵은 이미 대표적인 성공 사례다(무예 올림픽이 필요한 이유가 여기에 있다).

지금까지 철학이 인간과 만물의 '신체의 존재성'에 도달하지 못한 까닭은 인간이 신체적 존재로서 스스로 내관(內觀)할 수 없었고, 객관이라는 미명하에 자기기만에 빠져버렸기 때문이다. 인간현존재는 존재를 파악하는 과정에서 인간 중심을 벗어날 수 없었으며, 인간의 존재에 대한 실체적 이해는 객관적인 세계로서의 물질과 기계, 즉 유물론과 과학 기술의 세계로 확장되었을 뿐 존재 자체에 대해서는 도리어 문외한이 되었고, 그것으로부터 소외되었을 뿐이다. 서양철학은 생성에 관한 한 구제 불능이다.

신체적 존재론이 몸을 주장하면서 마음, 즉 새로운 정신을 만들어내지 못한다면 역사적으로 아무런 소용이 없게 된다. 종래에 정신과 육체를 나누는 태도와 방식으로 신체적 존재론을 생각한다면 육체만이 존재라는 어처구니없는 일에 빠지게 된다. 신체적 존재론은 새로운 정신을 창달함으로써 역사적 의무를 다하게 된다.

여기서 새로운 정신은 '마음의 혁명'을 의미한다. 몸과 마음은 본래 분리될 수 없는 것인데도 오늘날 현대인은 서양의 심신 이원론과 세계에 대한 이분법적인 인식 태도로 인해 심신을 분리해 왔다. 심신 이원론을 벗어나서 말하면 몸의 변화는 마음의 변화를 의미하고, 마음의 변화는 몸의 변화를 의미한다. 따라서 새로운 정신은 몸 전체를 참여시키는 가운데 형성된 덕성을 의미한다. 몸 전체와 분리된 지식과 지성은 체화(소화)되지 않는 가상 존재일 뿐이다.

신체적 존재론은 무엇보다도 심신 일원론의 태도에서 출발하지만, 새로운 시대정신과 마음의 중심을 개개인이 온전하게 형성하게 함으로써 시대에 적합한 새로운 인간으로 거듭날 것을 지향한다. 그런 점에서 신체적 존재론은 종래의 역사적인 실천이나 현상학적인 삶을 무시하거나 배제하는 것은 아니다.

인간은 누구나 자신이 발을 디디고 있는 땅과 그 땅에서 전개된 역사와 현실을 무시할 수 없다. 이성과 지식과 개인의 이익에만 몰두하고 있는 현대인에게 신과 신화와 공존을 환기시키는 것이야말로 구원이 되고, 치유가 될 수 있다. 인간은 기술이 발달할수록 반대로 신화와 함께 상징적 삶을 회복할 것을 필요로 한다. 신화와 상징과 신바람과 정령(spirit)이 없는 삶은 얼마나 삭막할 것인가! 삶의 도처에서 이용과 이익만을 찾고 의리와 겸손을 찾지 않는다면 삶은 머지않아 지옥이 될 것이다.

인류의 문명은 너무 오랫동안 지·덕·체(知德體)와 진·선·미(眞善美)를 모토로 삶을 영위해 왔다. 그리스를 비롯해서 인류의 모든 문화가 보편적인 이상으로서 이 덕목을 채택해 왔다. 만약 지-덕-체나 진-선-미의 우선순위를 받아들인다면 지(知)와 진(眞)이 나머지 것을 지배하게 된다. 인류의 문명은 그동안 너무 지배의 논리에 의해 움직인 것 같다. 지식 사회인 현대는 신체에 가깝거나 신체에 속하는 것을 무시하거나 생략하려는 경향이 있다.

인간의 신체 속에 머리가 있듯이 이 문제도 체-덕-지·미-선-진으로 역전시켜 볼 필요가 있다. 이것이 바로 존재론적인 방식이고, 신체적 존재론의 방식이다. 구체적인 데서 추상적인 것으로, 신체적인 것에서 정신적인 것으로 나아가는 것이 존재론적 기반 위에서 역사적 목표를 달성하는 방식이다. 인간은 신체와 언어에 의해 문화를 계승시키는 존재다.

신체는 존재이고 언어는 문화다. 우리는 신체 없는 자신을 생각할 수 없다. 신체의 기반 위에서 언어도 성립되는 것이다. 그런 점에서 언어는 본래존재가 아니다. 신체에서 문화를 바라보는 것은 매우 발생학적인-존재론적인 접근이라고 할 수 있다.

신체적 존재론에 충실한 삶의 모습을 예로 들어보자.

신체적 존재론의 삶은 첫째, 항상 자신의 몸 전체로 살아간다는 삶의 태도를 가져야 한다. 내 몸은 자연이기 때문이다. 자연은 내 몸(신체)의 연장일 뿐만 아니라 도리어 내 몸의 바탕이 되는 바탕존재(본래존재)다. 그런 점에서 자연은 내 몸과 떨어지려야 떨어질 수 없는 일심동체다.

둘째, 자신이 처한 '지금 여기'가 내 존재의 자리라는 것을 인식함으로써 자신의 운명을 사랑하는 '운명애의 사람'이 되어야 한다. 존재는 본래 자신(개인)이 창조한 것이 아니라 천지부모로부터 선물(은혜)로 받은 것이기 때문이다. '지금, 여기'가 태초이고 종말이라는 실존적 삶의 태도가 필요하다.

셋째, 신바람 나는 삶을 살아야 한다. 신바람이 나려면 세상을 긍정하고, 세상을 믿고, 세상에 적극적으로 도전해야 한다. 신바람이 나는 삶은 기쁨의 삶이고 재미있는 삶이다. 재미있는 삶을 위해서는 자기가 하고 싶은 일을 할 줄 아는 용기를 가져야 한다. 이러한 삶은 설사 고통이 온다고 하더라도 그것을 극복할 힘의 원천을 가지고 있다. 신의 바람(風), 이것이 풍류도다. 신바람이 성령(기독교)이고, 깨달음(불교)이고, 접신(샤머니즘)이고, 하늘로 돌아감(신선교)이다.

넷째, 신바람을 생활적으로 설명하면 바로 항상 기운이 넘치는 '기운생동의 삶'을 의미한다. 내 삶이 지금 기운생동하면 신이 함께하는 '신이 살아있는 삶'이다. 신바람 나는 삶을 살기 위해서는 자신이 하고 싶은 일을 하며 살아야 한다. 그렇지 못하면 '신이 죽어버린 삶'이다.

다섯째, 기운생동하는 삶은 바로 건강한 신체에 건강한 정신을 가진 삶이다. 오늘날 피트니스 운동은 특정 운동에 최적화된 몸을 만들기 위한 것에 그치는 것이 아니라 심신일체·문무겸전·문무 균형의 인간을 형성하기 위한 수신 체계가 되어야 한다. 뷰티 (beauty)와 피트니스(fitness)의 합성어인 '뷰티니스(beautiness)'는 미래의 모습이다.

여섯째, 하루하루의 삶을 예술 작품을 하는 태도로 만나야 한다. 삶을 예술한다는 기분과 생각으로 살아야 한다. 말하자면 내 삶은 최종적으로 나의 예술 작품인 셈이다. 예술하는 마음은 존재의 비밀스런 장소로 들어가는 의식(儀式)이라고 말할 수 있다. 예술은 모든 사람의 취미가 되어야 한다.

일곱째, 세계(세상)가 내 앞에 펼쳐져 있지만, 결국 나는 세계를 내 안의 삶으로 전환시키고 보듬지 않으면 안 된다. 이것을 철학적으로 '세계-내-존재를 자기-내-존재로 만드는 삶'이라고 한다. 여기에 이르면 내가 세계이고, 세계가 내가 된다.

여덟째, 죽음을 두려워하지 않게 되어야 한다. 죽음에 임해서도 후회하지 않을 수 있는 삶을 살아야 한다. 삶은 본래 생멸의 연속에 불과하며, 생멸의 과정의 한 점이 바로 죽음이다. 종교적 믿음이나 깨달음이라는 것도 생멸에 대한 인간의 태도다.

아홉째, 노래하고 춤추고 기도하는 삶이야말로 신체적 존재론의 총화이며, 총체적 인간상이다. 어린아이의 마음이야말로 자유자재의 해탈한 마음이다.

이상을 간추려 보면 신체적 존재론의 삶은 다음과 같다. 먼저 종교적으로는 성령이 충만한 삶이다. 신체적으로는 기운이 생동하는 삶이다. 기분으로는 신바람이 나는 삶이다. 생활로는 기쁨과 만족과 행복으로 가득 찬 삶이다. 시간적으로는 현재(지금, 여기)에 매진하는 삶이다. 철학적으로는 부정의 철학보다는 긍정의 철학을 선호하는 삶이다. 결국 자신의 운명을 사랑하는 삶이다. 종합적으로는 생활이 예술인 삶이다.

인류의 삶을 관통해서 크게 보면, 종교에서 예술과 학문을 하던 시기가 있었고, 학문에서 종교와 예술을 찾던 시기가 있었다면, 미래는 예술에서 종교와 학문을 찾는 시기라고 말할 수 있다.

새로운 정신으로서의 마음의 혁명은 '낮은 데로 임하는 사랑의 정신'("네 이웃을 네 몸과 같이 사랑하라")과 '상구보리, 하화중생(上求菩提, 下化衆生)'의 자비의 마음'이다. 결국 예수 부처·부처 예수

[표 29] 신체적 존재론: 창조하는 것이 신이다

	인간현존재			존재 근거와 지향
하이데거 존재론	불안	권태	신비 (신적인 것)	존재-무(無)
역사·사회학 구조 (역사현상학)	개혁, 진보 (혁명)	수구, 보수 (타락)	창조적 미래 (새로운 사회)	역사변증법적 통합
신체적 존재론	자신(自身)	자신(自信)	자신(自新)	자신(自神)
존재론의 조건	존재 구속성, 진리 사건(사태), 도상-존재 (Weg-Sein)			지배적인 철학

의 마음이다. 예수 부처·부처 예수의 마음은 공자의 수신평천하 (修身平天下)의 마음과 다르지 않다. 필자는 이러한 새로운 시대정 신을 자신(自身)·자신(自信)·자신(自新)·자신(自神)으로 요약한 적 이 있다.

신체적 존재론을 통해 인간의 존재론적 존엄성을 유지하는 것은 우리 시대의 책무(mission)다. 필자가 신체적 존재론을 주장한 것 은 『심정평화 효정평화』(2018)를 쓸 무렵이다. 무엇보다도 신체를 육체(물질)로 비하하는 것을 극복하기 위해서였고, 일반적인 존재 의 세계를 보편화·추상화해서 과학 기술의 세계로 환원시켜서 보 는 타성을 벗어나기 위해서였다. 말하자면 인간의 심정 세계를 회 복하고자 하는 열망에서 비롯되었다.

하이데거의 존재론에 따르면 인간존재는 시간에 따른 현존재의 불안과 권태, 신비(신적인 것), 그리고 존재-무를 철학·심리학적 구조로 삼고 있다. 이것을 역사·사회학 구조로 보면 개혁-진보(혁명)와 수구-보수(타락), 창조적 미래(새로운 사회), 그리고 역사 변증법적 통합으로 볼 수도 있을 것이다. 이를 다시 최종적이고 종합적인 신체적 존재론(신체·실존론)으로 보면 자신(自身)·자신(自信)·자신(自新)·자신(自神)에 대응된다.

8
_
도학(道學)으로서의 철학

1) 자신(自身)·자신(自信)·자신(自新)·자신(自神)

서양철학을 일이관지하면 현상학(現象學)이라고 말할 수 있고, 동양철학을 일이관지하면 도학(道學)이라고 말할 수 있다.[50] 동양의 도학에서는 '몸 신(身)'자를 중요하게 여긴다. 도학은 앎(지식)보다는 자신의 몸과 마음을 닦는 수신(修身)을 제일의 과제로 생각하기 때문이다.

동양학에서 말하는 '몸 신'자는 흔히 남을 지칭하는 '대상으로서

---

50 필자는 한국동서철학회가 주최한 '동양은 어떻게 서양을 계몽하였는가?: 우리엔 탈리즘에 대한 재성찰과 평가'를 주제로 한 춘계 학술대회(한국외국어대 교수회관, 2018. 6. 2)에서 "서양철학에 미친 성리학 및 도학"을 발표하면서 서양철학을 현상학으로, 동양철학을 도학으로 규정했다.

의 육체나 사물'이 아니라 자신이 살아가는 '주체로서의 몸'을 말한다. 수신·수양이라고 말할 때는 바로 '삶의 몸'을 말한다. 그래서 객관성을 중시하는 서양의 철학과는 달리 동양의 도학은 지행합일(知行合一)을 불문율로 요구한다. 또 반구저신(反求諸身, 스스로를 돌아보아 반성한다)의 자세를 갖도록 독려한다.

유교에서 수신평천하를 말하거나 불교에서 삼신(三身, 법신·보신·응신)을 말할 때 '몸 신'자를 쓰는 이유는 몸을 대상(타자)으로 보기보다는 삶을 완성시키는 수양체로 보기 때문이다. '몸 신' 자의 상형은 '여성이 아이를 밴 모습'이다. 동양에서의 몸은 바로 마음과 다를 바가 없다. '몸＝육체' '마음＝정신'으로 보는 서양의 이분법과는 다르다. 사람의 삶에서 가장 근본이 되는 존재는 자신(自身)의 몸(身)이다. 몸이 없으면 세계도 무의미해진다.

원시 고대 문화를 보면 의식주를 제외하면 제사를 지내는 것이 거의 전부를 차지하고 있다. 그런 점에서 인류는 '종교적 인간'에서 출발했다. 어쩌면 세계에 대한 믿음 없이는 한시도 살 수 없었을지 모른다. 근대적 인간이 세계에 대한 회의와 의심으로 가득 찬 것과 대조적이다.

동양의 음양오행 사상은 믿을 신(信)자를 인의예지신(仁義禮智信＝木金火水土) 중 토(土)로 본다. 신(信)은 곧 신(身)이므로 '신토불이(身土不二)'는 땅에 발을 딛고 사는 사람으로서는 당연하다. 믿을 신(信＝人＋言) 자에 말씀 언(言) 자가 들어 있는 것에 유의할 필요가 있다. 믿음은 말과 깊은 관련성 속에 있다. 말은 무엇을 지칭(지시)하거나 의미를 담고 있다는 점에서 삶을 상징적·종합적으로 보여주는 수단이다.

몸을 가진 '자신(自身)으로서의 인간'은 믿음을 가지는 '자신(自信)으로서의 인간'으로 변모를 거듭했다. 믿음의 인간은 하늘과 땅과 인간(조상)에 대한 제사·의례를 통해 자신의 마음과 자신이 소속한 집단을 다스렸다. 오늘날 실존주의는 인간을 '불안의 존재'라고 하지만 옛 사람들은 불안을 믿음과 제사로 다스렸다. 오늘날 각 종교는 이를 계승하고 있다.

문자와 글과 책으로 이루어진 인류 문화는 '삶의 방식(제도)'을 의미하기도 하지만, 한 문화의 정체성과 그것을 지키려는 보수성을 뜻하기도 한다. '문화(文化)'는 본래 변화(化)를 내포하고 있지만 새로운 것을 받아들이고 체화하는 것은 쉽지 않다. 몸은 항상 신진대사를 통해 생명을 지속하지만, 한번 형성된 인간의 생각과 문화는 동일성(고정 관념)을 유지하려 한다.

인간의 문화도 중력(타성)을 가지고 있다. 그래서 신구 세대의 갈등도 생긴다. 신진대사(新陳代謝)의 '사(謝＝言＋身＋寸)'자에 말씀 언(言)자와 몸 신(身)자와 마디 촌(寸)자가 들어 있는 것에 유의할 필요가 있다. 그만큼 신진대사는 생명을 가진 몸의 총체적인 요구이며, 여러 마디(리듬)로 이루어져 있음을 뜻한다. 날마다 새로워져야 하는 것이 몸인 것처럼 인류의 문화도 날마다 새롭게 생성해 가는 '자신(自新)으로서의 인간'이 되어야 함을 알 수 있다.

앞의 세 가지 '자신'은 '자신(自神)'에서 화룡점정을 찍어야 한다.

인간이 스스로 세계의 주인이 되는 자신(自神)에 이르려면 나머지 '자신'의 의미도 함께 참여해야 한다. 몸(身)과 신(神)은 순환 가역 관계에 있는, 동거하는 실체다. 자신(自神)의 신은 내 몸에 살아있는 신이요, 내가 주인이 되는 신이요, 내가 날마다 새로워지는 신이다. 자기 몸(身)에 대한 믿음(信)과 새로움(新)이 없으면 '세계의 주인'이 될 수 없다. 그런 점에서 자신(自神)은 '세계에 대한 대긍정'이다.

한자로 '자(自)' 자는 '스스로'를 뜻하지만, 전치사로 읽으면 '~로부터'가 된다. 그렇게 보면 자신(自身)은 '몸으로부터', 자신(自信)은 '믿음으로부터', 자신(自新)은 '새로움으로부터', 자신(自神)은 '신으로부터'가 된다. 말하자면 '자(自)'는 도리어 '다른 것으로부터'라는 이중적 의미가 된다. 세계는 모두 자신이면서 동시에 자신이 아니다. 이를 모두 포괄하는 말이 자연(自然)이다.

시대가 바뀜에 따라 새로운 철학과 종교·과학이 탄생하는 것도 자연의 순리다. 기존의 텍스트(고전과 성경)를 새롭게 해석함으로써 시대에 적응하기도 하지만 간혹 전면적인 혁신이나 개혁과 혁명이 필요한 경우도 있다. 근대의 종교 개혁이나 산업 혁명은 그 좋은 예다. 신을 섬기던 인간이 현대 과학 문명의 건설과 더불어 인간신(人間神)이 되려 하고 있다. 4차 산업 혁명이 진행되고 있는 이때에 본래존재로서의 인간, 즉 신인간(神人間)을 환기해야 하는 이유는 무엇인가?

인간과 세계와 사물에 신(神)자를 다시 접두어로 붙이려면 우선 신을 심정적('심정의 신')으로 공감하는 신인간이 돼야 한다. 자신(自神)은 신인간과 동의어다. 모든 공부는 '자신(自身·自信·自新·自神)'의 노정에 있다. 내가 '세계의 주인'이라는 주인 의식을 가질 때에 부모 노릇과 스승 노릇도 제대로 할 수 있고, 자신의 삶도 완성시킬 수도 있을 것이다. '자신의 신'은 남에게 군림하는 남성성의 초월적인 신이 아니라, 남과 심정을 공유하는 여성성의 내재적 신이다.

자신(自身)·자신(自信)·자신(自新)·자신(自神)의 삶을 실천적으로 구체화하면 검소(儉素)·겸손(謙遜)·자유(自由)·창의(創意)의 삶이 된다. 검소는 자연과 인간 사이의 덕목이고, 겸손은 인간과 인간 사이의 덕목이고, 자유는 자기 자신(내재적 자신과 외재적 자신)과의 관계에서의 덕목이고, 창의는 인간과 세계와의 관계에서의 덕목이다.

이들은 서로 짝을 이룬다. 이 둘은 합치면 성리학의 격물·치지·성의·정심·수신·제가·치국·평천하(格物致知誠意正心修身齊家治國平天

[표 30] 미래 인간의 4주덕(柱德)

自身		自信		自新		自神	
검소		겸손		자유		창의	
격물	치지	성의	정심	수신	제가	치국	평천하
검소	겸손	자유	창의	自身	自信	自新	自神

下)에 대응된다.

4주덕(四柱德: 自身·自信·自新·自神)의 삶을 요약하면 결국 '인중천지일(人中天地一)'의 삶이다. 내 몸 안에 하늘과 땅이 하나가 되어 역동적(力動的, 易動的)으로 움직이면서 중용(중도)과 조화(균형)를 이루고 있다는 뜻이다. 그 중용과 조화의 최종 목적은 평화다. 이를 한국 문화 전통에 연결하면 '인중천지일 풍류도(人中天地一風流道)'의 삶이 된다.

풍류도는 자연의 가장 큰 기운생동인 바람과 흐름(자연과 생명의 호흡)을 도로 승화시킨 고대의 도덕이며 철학이다. 풍류도를 통해서 우리는 자연(본래존재)을 회복할 수 있다. 말하자면 신체적 존재론의 새로운 정신은 바로 '오늘의 풍류도'라고 말할 수 있다.

2) 미선진(美善眞)·체덕지(體德知)

우리가 흔히 인간의 덕목 혹은 이상으로 말하는 진선미·지덕체는 존재(자연적 존재) 혹은 신체적 존재를 현상화한 덕목이다. 아시다시피 진(眞)은 과학(학문)의 이상, 선(善)은 종교적 이상, 미(美)는 예술적 이상이다. 진선미에 반대되는 것으로 위·악·추(僞惡醜)를 들 수 있다. 진선미와 위악추가 이분법으로(배타적으로) 완전히 구별될 수 있는지는 의문이다.

'존재를 현상화'한다는 말은 무엇을 의미하는 것인가? 존재가 진이 됨으로써 현상에서 위(僞, 人爲)가 발생하였다. 존재가 선이 됨으로써 현상에서는 악이 발생하였다. 존재가 미가 됨으로써 현상에서 추가 발생했다. 현상은 그런 점에서 이원 대립적인 것을 설정하는 존재 방식이다. 존재(본래존재)가 신(神)이 되고 선이 되는 것을 통해 현상에서는 악이 발생한다. 본래존재가 아닌 현상에서는 소유(권력)와 질투(反권력)를 통해 존재(존재자)를 가지지 않을 수 없다. 악의 현상학은 피할 수 없는 것이기에 무 혹은 공의 비권력으로 돌아갈 것을 설파한 것이 불교다. 불교는 비권력의 권력이다. 본래존재와 태초를 동시에 느끼는 것이 존재론과 현상학의 화해다.

우리는 흔히 분류학에서 생물이 아닌 존재를 무생물(무기물)이라고 부르는 것을 알고 있다. 말하자면 무생물은 분류학의 가장 밑바닥에 있는 존재이면서 동시에 밑바탕이 되는 존재다. 그런데 밑바탕이 되는 존재는 존재론으로 볼 때는 실은 '근거 아닌 근거' '근본 아닌 근본'이 되는 존재를 의미한다. 생명이나 인간이라는 것도 실은 무기물이라는 바탕 위에서 존재하는 것이다. 분류학과 존재론은 어떤 점에서 선후와 상하를 뒤집은 관계에 있다고 해도 과언이 아니다. 존재론을 심화하면 무생물도 생물과 반대편에 있는 존재가 아니라는 것을 알 수 있다. 존재는 인간의 '관점의 해석학' 이전의 사건임을 알 수 있다. 존재라는 시민권에서는 인간과 무생물(사물)은 동등한 자격을 갖추고 있는 셈이다.

존재는 본래 사물(object)의 바탕에 자리 잡고 있는 그 무엇이다.

요컨대 현상의 기초 혹은 근본(essence)과 같은 것이다. 플라톤은 이것을 이데아라고 했다. 그런데 근본은 사물의 밑에 있다는 의미로 '서브젝트'(subject to object)'라고 하기도 하고, 때로는(스피노자의 경우) 무엇에도 의존하지 않는 독자·독립적인 존재라는 의미로 '서브스턴스(substance)'라고도 한다. 그런데 이것의 의미가 '주체'가 됨으로써, 즉 아래 혹은 지하(sub-)에 있던 것이 지상으로 올라와서 실체가 되어버림으로써 현상(표상)이 되어버린 것이 서양철학이다.

이것은 서양철학의 일차적 전도다. 서양철학에서 존재는 주체 혹은 대상으로 이분화되어 버렸다. 이러한 현상학의 굴레에서 벗어나고자 한 철학 운동이 바로 존재론의 등장이었다. 존재론은 종래 근본의 의미인 'essence'를 'existence'로 바꾸어버렸다. 말하자면 존재는 '고정불변의 이데아'가 아니라 '삶의 사건·사태(Ereignis)'가 되었다. 이로써 '앎의 철학'은 '삶의 철학'이 되는 전기를 마련하게 된다.

'서브'라는 말에는 '아래, 매여 있음'의 의미도 있고, 거꾸로 '주인, 주체'의 의미가 동시에 들어있다. 존재를 현상화한다는 말은 다분히 존재를 주체-대상의 틀로 해석하는 것을 의미한다. 서양철학을 통틀어 현상학이라고 말할 수 있는 이유가 여기에 있다. 독일 관념론의 완성자인 헤겔은 그래서 종(從, servant)에서 주인(主人, master)으로 가는 과정을 서양철학의 완성이라고 하기도 했다. 어쩌면 바로 여기에 서양철학(주체-대상)과 서양 기독교(주인-노예)

의 핵심 사상이 다 들어있다고 해도 과언이 아니다.

존재는 왜 현상이 되어야 했던가? 자연 생태계에서 인간이 자신의 힘을 얻기 위해서 불가피하게 진행했던 것이 바로 존재의 현상화였는지도 모른다. 아무튼 존재를 신체적 존재로 볼 때, 보다 근본에서부터 존재와 존재의 덕목을 따진다면 전통적인 진선미와 지덕체를 종래와는 거꾸로 된 미선진(美善眞)·체덕지(體德知)으로 바꾸지 않을 수 없게 된다. 종래의 진선미·지덕체가 보편론·보편적 존재론(존재자론, 현상학적 존재론)의 입장이라면 후자인 미선진·체덕지는 일반론·일반적 존재론(존재론적 존재론, 신체적 존재론)의 입장이라고 말할 수 있다.

말하자면 진 위주-지(知, 지혜) 위주의 설명을 하면 전자를 우선할 수밖에 없고, 미 위주-체 위주로 설명한다면 후자를 우선할 수밖에 없다. 미안하지만 후자가 더 자연적 존재론, 본래존재론에 가깝다고 말할 수 있다. 진선미·지덕체는 이미 '성취된 결과'를 가지고 교육(강제)하는 것인 반면 미선진·체덕지는 '성취되어 가는 과정'을 중시하는 수련(수도) 사상이다. 이것을 나라에 적용하면, 외래 선진국의 것을 후진국에서 배울 때의 모습과 비슷하다. 즉, 이미 만들어진 결과를 우선할 때 진선미, 지덕체가 되기 쉽다.

아름다움은 매우 신체적인 것이다. 아름다움은 이러쿵저러쿵 따져서 아는(sense-perception) 것이 아니라 본능적으로 느끼는(sense) 것이다. 삶은 일종의 본능이지 따져서 사는 것이 아니다. 따라서 본능적인 것이 훨씬 존재 그 자체에 가까운 것이다. 우리가

[표 31] 초월적 현상학과 신체적 존재론

진(眞)-지(知, 지혜) 위주	미(美)-체(體) 위주
진선미(眞善美)	미선진(美善眞)
지덕체(智德體)	체덕지(體德智)
초월적 현상학(보편적 존재론), 현상학적 존재론(존재자론)	신체적 존재론(일반적 존재론), 존재론적 존재론(본래존재론)
보편적이고 일반적인(보편성의 철학)	일반적이고 보편적인(일반성의 철학)

흔히 쓰는 신토불이(身土不二)라는 말에 이러한 사상이 축약되어 있다. 인간의 문화 체계가 자연환경과 풍토에 따라 다른 것은 바로 이 때문이다. 아름다움과 신체를 존중하는 까닭은 그것이 자연과 가장 근접 거리에서 부합하고 있기 때문이다. 선과 진은 미보다, 덕과 지는 체보다 존재에서 거리가 멀다.

일상생활에서 우리는 본능적으로 아름다움을 느낀다. 우리는 무의식적으로 '생명력이 넘치는 빛나는 신체'에 대해 여신 혹은 신이라는 말을 쓴다. 신체(身)는 신(神)이고, 그러한 신체적 속성을 가장 많이 발휘(發暉, 발광)하고 있는 존재가 여성이다. 우리는 아름다운 여성에게 여신이라는 말을 쓰는 것을 아끼지 않는다. 우리의 삶과 본능은 이 점을 잘 알고 있는 것이다.

9

신체적 존재론과 평화에 대한 철학인류학적 해석

말(개념)놀이, 시(詩)놀이, 몸(身體)놀이에 대하여

1) 의례(ritual)의 의미

의례, 즉 예(禮)를 글자의 구성으로 보면 시초의 신화적 의미를 알 수 있다.

『설문(說文)』에 따르면 예(禮)자는 '시(示)'와 '풍(豊)'을 모은 자이다. 시(示)는 원래 '신(神)'자에서 '시(示)'만을 뗀 것이며, 시(示)는 또다시 '이(二)'와 '소(小)'를 합친 글자다. 이(二)는 본래 '상(上)'을 뜻하며, 소(小)는 상천(上天)으로부터 일(日)·월(月)·성(星)의 광선이 내려 비추는 형상이다. 풍(豊)자는 '곡(曲)'과 '두(豆)'를 합친 것으로, 두(豆)는 제기(祭器)요, 곡(曲)은 그릇에 제물을 담은 모습이다. 제기에 제물을 담아서 신(神)에 경심(敬心)을 표현하는 것이 예(禮)인 셈이다.

이와 같이 예, 즉 의례는 신에게 제사드리는 것에서 출발하여 역사적으로 초기에는 매우 종교적인 색채가 강했다. 그 후 예는 정치적·윤리적 여러 규범으로 발전했다. 그 대표적인 것이 개인이 사회화 과정 속에서 겪는 통과 의례, 즉 관혼상제다. 예의 관념적 측면과 실천적 측면은 끊임없이 논의의 대상이 되어왔다. 예가 사회적 규범인 이상 고정적인 것일 수 없고 공간과 시간에 따라 변하는 것이 당연하다.[51] 예의 화용(和用)이 중요한 것이 이 때문이다.

올림픽이라는 인류의 축제는 물론 일상의 사회적 예와는 다른 것이다. 오히려 일상과는 다른 특별한, 인류 문화의 기원인 고대 제의를 현대적으로 부활시킨 것이다.

사회적 예와 올림픽 의례의 숨은 의미를 파악하는 일은 쉽지 않다. 상징이나 의례의 의미는 역동적이기 때문이다. 조선조의 이기 논쟁도 실은 이와 기의 역동적 관계 양식에 대한 입장 때문에 야기된 것이다. 이와 기의 이원적 상징의 변형은 여러 가지 모델로 나타나고 있다. 대표적인 예로는 퇴계(이황)·율곡(이이)·우계(성혼)·여헌(장현광)을 들 수 있을 것이다.

인간은 상징 행위를 하는 존재다. 인간은 사물을 인식할 때 먼저 상징적으로 접근한다. 그 같은 상징을 존재론적으로 규정한 후 소위 과학적인 사고가 가능하게 된다.

하나의 상징체계가 효력을 상실하면 다른 상징체계로 대체된다.

---

51 유교사전편찬위원회 편, 『유교대사전』(푸른숲, 1990), 959~961쪽.

서양철학의 이분법적 전통과 변증법도 상징적 이원 구조의 계속적인 생산과 이에 대한 통합의 노력이라 말할 수 있을 것이다. 이분법은 정태적·분석적이고 변증법은 동태적·총체적이다. 동양철학의 음양론이나 이기론도 같은 예임은 물론이다. 단지 서양은 이원적 상징을 존재적으로 규정하여 과학적인 논의를 한 반면 동양은 계속적으로 상징적인 차원의 논의에 머무른 점이 많다.

동양의 음양오행 사상은 사물을 설명하기보다 이해하는 틀로서 매우 현상학적인 구조이다. 이것이 오늘날 과학적으로도 의미가 있는 것은 일종의 사물을 보는 유형을 제공하기 때문이고, 인과적인 설명이 아니더라도 자연에 대한 이해를 통해 관계를 형성할 수 있기 때문이다. 다시 말하면 분석적인 이해가 아닌, 종합적인 이해를 통해서도 자연을 이용할 수 있기 때문이다. 주역은 그 대표적인 것이다.

동양에서는 예로부터 천지인이 순환한다는 천지인 사상을 가지고 있었다. 천지인 삼재 사상은 하늘과 땅과 사람이 서로 구별되는 것이 아니라 상호 교섭하면서 하늘은 땅과 사람, 땅은 하늘과 사람, 사람은 하늘과 땅과 서로 기운 소통, 혹은 기운상생하면서 살아감을 뜻한다.

음양 사상도 천지인 사상에서 인간을 중심으로, 혹은 인간을 자연에 포함시켜서 다시 해석한 것이다. 음양에도 '대대(待對)의 음양'이 있고, '순환(循環)의 음양'이 있다. 전자는 현상학적인 차원이고, 역사적 차원이다. 후자는 존재론적인 차원이고, 계절의 변화 같은 것이다.

천지인 사상을 인간 중심으로 해석하는 것, 즉 앤스로포모피즘(anthropomorphism, 자연-인간 동형론)으로 해석하는 것과 자연 중심으로 해석하는 것, 즉 '인간의 자연 동형론(physiomorphism)'으로 해석하는 것은 차이가 크다.

필자는 전자를 '천지중인간(天地中人間, 하늘과 땅 사이에 인간이 있다)'으로, 후자를 '인중천지일(人中天地一, 사람 가운데 천지가 하나다)'로 해석한다. 전자는 대립을 조화와 평화로 바꾸는 역사적 지평의 것이고, 후자는 아예 대립을 없애는 비역사적·존재적 방식이다. 전자는 인간을 지평에 세워서 드러내는 방식이고, 후자는 인간을 천지 속에 감추어서 천지합일이 되는 방식이다.

이를 서양철학으로 말하면 전자는 종래의 존재론(현상학적 존재론)이고, 후자는 생성론(존재론적 생성론)이다. 이를 하이데거 식으로 말하면 전자는 현존재로서의 인간, 즉 '현존재＝존재자'이고, 후자는 '존재(생성적 존재, 본래존재)'다. 존재론을 가장 쉽게 이해하는 길은, 제도는 모두 존재자이고 자연은 존재라고 보면 된다. '제도적 존재자' '자연적 존재'라는 말을 기억하면 혼란이나 혼동을 피할 수 있을 것이다. 인간이 만든 문화나 문법에 따른 것은 모두 제도적 존재자다.

천지인 삼재 사상이 가장 집약적으로 표현된 것은 『천부경』이라는 경전이다. 아마도 우리나라 혹은 동북아시아에 내려오는 전통 종교인 신교(神教)·신선교(神仙教)·단군교(檀君教) 등으로 불렸던

샤머니즘(shamanism), 즉 무교(巫敎) 계통의 경전이었을 것으로
짐작된다.

　　무(巫)는 우주를 종으로 3분하는 상·중·하계로 또는 횡으로 동남
서북 극북으로 3분하는 신관(神觀)을 가지고 있어 우리나라 국조(國
祖) 신화들의 천강설(天降說)이나 일본의 '다카마가하라(高天原)'의
신관이나 또는 무가(巫歌) 중의 무조(巫祖) 전설들에 보이는 신관과
같은 것들은 이 우주 종삼분(縱三分)의 신관의 반영임에 틀림없다.[52]

　　무교의 상·중·하계는 바로 『천부경』의 천·지·인 사상의 반영으
로 보인다. 모두 81자로 된 『천부경』은 아마도 인류 최고(最古)의
경전 중 하나일 것이다. 유·불·선(儒佛仙) 삼교를 비롯한 동양의 여
러 경전들은 아마도 『천부경』의 정신을 시대적·지역적·문화권으
로 재해석하거나 새롭게 번안한 것으로 보인다. 새로운 경전이 만
들어지거나 기존의 경전이 새롭게 해석되는 것은 성·현·철(聖賢
哲)의 출현이나 그 징조로 보면 된다.
　　여기서 가장 중요한 것은 『천부경』의 유래나 다른 종교들에 끼친
영향이 아니라, 『천부경』의 본문 속에 들어있는 '인중천지일'의 참
된 뜻이다.

52　김택규, 『한국 민속문예론』(일조각, 1980), 3~4쪽.

"사람 가운데 하늘과 땅이 하나다(하나로 작용한다)."

이 말을 진정으로 이해한 사람은 바로 하늘 땅과 하나가 된 신인(神人)을 의미한다.

이 구절이 오늘의 인간에게 중요한 이유는 현대 과학 기술 문명이 천지인의 순환을 잃어버리게 함으로써 인간으로 하여금 자연성의 상실은 물론이고 '소외된 인간'으로 전락케 하는 원인이 되었기 때문이다. 자연으로부터 인간 소외를 치유하는 대안적 철학, 원시 반본의 철학으로 등장한 것이 바로 『천부경』을 새롭게 해석한 네오샤머니즘의 철학이다.[53]

2) 『천부경』으로 본 동서양 문명의 차이

동서양 문명의 차이를 『천부경』의 입장에서 바라보면, 서양 문명은 인간을 중심(기준)으로 하는, 혹은 인간을 지평(地平)으로 삼는 문명이라고 할 수 있다. 말하자면 '하늘과 땅 사이에 인간'이 있는 '천지중인간'이다. '천지중인간'은 인간 중심적-소유적 사유를 하게 된다. 이것은 물론 오늘의 서양철학으로 보면 현상학적인 차원이다.

이에 비해 동양은 '인중천지일'의 사유를 한다. '인중천지일'은

---

53 네오샤머니즘에 대해 보다 상세한 내용은 박정진, 『네오샤머니즘』참조.

자연 중심적-존재적 사유를 반영하고 있다. 말하자면 인간도 여전히 자연의 일부로 보는 것이다. 이것은 오늘의 서양철학으로 보면 존재론적 차원이다.

오늘의 서양철학의 경향을 빌려서 비교한 것이지만, 실은 '인중천지일'의 사유는 본래 동양의 오래된 사유로서 이것을 서양의 후기 근대 철학자들이 서양 문화 문법으로 번안한 것이다. 하이데거가 서양철학의 종래의 존재는 존재자(Seiendes=beings)였고, 새롭게 존재(Sein=Being)를 규정함으로써 존재론이 탄생했다. 그러나 하이데거의 철학은 동양의 불교, 혹은 『천부경』의 철학에서 아이디어를 얻긴 했지만 아직 완전히 소화된 상태는 아니었다.

하이데거는 항상 시간과 존재를 함께 논의했고, 시간(공간)을 벗어나지 못했기 때문에 도리어 '현존적인 존재'의 존재성을 제대로 파악하지 못했다. 이것을 서양철학자의 입장에서(역지사지해서) 생각하면 하이데거는 현상학적 입장에서 존재를 이해하고 품으려고 부단히 노력했다고 말할 수 있다. 이것은 세계-내-존재의 입장에서 자기-내-존재를 이해하려고 기도(企圖)했다고 말할 수 있다.

인간을 '현존재(Dasein)'로 규정한 하이데거는 자신의 눈으로 파악하지 못한 존재가 은적(은폐)되어 있다고 했는데, 실은 존재는 단 한순간도 은폐된 적이 없다. 존재를 은적되어 있다고 보았기 때문에 존재의 드러남을 현현(顯現, 顯性)이라고 하였다고 거꾸로 유추해 볼 수 있다.

눈앞에 전개된 현존(現存, presence)의 존재를 본래존재로 인정하지 못하는 이유는 서양철학이 본래 현존을 현상으로 해석하는, '사물＝대상'으로 바라보는 현상학적 전통을 가지고 있기 때문이다. 현상학에서 출발한 하이데거는 현상을 벗어나기 위한 중간 절차로 인간을 현존재로 새롭게 규정했지만 현존에는 도달하지 못하였다. 그래서 하이데거 후기에 일종의 시적(詩的) 은유로 현존에 도달하는 길을 택했다. 그래서 하이데거의 후기 철학('시간과 존재')은 시간을 벗어나기 위해 횔덜린의 시에 매달렸던 것이다.

이 같은 상황을 미루어보면 철학하는 사람, 혹은 위대한 철학자만이 존재론의 경지에 들어가는 것이 아니라, 보통 사람들이 시를 쓰는 마음을 갖는 것 자체가 바로 존재론적인 삶에 들어가는 첩경임을 알 수 있다. 즉, 예술을 하는 마음을 갖는 자체가 존재의 비밀스런 장소, 미궁(迷宮)으로 들어가는 의식(儀式)이라고 할 수 있다. 예술은 모든 사람의 취미가 되어야 한다.

하이데거의 존재론이 동양의 천지인 사상을 관통한 것은 아니지만 그래도 인중천지일의 참뜻을 깨달음으로써 존재론의 보다 깊은 의미를 되새기는 것은 물론이고, 동서고금의 철학을 한결 가깝게 할 개연성이 크다.

서양 문명은 직선과 원환(圓環)의 문명이고, 동양 문명은 곡선과 순환(循環, 太極)의 문명이다. 여기서 '원환의 문명'과 '순환의 문명'은 다른 것이다. 지구에서 직선을 그으려고 고집하면 원이 된다. 지구는 둥글기 때문이다. 그래서 직선은 곧 원이 된다. 서양 문명과 서양 신화의 원형은 '직선-원환'이다. 서양 문명은 곧 직선-인과적

[표 32] 천지중인간, 인중천지일

	현대 서양철학	천지중인간(天地中人間)	인중천지일(人中天地一)
천(天)	높이의 철학	초월적-내재적	존재론적인 차원 천지인의 순환적 관계 신체적(상징적)-존재적 사유 시공간이 없음 천지무간(天地無間)
인(人)	평면의 철학	현상학적인 차원: 인간 인식의 지평 이성적(언어적)-소유적 사유 시공간적 사유	
지(地)	깊이의 철학	내재적-초월적	

선형을 그으려고 고집하는 문명이다. 직선과 원은 반대인 것 같지만 실은 같은 속성을 지니고 있다. 직선-원환의 끝에 오늘날 근대 과학 문명이 서있는 것이다.

이에 비해 동양 문명은 직선을 그으려고 고집하는 것이 아니라 자연스럽게(우주적 기운생동에 따라) 선을 그으니 곡선, 즉 태극음양(太極陰陽)이 된다. 태극음양은 상대(相對)를 품고 있는, 상대를 기다리고(待對) 있는 '곡선-순환'의 형상이다. 태극은 직선을 그으려는 의지가 없는 자연(비선형적 순환)을 상징하고 있다. 동양 문명과 동양 신화의 원형은 '곡선-순환'이다. 더 정확하게는 '나선-순환', '태극-순환'이다.

서양의 역사는 자아(自我)를 기초로 자유(自由)를 찾으려는 변증법적 운동을 하지만 동양은 자신(自身)을 기초로 자연과 더불어 살아가는 음양 운동을 즐긴다. 서양의 역사는 자유와 평등을 찾으려는 역사이지만, 동양의 역사는 자연과 함께 도락(道樂)을 추구하는 역사다.

서양철학은 동일성(실체)를 찾으려는 사유다. 여기에 서양철학의 특징이 있다. 동양철학은 차이성(음양)에 순응하는 사유다. 서양철학이 이성-언어적 이성 철학이라면 동양철학은 상징-신체적 자연 철학이다. 여기서 자연 철학은 천지인 철학과 음양 철학을 말한다. 서양의 천지인은 각각 실체로서 존재하는 천지인이다. 동양의 천지인은 각각 실체로서 존재하는 천지인이 아니라 상징적 천지인이다. 말하자면 서양의 천지인은 실체의 천지인이고, 동양의 천지인은 상징의 천지인이다.

『천부경』의 천지인 사상은 현대철학의 경향인 높이의 철학, 평면의 철학, 깊이의 철학에도 대응된다. '높이의 철학'은 초월적이면서도 동시에 내재적인 철학을 말하고, '깊이의 철학'은 내재적이면서도 동시에 초월적인 철학을 말한다. 그 사이에 있는 '평면의 철학'은 현상학의 본령이라고 할 수 있는 철학이다. 그러나 『천부경』의 천지인 사상은 순환적인 데 반해 서양의 철학은 순환적이지 않은 점이 다르다.[54]

서양철학에서 존재를 알려면 초월을 해야 하고, 존재를 본래존재로 돌려주려고 하면 초월이 다시 내재를 필요로 한다. 말하자면 무엇을 안다는 것을 존재에서 보면 초월과 내재를 오가는 운동(리듬)에 지나지 않는다. 결국 인간이 알 수 있는 혹은 알았다고 하는

---

54 박정진, 『니체, 동양에서 완성되다』, 714~715쪽.

것은 이미 존재가 아닌 초월이며, 초월의 세계에 입문한 사람은 반드시 내재의 문으로 나와야 제자리로 귀환할 수 있다. 결국 초월의 문과 내재의 문은 하나인 셈이다. 하나의 존재와 하나의 문을 인간은 괜히 둘로 나누어서 인지하고 왕래하는 셈이다.

제8장에서 제기한 인중천지일의 인간은 바로 천지의 기운생동을 인간의 신체에서 역동적인 하나(一氣, 기운생동 전체)로 느끼는 것을 의미한다. 기독교에서 성령을 받은 존재(기름 부은 존재), 불교에서 깨달은 존재(자각自覺의 존재), 유교의 군자(군자불기君子不器의 존재), 선도의 신선(神仙, 신과 같은 선인), 도교의 도사(道士, 장생불사의 존재) 등은 오늘의 입장에서 보면 모두 주인이 될 것을 요구하고 있는 것으로 해석할 수 있다. 이들은 모두 초월적 내재, 혹은 내재적 초월을 자신의 신체에서 느끼는 존재로서 세계의 전체(역동적 전체)와 자신의 일체, 즉 심신일체·신인일체·심물일체·심물존재·심물자연에 도달한 사람들이다.

인중천지일의 인간은 바로 천지인의 순환적 흐름(운동)을 몸으로 느끼고 실천하는 인간을 의미하고, 자연의 '순환적 존재'인 정·기·신(精氣神)에 통달한 사람을 의미한다. 이에 반해 대뇌의 지식을 위주로 하는 서양의 지·정·의(知情意, 지식·감정·의지)의 세계는 '구성된 세계'다. 대뇌의 핵심은 추상이고 기계다. 정·기·신의 세계는 관찰이나 실험에 의해 지각(인지)하는 세계가 아니라 자신의 신체를 통해 바로 느끼는 세계를 의미한다. 신체야말로 존재와 맞닿아 있으며 존재 그 자체다.

여기서 '자신의 신체에서 느끼는 존재'라고 말하는 까닭은, 자신의 신체만큼 깨달음을 구체화하고 심정화하는 근원적인 존재는 없기 때문이다. 동시에 세계는 어떠한 경우라도 이미 대상화된 세계로서 존재 자체는 아니기 때문이다. 그래서 자신의 주인이 되는 것이 세계의 주인이 되는 것보다 어려운 것은 물론이고, 보다 존재의 근원에 닿아있기 때문이다. 세계는 정복할 수 있지만 자신을 정복할 수는 없다. 자신에게는 그저 순명(順命, 운명애)할 수밖에 없다. 왜냐하면 자신은 자신이기 때문이다. 이것이 성경에서 말하는 "나는 나다(I am who I am)"의 진정한 의미다.

오늘날 서로 다른 문화적 신화와 원형을 가진 동양과 서양은 한데 어우러져 살고있다. 서구 문명이 주도하는 현대에서 인류가 평화를 유지하며 잘 살아가기 위해서는 상대방 문명의 특징과 장점을 잘 이해하고 존중함으로써 제3의 문명을 창출해야 한다. 과학과 패권 경쟁을 특징으로 하는 서양의 직선-원환 문명에 대해 동양의 곡선-순환 문명은 상대를 포용하는 철학을 통해 인류의 밝은 미래를 열어갈 잠재력을 지니고 있다고 말할 수 있다.

서양 문명의 꽃은 결국 과학, 즉 힘을 말하는 역학(力學)이다. 동양 문명의 꽃은 천지의 변화를 말하는 역학(易學)이다. 동양이든 서양이든 세월의 변화를 잴 수 있는 역학(曆學)을 쓰고 있다. 서양은 태양력 중심의 역학이고, 동양은 태음력 중심의 역학이다(물론 역학적으로 동양이 태양력을 쓰지 않는 것은 아니다). 서양은 변하지 않는 태양(물론 과학적으로는 태양도 변하고 있지만)과 같은 것을

[표 33] '천지중인간'과 '인중천지일' 비교

인간(人間): 천지중인간 (天地中人間)	역사-논리적 사건 '언어-사물' 프레임 이성적-소유적	철학과학적 지평 (말-개념-풀이 놀이) 인간 인식의 지평	서양철학과 문명 유대 기독교적 사고 (신들의 전쟁)
천지일(天地一): 인중천지일 (人中天地一)	계시-야생적 사건 '상징-의례' 프레임 신체적-존재적	예술축제적 지평 (말-의미-몸 놀이) 천지역동의 세계	동양철학과 문명 『천부경』적 사고 (신들의 평화)

모델로 하고 있고, 동양은 변하는 달(물론 달 자체가 차고 이우는 것
은 아니지만)과 같은 것을 모델로 하고 있다.

'천지중인간'의 세계는 '인간적 인식의 지평의 세계'로 천리(天
理)의 세계다. '인중천지일'의 세계는 '천지 융합의 역동(力動, 逆動,
易動)의 세계'로 지기(地氣)의 세계, 기운생동의 세계다. 인중천지일
의 세계는 역동적으로 움직이는 하나의 세계다.

'천지중인간' 사고는 세계를 '역사-논리적 사건'으로 보는 사유
태도를 의미한다. 이는 '언어-사물적 프레임'에 의해 설명되는데,
결국 오늘날의 '철학과학적 지평(말-개념-풀이 놀이)'의 사고로서
주로 '서양철학과 문명', '유대 기독교적 사고'의 특성이다. '역사-
논리적 사건'은 물론 합리적 사고(logos)에 의해 이끌어진다. 천지
인을 인간의 이성으로 유추하고 재단하고 설명한다. 그래서 세계
에 대한 이름 붙이기(naming)와 분류(genus), 그리고 성씨의 확립
을 통해 세계를 권력화(위계화)한다. 이것을 인간적 지평이라고 말
할 수 있다. 천지인을 위계적·수직적으로 본다.

[표 34] 『천부경』과 성(聖)·성(姓)·성(性)

	'성'	천지중인간(天地中人間)	인중천지일(人中天地一)
천(天)	성(聖)		
인(人)	성(姓)	인간적 지평 이성적-소유적 사유	천지인의 순환적 관계 신체적-존재적 사유 성(聖)-성(性) 일체
지(地)	성(性)		

'인중천지일' 사고는 세계를 '계시-야생적 사건'으로 보는 사유 태도를 의미한다. 이는 '상징-의례적 프레임'에 의해 설명되는데. '예술축제적 지평(말-의미-몸 놀이)'의 사고로서 주로 동양철학과 문명, 혹은 『천부경』적 사고'의 특성이다. '계시-야생적 사건'에는 야생적 사고(savage mind, savage spirit)가 내재해 있다. 그래서 인간의 자연적 성(性)과 문명적 성스러움(聖)이 하나가 되는 경우가 종종 있게 된다. 천지인을 순환적인 관계로 본다.

'천지중인간'은 결국 이성적-소유적 사유의 특성으로 인해 '신들의 전쟁'으로 연결된다. '인중천지일'은 결국 신체적-존재적 사유의 특성으로 인해 '신들의 평화'로 연결된다. 이것은 비단 인류문명적 특성이 아니라 인간 개인의 특성으로도 연결된다. 더구나 한 개인에 있어서도 수시로 천지중인간이 되었다가 인중천지일의 인간이 되었다가 한다고 보아야 옳을 것이다.

서양철학과 문명에서 신체의 의미는 무엇일까? 서양철학을 우선 정신과 육체(물질)의 이분법으로 규정한다면 신체는 그것의 통일과 조화가 이루어지는 장소라고 말할 수 있다. 신체가 없으면 정신 활동이 있을 수가 없고, 정신 활동의 결과 자신의 신체를 대상으로 할 때 '육체'라고 하고, 다른 만물의 신체를 육체, 혹은 물질이라고 규정하게 된다. 신체는 가장 원초적인(본래적인) 존재다.

정신의 바탕은 육체에 있고, 육체의 정점은 정신에 있다. 이것 자체가 서로 순환적인 관계에 있지만, 더욱더 놀라운 것은 정신이든 육체이든 존재 자체가 아니라는 점이다. 존재 자체를 가능하게 하는 원초적 기반이 신체라는 기(氣)-기운생동체다. 신체는 '그릇(器) 아닌 그릇'이다. 그래서 공자는 "군자불기(君子不器)"라고 했다.

신체가 '기운 기(氣)'가 되느냐 '그릇 기(器)'가 되느냐는 세계관에 따라 달라질 것이다. 이것을 유심론과 유물론으로 구별하는 서양철학의 이분법적 잣대로 본다면 제대로 이해할 수 없다. 동양철학에서는 기(氣)가 심즉기(心卽氣)이고 물즉기(物卽氣)이기 때문이다. 동시에 기(器)의 경우도 물질을 의미하는 것이 아니다. 차라리 기(氣)와 기(器)의 차이는 변하는 것과 변하지 않는 것으로 구분하는 것이 본래의 뜻에 가깝다. 신체를 사유를 담는 그릇, 즉 담지자로 생각하는 데카르트 철학(경험적 관념론)은 신체적 존재론과 정반대의 입장에 있다.

신체는 동양철학이 흔히 말하는 '몸'이라는 개념에 가깝다. 신체는 현상학적으로 말하면 이중성의 존재로서, 주체로 나아갈 수도 있고 객체로 나아갈 수도 있다는 점에서 현상학적인 연구 대상이지만 그것 자체는 존재다. 동양철학은 처음부터 나누어지지 않은 어떤 것을 믐(마음, 몸)이라고 말한다. 마음은 사물(육체)을 대상으로 하지 않는 정신이며, 몸은 정신의 대상이 되지 않는 사물(육체)이다. 마음과 몸을 말할 때는 본래 하나인 본래존재를 뜻한다. 그래서 물심일체·심물일체다.

올림픽 경기에 참여하는 사람의 정신과 육체는 신체에서 합일과 조화를 이룬다. 올림픽 경기는 신체의 경기를 통해 신을 만나는 축제다. 거의 알몸으로 경기를 하고, 경기에서 승리한 자는 경쟁자를 신에게 제물로 바치는 의례를 행한다. 이것은 신체가 벌이는 상징 행위인 것이다.

니체는 그리스 문화의 잔인함과 그것에 대한 속죄로서 고귀한 문화가 발생했다고 말한다.

> 이 짓누르는 분위기 속에서 투쟁은 행복이며 구원이다. 승리의 잔혹함은 삶의 환호의 정점이다. 그리스적 권리의 개념이 사실은 살인과 살인에 대한 속죄에서 발생했던 것처럼 고귀한 문화는 첫 번째 승리의 월계관을 살인에 대한 속죄의 제물로 바치는 제단으로부터 받는다.[55]

가부장-국가 사회의 발달 과정에서 전쟁은 필연적인 과정이었다. 생존 경쟁에서 권력 경쟁으로 질적 변화를 시도한 인류는 전쟁

---

55 "호메로스의 경쟁", 프리드리히 니체, 이진우 옮김, 『니체 전집 3. 유고(1870~1873)』(책세상, 2001), 332쪽.

의 불가피성에 운명을 맡기면서도 동시에 축제를 통해 전쟁을 평화로 바꾸는 지혜도 가졌다. 인간은 평화시에는 마을 축제나 스포츠 제전을 통해서 공동체 의식을 확인하고 전쟁 욕구를 해소하였던 것이다. 이는 현대인이 각종 게임과 드라마를 통해서 경쟁 욕구를 해소하는 것과 같다.

인간에게 경쟁과 전쟁은 욕구라기보다 욕망에 가깝다. 욕구는 해소되면 그치지만 욕망은 끝이 없는 특성이 있다.

> 그리스인들은 잔혹하고 야만적이며 약탈을 일삼았다. 그런데도 그들은 고대 민족 중에서 가장 인간적인 민족이 되었으며, 철학과 과학과 비극을 발명한 민족이 되었고, 최초의 가장 세련된 유럽민족이 되었다. (……) 기원전 8세기 말의 고대 그리스 서사시인 헤시오도스는 『노동의 나날』 첫머리에서 두 명의 '불화의 여신(에리스)'을 소개한다. (……) 니체는 이 두 번째 불화의 여신이 그리스 사회의 작동원리를 가리킨다고 말한다. 시기심과 이기심을 그리스는 상승과 발전의 동력으로 삼았다. 니체는 이렇게 말하면서 두 번째 불화의 여신뿐만 아니라, 첫 번째 잔인한 전쟁의 여신까지도 용인하는 듯한 태도를 보인다.[56]

그리스 문화는 요한 빙켈만(Johann Joachim Winckelmann,

---

56 고명섭, 『니체 극장』(김영사, 2012), 141~142쪽.

1717~1768)의 그리스관이라고 할 수 있는 '명랑한 그리스'의 이
미지와 달리 전쟁의 연속이었다. 어쩌면 계속된 도시 국가 간의 전
쟁, 이민족과의 전쟁의 상황이 도리어 평화의 제전을 갈구하게 만
들었을 것이다.

그리스 문화에 대한 니체의 평가는 고전문헌학자다운 깊이가 있
다.

> 그리스인들에게는 이 '정치적' 충동이 과다하게 충만해 있어, 그
> 것은 거듭해서 자기 자신에 대해 격분하기 시작하고 이빨로 자신
> 의 살을 물어뜯는다. 도시국가들 간의, 또 정당들 간의 피비린내 나
> 는 질투, 작은 전쟁들의 살인적인 탐욕, 패배한 적의 시체 위에서 구
> 가한 표범 같은 승리, 즉 끊임없이 재현되는 트로이와의 투쟁과 공
> 포스러운 장면들, 이러한 광경을 넋을 놓고 흐뭇하게 바라보면서 그
> 리스인 호메로스가 우리 앞에 서 있다. (……) 그리스 국가의 이처럼
> 천진한 야만성은 무엇을 의미하는가? 영원한 정의의 법정에서 어떻
> 게 자신의 용서를 구할 수 있는가? 국가는 당당하고 조용하게 이 법
> 정으로 나선다. 그리고 그는 찬란하게 피어나는 여인, 즉 그리스 사
> 회를 손에 이끌고 나온다. 바로 이 헬레나를 위해 국가는 저 전쟁을
> 치렀다.[57]

---

57 "그리스 국가", 프리드리히 니체, 이진우 역, 앞의 책, 318쪽.

전쟁과 평화, 선과 악은 서로 가역적·이중적 존재임을 확인하게 된다.

올림픽은 전쟁 대신에 평화라는(전쟁을 평화로 바꾼) 신탁(神託)을 받는 거룩한 제사다. 올림픽 경기는 서로 다른 지역과 국가의 사람들이 만나서 벌이는 축제이며, 이 경기를 통해 몸과 마음이 하나가 되는 신성한 제전인 것이다.

전쟁의 도구와 기술에서 출발한 무술이 스포츠가 되고 나아가서 무예와 스포츠가 함께 인류의 평화를 도모하고 증진시키는 제도가 된다는 것은 타자 혹은 적과 함께 우정을 유지하면서 공동체를 운영할 수 있다는 희망이 되면서 인간의 이타성(利他性)에 대한 믿음을 심어준다는 점에서 평화의 메신저가 되기에 충분하다. 인간의 끝없는 욕망을 제어한다는 점에서 무예·스포츠 대회만큼 효과적이면서도 적실성이 있는 것은 없다.

무예와 스포츠는 인간의 신체에 기술을 삽입하는 것으로서 신체를 전쟁과 경쟁에 적합하게 만드는 제도로 볼 수 있다. 신체적 존재론의 입장에서 보면 신체와 무예는 서로 대립되는 것 같지만, 신체의 존재적 성격과 무예의 기술적인 성격은 상호 보완적인 위치에 서게 된다. 이는 전쟁과 평화가 서로 대립되는 것 같지만 실은 상대를 염원하거나 기다리는 대대적(待對的) 관계, 즉 음양태극의 관계에 있는 것과 같다.

3) 언어-사물-텍스트와 상징-기(氣)-콘텍스트

오늘날 인류의 문명도 전쟁 대신에 평화를 도모하기 위해서는 각종 마을 축제, 스포츠 제전, 문화 예술 축제를 벌이는 것이 주효함을 알 수 있다. 인간은 경전과 법전 등 텍스트에 의해 살지만 동시에 신체가 참여하는 이벤트, 즉 퍼포먼스에 참여함으로써 자신의 살아있음을 느낀다.

퍼포먼스는 텍스트를 콘텍스화(contextualize)하는, 즉 텍스트에서 죽은 의미를 살아있는 의미로 부활시키는, 그렇게 함으로써 삶을 실감하는 행위인 것이다. 기 일원론의 입장에서 인류 문명을 보면, 기로 충만한 세계를 이(理)로 환원시키는 길고 긴 작업 행렬이 인류 문명사라고 볼 수 있다. 신체를 가진 인간이 '기→이' '이→기'로 이동하는 매개 역할을 한 것이 축제인 셈이다.

예컨대 텍스트와 콘텍스트의 차이를 일상에서 찾아보자. 일상에서 접하는 '교리'와 '기도(祈禱)'는 그 좋은 예다. 교리는 신앙 체계다. 교리는 우주론을 비롯해서 인생론 등이 포함되어 있는 텍스트(text, langue)이다. 이에 비해 기도는 텍스트가 아니라 말(言, parole)을 하는 퍼포먼스(performance, parole)다. 기도는 삶을 위한 몸 전체의 호소다. 기도의 특성은 간절함이지, 어떤 이론 체계가 아니다.

기도는 계시-야생적(상징-의례적)이지만, 교리는 언어-사물적(역사-논리적)이다. 전자는 개체적·생활적 특성을 지니고 있고, 후자는 집단적·제도적 특성을 지니고 있다. 올림픽은 일상적·제도적 삶이 야생적·축제적 삶으로 잠시 이동하는 기간이며 공간을 말하는 것이다.

이러한 특성을 개인적 차원에서 보면, '천지중인간'의 사고를 하면 결국 철학자·과학자가 되고, '인중천지일'의 사고를 하면 시인(예술가)·종교인이 된다. 전자의 사고를 하면 결국 소유적 사고를 통해 정복과 전쟁을 추구하게 되고, 후자적 사고를 하면 존재적 사고를 통해 평화와 자족을 바라게 된다. 물론 인간의 삶에는 두 가지가 다 필요하다. 둘의 적절한 배분과 균형이 필요하다.

인류 문명은 동서 문명의 비교를 통해서 서로의 특징을 보다 확실하게 알 수 있고 그 차이점을 느낄 수 있다. 최종적으로 서양 문명을 '신들의 전쟁' 문명이라고 규정하고, 동양 문명을 '신들의 평화' 문명이라고 규정한 것은 너무 도식적인 감이 있지만, 동일성을 추구하는 서양 문명과 차이성을 추구하는 동양 문명의 대비를 위해서였다.

필자는 『한국문화와 예술인류학』에서 서양 문명과 동양 문명의 차이를 '언어-사물' 맥락과 '상징-의례' 맥락의 특징을 통해서 논한 바 있다.[58] 또 예술인류학의 사례 연구로서, 천지인 사상을 모델로 하여 올림픽을 굿의 구조인 '말놀이(풀이)-몸놀이(놀이)'로 해석한 『천지인 사상으로 본 서울올림픽』을 저술한 바 있다.[59] 이 책

---

58 박정진, 『한국문화와 예술인류학』(미래문화사, 1990), 91~158쪽.
59 박정진, 『천지인 사상으로 본 서울올림픽』(아카데미 서적, 1992).

은 서울 올림픽을 한 판의 '굿'으로 본 연구서다.

앞 절에서 말한 천지인 사상은 엄정한 의미에서의 철학적 개념은 아니다. 천지인 혹은 음양은 개념이 아니라 일종의 상징이다. 여기서 상징이라고 하는 것은 어떤 언어(기호)가 실체가 아니라는 것을 의미하며, 결국 시—시적 은유—와 같고, 최종 목적이 과학에 도달하는 것이 아니라 신화 체계에 이르는 것임을 말하는 것이다.

음양이라는 개념은 실체가 아니라 '분류'의 관계개념이다. 언어학에서 소리의 변별적 자질(distinctive features)은 나라마다 다르다. 한국어나 일본어에서 영어의 L과 R의 구별은 변별적 자질로 존재하지 않는다. 음운구조가 다르기 때문이다. 음양은 이분법이지만 서양에서 데카르트가 논의한 물질과 정신의 이분법과는 다르다. 이분법이라는 단어는 하나지만 콘텍스트 상에서 의미하는 바는 서로 다른 경우가 많다. 여기서 유의해야 하는 점은 이분법이라는 것은 인간 지각에 있어서 첫 출발이라는 점이다. 지각은 차이를 변별하는 데서 시작하고 그 차이는 이분법을 시작한다. 이 점이 레비스트로스가 보편적 인간 심성의 기본으로 이해한 것이기도 하다.[60]

그러나 천지인을 현상학적으로 논의할 때는 실체성을 전적으로 부인할 수는 없다. 만약 음양을 남녀로 이야기할 때는 남자와 여자

60 강신표, 『우리 사회에 대한 성찰적 민족지-대대문화문법과 한국의 문화전통 연구』(세창출판사, 2014), 64~65쪽.

[표 35] '있음'의 현상학과 존재론

현상학	세상은 보는 대로 있다(있는 대로 본다)	나는 생각한다. 고로 존재한다
존재론	존재는 있는 대로 있다(본래존재)	나는 존재한다. 고로 생각한다
'있음'의 의미가 현상학과 존재론이 다르다		

라는 실체가 있음을 부인할 수 없는 것과 같다. 존재(존재적 존재) 와 소유(소유적 존재)는 이중성을 지니고 있기 때문이다.

천지인의 사고를 현상학적 사건과 존재론적 사건으로 나누면 다음과 같다. 여기서 주목할 것은 그동안 서양철학의 영향으로, 즉 자연(nature)을 자연과학(natural science)으로 보는 초월적 사고의 타성으로 인해 성스러움(聖)을 초자연적(supernatural)인 현상이라고 보았는데, 성스러움이야말로 실은 자연적(natural) 성(性)과 연결되는 현상이었으며, 또한 도덕적이라고 한 것은 세속적인 것이었다. 자연적 성(性)과 인간적 성(聖)은 일체가 되어 서로 순환하면서 피드백하고 있다.

흔히 일상의 도덕이야말로 성스러움으로 보는 경향이 있는데, 이는 도덕을 새롭게 규정하는 성인(聖人)의 영향에 따른 것이다. 성인의 말씀은 그것의 발생은 성(聖)에서 비롯되지만, 그것의 제도화는 바로 세속적인 것이다.

모든 종교가 세속화하고 타락하는 것은 바로 삶의 살아있는 콘텍스트를 잃어버리고 굳어진 텍스트에 따른 도덕 윤리 때문이다.

[표 36] 현상학적 사건, 존재론적 사건

현상학적(논리적) 사건	존재론적(비논리적) 사건	천지 일체적 사건
역사-철학적	신체(상징)-신화적	신체야말로 살아있는 신화다
성(姓)-권력	성(性)-성(聖)-비권력	성(性)과 성(聖)은 같은 것이다
도덕적-세속적	야생적-존재적	도덕이야말로 세속적인 것이다
학문-과학적 세속적 종교	예술-종교(신비적)	예술-축제야말로 구원이다
자연과학 초월적사고	자연-무위자연	초자연적인 것은 자연적인 것이다
일상생활	축제(祝祭, 祝典, 儀禮)	개인과 가정과 집단에 골고루 분포
지구촌의 생활	올림픽, 월드컵	지구촌의 축제를 통해 평화를 도모

이것은 성(姓)-권력과 연결된다. 도덕은 인간이 정한 일종의 제도적 존재자로서 존재적(생성적)인 인간을 관리·구속하는 것이다. 존재에 대한 인식은 현상학과 존재론으로 나눌 수 있다.

존재에 대한 인식을 삶의 전체성과 연결시켜 보면 '현상학적 사건'과 '존재론적 사건'으로 나눌 수 있다. 이들이 갖는 의미는 [표 36]과 같다. 여기서 주목할 것은 축제가 존재론적 사건, 비논리적인 사건에 속하면서 신체야말로 살아있는 신화라는 사실을 확인하는 장소라는 점이다. 그리고 지구촌의 축제인 올림픽과 월드컵은 결국 인류의 평화를 도모한다는 점이다.

인간의 신체는 상징적이고 신화적인 것이다. 신체 자체가 신화

[표 37] 언어-사물, 상징-신체

언어-사물 문(文, 기호)	동일성 (제도)	이성 (정신)	이치, 법 칙, 규칙	물질-과학성	기계의 세계	신들의 전쟁
상징-신체 무(武, 舞)	차이성 (운동)	감정 (마음)	기운생동	신체-신화성	축제의 세계 (신내림)	신들의 평화

다. 신체는 '언어-사물'의 사이에서 발생하는 '상징-신체'의 존재론적 사건(사태)으로서 상징적 혹은 중층적 의미를 가진 존재다. 상징은 신체의 시(詩)라고 말할 수 있다. 언어는 신체적 사건의 한 층 혹은 한 지평에 머무는 결정성일 뿐이다. 이러한 결정성을 가리켜 인간이 이(理) 혹은 이치 혹은 법칙(法則, 규칙)이라고 하는 것이다.

'언어-사물'의 맥락은 결국 인간에게 동일성을 요구한다. 남(다른 개인, 다른 문화)에게 동일성을 요구하는 것은 결국 전쟁으로 연결된다. 전쟁 가운데 마지막 전쟁은 종교 전쟁이 될 가능성이 높다. 종교 전쟁이 바로 '신들의 전쟁'이다.이것을 막아야만 '신들의 평화'가 오고, 신들의 평화는 곧 인간의 평화인 것이다.

축제는 '상징-신체'의 맥락으로서, 차이성을 바탕으로 감정(마음)을 다스림으로써 신체의 신화성을 회복하는 것과 함께 신체가 '신이 거주하는 집'이 되도록 하는 퍼포먼스인 것이다. 말하자면 축제는 신체의 만남과 경쟁을 통해 신을 만나는 장소인 것이다.

올림픽과 월드컵 축제는 특정 종교와 달리 특정의 신을 만나는 장소가 아니라 여러 다른 신을 섬기는 서로 다른 인종(민족)과 문명권(국가)의 사람들이 만나서 함께 '기운생동의 신'을 만나는 장소이고 '신을 회복하는' 장소다.

신체를 가진 인간은 자연스럽게 존재의 야생성(야생적 존재성)을 잃지 않으려고 하고 퍼포먼스를 벌이며, 이러한 퍼포먼스는 주로 예술과 종교와 축제적 활동에 의해 신 혹은 신비와 만나게 된다. 신과 신비야말로 살아있는 존재성이며 인간은 신체적 축제를 통해 이들과 만난다.

축제의 신체주의는 필자의 철학인 무문(武文) 철학과 통한다. 필자의 철학은 여러 형태로 말하여지지만 궁극적으로 '무문 철학'이다. 종래에 흔히 볼 수 있는, 문을 우선하는 철학이 아니라 무를 우선하는 철학이다. 체화되고 실천되지 않은 지식은 지식이 아니다. 또 체화된 지식이 되어야 자유자재로 변용(생성)이 가능하다. 신체가 존재라는 사실을 여기서도 확인할 수 있다. 문은 마음의 중심 잡기이고, 무는 몸의 중심 잡기이다. 올림픽은 신체의 경쟁을 통해서 달성되는 축제이기 때문에 필자의 무라는 개념과 자연스럽게 연결된다.

축제는 일상에서 탈출하는 활동이면서 동시에 존재론적 사건에 다가가는, 혹은 존재성을 회복하는 집단 행위 예술(퍼포먼스)이다. 인간은 일상의 시공간에서 축제의 시공간으로, 축제의 시공간에서 일상의 시공간으로 왕래함으로써 삶의 활기와 함께 규칙을 준수하는 이중성, 심리-신체적 균형, 혹은 신체-생태적 균형을 이룬다.

축제는 공동체가 맞이하는 '일상의 종교'라고 말할 수 있고, '일상의 예술'이라고 말할 수 있다. 축제는 신체가 예술과 종교에서 분리되지 않는 요소가 강하며, '집단적 예술 플러스 종교'의 미분화적 특성이 있다. 공동체 구성원들은 축제를 통해 스스로의 신명을 확인하면서 신을 만난다. 그러한 점에서 축제는 일상의 공간에서 벌어지는 '비일상의 공간' 체험이며, 일상에서 실현되는 '신인일체(神人一體)의 공간'이다.

이러한 축제가 지구적인 규모로 전개되는 것이 바로 4년마다 한 번씩 열리는 올림픽이고 또한 월드컵이다. 신체는 그러한 점에서 육체나 물질이 아니며, 그 자체가 우주적 차원에서 신성한 것이며, 신체를 통해서 인간은 자신이 우주적 존재임을 확인하게 된다. 그러한 점에서 올림픽과 월드컵은 상징-신체적 사건인 것이다.

삶은 호흡과 더불어 이루어진다. 호흡은 호(呼), 즉 날숨(expire)과 흡(吸), 즉 들숨(inspire)으로 이루어지며, 외부로부터 어떤 영감을 받는 것을 인스피레이션(inspiration)이라고 한다. 이것은 초월적 존재(spirit)와 관련이 있다. 또 무당이 신들려서 굿판을 벌이는 것을 엑소시즘(exorcism)이라고 한다. 또 운동하는 것을 엑서사이즈(exercise)라고 한다. 모두가 호흡 혹은 기와 관련이 있는 말이다. 밖(ex)과 안(in)은 동시적인 개념이다.

서양 알파벳 문명권 사람들의 'ex-'에 대한 관념을 드러내는 단어들은 모두 신체와 관련되는 용어들이며 신체의 안과 밖을 왕래하는 퍼포먼스를 동반하는 단어들이다. 인간의 인식은 결국 자신의 몸(신체)의 안과 밖(경계)을 왕래하는 의식적 놀이다. 이에 비해 삶은 존재 전체, 혹은 세계 전체와의 소통이며 신체적 놀이다.

[표 38] '밖(ex-)'의 형태소를 가진 단어들

exist	존재	exorcism	귀신 쫓는 의식
existence	실존	explanation	설명
expire	숨, 삶	exclusion	절대, 배타
expression	표현	expectation	기대
experience	경험	extension	연장(시공간)
experiment	실험	expansion	팽창
exercise	운동 (연습, 수련, 수행)	expulsion	추방
ecstasy	절정	explosion	폭발(빅뱅)

　　상징이 신체외적인 맥락에서 규정된다는 관점은 매우 관념적이다. 상징에 대한 관념적인 접근은 문화를 정태적으로 보게 함으로써 동태적으로 생성·발전하는 것에 대한 분석이나 해석의 길을 막을 염려가 있을 뿐 아니라 의례와 축제와 같은, 행위가 따르는 의례적 상징에 대한 실존적인 분석이나 존재론적 분석의 장애가 된다. 이는 신체가 없이 어떻게 문화적 상징(문화의 의미)이 실천되는가에 대한 관심이 결여되어 있으며, 더욱 새로운 의미를 생성하는 장소로서의 신체를 간과하고 있다.[61]

61　박정진, "굿으로 본 서울올림픽의 의례성"(영남대 문화인류학과 박사학위 논문, 2018), 204쪽.

언어적인 것은 항상 시대적 한계성과 함께 고정되려는 텍스트(text)의 경향이 있기 때문에, 혹은 하나의 지배적인 코드(code)를 고수하고 강요하려는 경향이 있기 때문에 인간은 부단히 신체(context)를 통해서 새롭게 텍스트를 만들지 않으면 안 된다. 그래야 살아있는 텍스트가 되기 때문이다. 텍스트는 엄격한 의미에서는 죽은 것이다. 신체의 상징성은 바로 여성성과 통한다. 그런 점에서 축제의 철학은 여성의 철학이다. 여성은 세계를 신체(몸)로 이해한다. 이를 역으로 말하면 인간은 신체의 상징성을 통해 여성성과 평화를 이해한다.

축제와 퍼포먼스는 신체의 상징이며, 시이다. 역사를 축제화하는 것은 바로 텍스트를 콘텍스트화하는 것이다. 말하자면 양자 사이에는 콘텍스트를 텍스트화하는 것이고, 텍스트를 콘텍스트화하는 것이다. 이렇게 왕래함으로써 인간은 자연적 존재로서의 신체의 신화성을 회복하는 것이다. 신체는 하나의 의미나 맥락으로 환원이 불가능하다. 신체를 가진 인간은 자연스럽게 존재의 야생성(야생적 존재성)을 잃지 않으려고 하고 퍼포먼스를 벌이게 된다. 이러한 퍼포먼스는 주로 예술과 종교와 축제적 활동에 의해 신 혹은 신비와 만나게 된다. 신과 신비야말로 살아있는 존재성이며 인간은 신체적 축제를 통해 이들과 만난다.[62]

---

62 위의 글, 202~203쪽.

[표 39] 신체와 언어의 현상학적 왕래

신체와 언어의 왕래(↔)		신체(몸)만이 존재다. 언어(진리)는 존재자다
신체적(신화적): 상징적 언어	언어적(과학적): 개념적 언어	
축제-신화-평화	과학-역사-전쟁	
context(performance)	text(competence)	
氣(여성성)	理(남성성)	

인간의 신체 속에서는 로고스와 파토스가 서로 왕래한다. 따라서 신화는 축제로, 철학은 실천으로 상호 왕래한다. 많은 사람들은 축제를 통해서 신화를 몸으로 전승하고, 실천과 의례를 통해서 철학을 몸에 익힌다. 신화와 철학도 몸에 익혀질(습관화 혹은 관습화될) 때 살아있는 것이 된다. 축제의 신체주의는 필자의 철학인 '무문 철학'과 통한다.

말하자면 필자의 철학 — 일반성의 철학, 소리 철학, 여성 철학, 평화 철학 — 은 언어-사물을 신체(마음, 몸: 몸)의 맥락에서 상징-의례로 보면서 신체의 연행과 실천을 통하여서 완성되는 철학이다. 철학이 단순히 문의 문자학(grammatology), 혹은 '해체론적 문자학'일지라도 머릿속의 철학일 수밖에 없다. 그래서 머리가 아닌 신체의 연행(performance)이 동반되는 철학이 필요하다. 유물론의 실천(praxis)이 아닌 신체적 존재로서의 축제 말이다.

축제의 신체주의는 필자의 철학인 무문 철학과 통한다. 스포츠와 무예는 생멸하는 신체가 없이는 불가능하다. 스포츠와 무예는 전적인 기술이나 기계가 아니기 때문에 그날 신체의 컨디션에 따라 크게 좌우되며, 운도 뒤따르는 것이다. 아무리 '신체의 테크닉화'를 거쳤다고 하더라도 기계적인 작동은 아닌, 그 무언가 다른 것이다. 그래서 스포츠나 무예를 예술의 반열에 올리는 것이다. 기술은 기계적인 것이지만 예술은 설사 기계적인 정교함을 닮았다고 하더라도 신체적인 것이다. 이는 화가들이 같은 풍경을 그렸다고 하더라도 저마다 다른 이치와 같다. 예술과 기술의 차이에는 신체라는 존재의 마술(magic)이 개입되는 여지가 많다.

무예의 무(武)는 '무(舞, 巫, 無)'와 원형과 변형의 관계에 있다. 올림픽을 해석하는 상징-신체의 철학은 '상징의 상상력'과 관련이 클 수밖에 없다. 상상력은 대뇌가 아니라 신체에서부터 비롯되는 것이고, 상징은 또한 상상력 가운데서도 지각 이미지와 직접적으로 연계되는 것이다. 이미지는 문자나 개념에 비해서는 신체적인 것이다. 그런 점에서 신체는 존재의 바탕으로서 가장 직접적인 일차적인 것이고, 신체는 존재 그 자체다. 신체는 지금도 현재 진행형으로 생성되고 있는 것이다. 신체가 없는 무예와 퍼포먼스·실천은 상상할 수가 없다.

이에 비해 문은 문자를 사용해야만 하는 간접적인, 이차적인 것이다. 문은 그것이 아무리 대단한 것이라고 해도 생성된 것이 아니라 구성된 것에 불과하다. 텍스트는 구성된 것이다. 구문(構文)은 항상 문장을 짓는 사람의 신체적 상황이나 계절의 변화, 시대정신에 따라 새롭게 구성되지 않으면 안 된다. 문은 언어라는 매개(기호)가 없으면 실현이 불가능하다. 특히 과학이라는 것은 수학적 기호가 없이는 이론을 정립할 수가 없다.

인간의 믿음인 신(信)자조차도 말씀 언(言)자가 들어가야 하고, 새롭게 구성되어야 한다는 점에서 신(新)이 되지 않으면 안 된다. 신체(身)는 존재 그 자체로서 생성되었다는 점에서 신(神)과 함께 우주적 신비를 공유하고 있다. 어떤 점에서는 신체야말로 신이다. 이것이 바로 신체적 존재론의 정점이다. 자신(自身)-자신(自信)-자신(自新)-자신(自神)의 순환이야말로 신체적 존재론의 핵심 코드다.

세계는 환상-실체로서의 현상이 아니라 상징-신화(myth)로서의 의례(ritual, performance)일 뿐이다. 인간의 신체는 수많은 상징과 신화가 저장되어있는 성소다. 따라서 인간의 삶에는 항상 신체적 제의가 필요하며, 그 제의를 통해 인간은 시공간의 제한을 넘어서 평화를 달성하는 길을 열 수 있다. 질베르 뒤랑(Gilbert Durand, 1921~2012)의 이 말을 되새겨 보자.

신화는 지각과 합리에 의해 종속되는, 값어치 없는 환상이 아니다. 신화는 최선으로도 최악으로도 얼마든지 조작해 사용할 수 있는 하나의 실재체(實在體, res réelle)이다.[63]

---

63 질베르 뒤랑, 유평근 옮김, 『신화비평과 신화분석』, 64쪽.

필자는 이 말을 더하고 싶다.

신체야말로 신화보다도 더 오래된 실재체다. 신체가 있는 한 신화는 계속될 것이다.

필자의 인류학적 철학 혹은 철학적 인류학은 로고스(logos, science)에 빠진 인류의 철학을 다시 미토스(mythos, mythology)로 환원시키는 과정에서 파토스와 신체(physis)를 건져내고, 다시 인류학의 비교문화론적(cross-cultural) 접근을 통해 에토스(ethos) 및 에트노스(ethnos, ethnology)의 의미를 새롭게 부활시킨 끝에 인류 공통의 혹은 만물 공통의 일반성으로서 신체(몸)의 존재를 발견하는 노정의 산물이다. 신체적 존재론은 따라서 필자가 보편성의 철학에 대신해서 주장해온 일반성의 철학의 종합적 핵심이 되는 셈이다.

이를 구조-상징인류학적인 맥락에서 보면 레비스트로스의 구조에서 상징으로 주제를 옮긴 것이라고 말할 수 있다. 레비스트로스의 구조라는 개념에는 관념론적 전통이 있는 반면, 필자의 상징이라는 개념에는 관념보다는 신체라는 구체가 보다 근본적인 것으로 자리 잡게 되는 셈이다. 이로써 하이데거의 존재론과 레비스트로스의 구조주의, 그리고 질베르 뒤랑의 상징주의, 즉 상상계의 인류학적 구조를 넘어서 우리 시대의 이 땅의 시대적 당위로서 신체적 존재론이 나온 셈이다.

자기-내-존재에서 최종적으로 '자기'가 없어지면 어떻게 될까? 자기-내-존재는 세계-내-존재를 뒤집은 것으로서 양자는 실은 이중적 관계에 있다. 이중적 관계에 있다는 말은 아직 현상학과 존재론의 경계, 혹은 초월과 내재의 경계를 완전히 벗어난 것은 아니라는 말이 된다. 모든 경계를 벗어나려면 마지막 관문이자 처음의 관문인 안과 밖을 벗어나야 한다. 그것이 '존재-내-자기'다. 이것은 존재가 곧 자기라는 것을 의미하는 것이고, 세계-내-존재를 넘어서 존재-내-세계에 이른 경지를 표현하는 다른 개념이다. 이것은 유(有, 소유)를 중심으로 무를 말하는 것이 아니라 무(無, 무위)을 중심으로 유(유위)를 말하는 것이다.

진정한 '하나'는 어떤 것인가? 선후·상하·좌우에 이어 내외마저 벗어나면 완전한 하나가 된다. 그 완전한 하나는 전혀 완전하지 않은 혼돈이다. 혼돈을 혼돈이라고 말하지 말고 철학적으로 표현하려면 어떻게 말하여야 할까? 그렇다. 우리가 결코 인식할 수 없는 존재를 가정하고, 그것에 자기가 있는 것, 즉 '존재-내-자기'라고 말해야 할 것이다. 그러나 존재-내-자기는 말로 할 수가 없다. 말을 하면 바로 그 순간 자기-내-존재가 되기 때문이다. 존재는 실은 혼돈이고, 혼돈 속의 존재야말로 자기다.

현상학적으로 초월적인 신은 존재론적으로 혼돈이다. 기독교 신은 세계를 창조하고 질서지우면서도 동시에 혼돈이 되지 않으면 안 된다. 이것은 세계의 원천적인 이중성이고 애매모호함이다. 화이트헤드의 말대로 동일성(고정불변의 본질)을 추구해 온 "서양철학은 플라톤의 푸트노트"가 될 수 있지만, 서양 문명은 기독교 정신으로 환원될 수도 있다. 끊임없이 진리를 추구해 온 서양철학은 역설적으로 매우 기독교적이다.

진·선·미는 분리되어 있는 것 같지만 상호 침투하고 있고, 천·지·인처럼 순환적인 것이다. 진리는 추상이고, 착함은 그 중간이고, 아름다움은 구체다. 아름다움이야말로 존재에 가장 가깝고, 존재 그 자체라고 말할 수 있다. 우리는 낯선 사람과 동물과 식물에서도 본능적으로 아름다움을 느낀다.

철학의 끝은 어딜까? 존재를 '자연적 존재', 존재자를 '제도적 존재자'로 부르면 보통 사람들이 존재와 철학에 쉽게 다가올 것이다. 인간은 존재이면서 존재 이유를 묻는 존재다. 인간에게 있어 존재의 문제는 결국 자유의 문제다. 인간이 인간현존재인 이유는 결국 시간을 상상(설정)하고 시간에 매이거나 혹은 시간을 초월하는 존재이기 때문이고, 현재(시간)야말로 존재 이유를 묻는(일으키는) 근거다. 인간현존재에 이르러 자유는 존재 이유가 되었다. 존재 이유를 묻는 것이 철학이고, 존재 이유의 다른 말이 자유다. 자유는 존재를 현상학적으로 해석한 것이고 따라서 자유가 존재 이유다. 존재는 스스로 자(自)이고, 이유는 말미암을 유(由)이다. 스스로 말미암는 것이 자유다. 자유가 없다면 철학이 성립될 수 없다.

존재는 '스스로 있음'의 동사를 의미한다. 존재 이유를 묻는 것이 철학이다. 다시 말하면 존재를 이유로 환원하는 것이 철학이다. 그런 점에서 존재론은 철학과 비철학의 경계에 있다. 철학의 출발은

시(詩)다. 시에서 출발한 철학이 과학을 돌아서 다시 시로 원시반본한 것이 존재론의 철학사적 의미다. 따라서 철학은 시와 과학의 경계에 있다.

언어(symbol)를 사용하는 존재로서의 인간은 그 언어의 기능이 시적-은유적이든 과학적-환유적이든 결국 상상계를 통해 세계에 참여하는 판타지적 존재임을 부정할 수 없다. 세계는 이분법의 세계가 아니라 규정할 수 없는 존재를 바탕으로 건립된 가상 존재의 변형들인 판타지 F1, F2, F3 …… 등의 연속인지도 모른다. 판타지는 시뮬라크르(simulacre)의 일종이다.

이 판타지 혹은 시뮬라크르는 이데아나 이성·동일성(substance)도 그것의 일종으로 배제하지 않는다. 이성이나 과학은 도리어 가장 강력한 판타지의 일종으로서 절대적인 판타지에 속한다. 인간의 사유야말로 절대성을 추구하는 매직 판타지라고 할 수 있다. 신·정신·유령·종교·과학·예술 등도 인간이 창조한 판타지의 일종들이다. 그 판타지에는 크게 '같음(如, 譬喩, 隱喩)'과 '동일성(identity, reality, substance)'이 있다. 철학은 '같음(닮음, 다름, 차이)'에서 출발하여 '동일성(똑같음, 실체, 추상)'에 도달하는 여정이고, '구체'에서 '추상'으로 가는 여정이었지만, 다시 구체의 신체로 귀환하고 있다.

자연은 구체의 신체이고, 신체는 존재의 세계다. 자연과학은 추상의 세계이고, 추상은 기계의 세계다. 과학(형이하학)과는 다른 형이상학을 철학이라고 명명한 철학자들은 결국 과학으로 돌아옴으로써 길을 잃어버렸다. 철학은 이제 과학이 아닌 어떤 것을 향하는, 존재(사물) 그 자체를 향하는 신비가 되고 말았다. 철학이야말로 신비를 향하는 종교가 되고 말았다.

철학＝이데아(idea)＝이성(reason)＝'것(thing)'＝what(why)＝
법칙(시간·공간)＝과학(기계)

철학은 역설적으로 과학이 아닌 존재를 다시 추구하지 않으면 안 되게 되었다. 정신에 의해 육체나 물질로 규정되기 전의 신체를 부활하는 것은 현대인의 또 다른 욕망이 되었다. 신체적 존재론은 모순되게도 신체를 기계화하여야 하는 운동선수와 무예인에게서 그 존재를 드러내게 된다. 이들은 신체와 기계의 경계선상에 서있기 때문이다.

기계가 아닌 것은 바로 신체이고, 신체의 세계는 생명의 세계이고, 생성·생멸의 세계다. 이것은 구성·해체의 세계, 육하원칙의 세계가 아니다. 현재(present)는 선물(present)이고, 선물은 현재다. 현재는 시간이면서 동시에 시간이 아닌 존재이고, 계량할 수 있는 시간이 아닌, 지속적으로 '이제(今)'에 '도달(至)'하려는 '지금(至今)'이다. 존재는 '지금'이고, 지금에는 시종(始終)이 없다. 존재와 존재자는 이중적이고 겹쳐있는 것이다.

존재와 존재자는 신체적 존재론에 따르면 신체의 내외라고 말할 수 있다. 모든 존재는 신체적 존재이고, 신체는 안과 밖을 지니고 있기 때문에 안팎의 소통을 필요로 하는 존재로서 '소통의 존재'이지 않으면 안 된다. 따라서 모든 존재는 안에서 보면 본질(essence)이 있는 동시에 밖으로는 소통한다는 점에서는 존재(existence)이다. 본질과 존재는 결국 폐쇄 상태(Closed) 혹은 개방 상태(Open)를 말한다. 인간현존재의 의식은 항상 '무엇에 관한 의식'으로 양쪽을 왕래한다. 결국 존재를 대상으로 보면(지향하면) 현상학이 되고, 존재를 존재(본래존재)이게 하면 존재론이 된다. 현상학은 텍스트(text, thing, it)를 생산(현현)하고, 존재론은 콘텍스트(context, being, itself)를 상기시킨다(탈은폐한다).

모든 포지티브한 주장은 네거티브한 환경의 반사이거나 상호 관계의 산물이다. 존재-존재자, 진-위, 선-악, 미-추에서 양자는 포지티브-네거티브의 상호 관계에 있다. 이렇게 보면 인간에게 있어 후자인 존재자, 위·악·추는 네거티브한 환경에 속한다. 현실은 항상 위·악·추가 팽배하기 때문에 진·선·미가 추구되는 것이다. 우주는 거대한 파동의 공명체로서 마루(crest)와 골(trough)이 있다.

존재와 존재자의 관계는 일종의 음양 상생·상보 관계라고 말할 수 있다. 존재는 음이고 존재자는 양이다. 말하자면 존재는 '존재자의 존재'이고, 존재자는 '존재의 존재자'다. 신체는 생성체이기 때문에 건강할 때는 존재를 느끼지 못하다가 결핍이나 불편이 있으면 존재를 느끼게 된다. 그런 점에서 존재는 숨어있는 것이기도 하다.

신체적 존재론은 '눈(시각-언어)'을 중심으로 철학을 잘하는 민족에서 발생하는 철학이 아닌, 귀(청각-상징)를 중심으로 노래와 함께 춤을 좋아하는, 즉 가무을 좋아하는 민족에게서 출현할 수 있는 철학 아닌 철학이다. 그것이 한민족에서 출현할 수밖에 없는 이유가 여기에 있다. 인간의 신체 감각을 보면 청각과 촉각은 파동의 계열에 속하고, 시각과 미각과 후각은 입자의 계열에 속한다. 필자의 신체적 존재론은 시각-입자 계열에서 청각-파동 계열로 철학의 중심을 옮긴 것이라고 할 수 있다.

인도유럽어는 '-이다'와 '있다'를 같은 것으로 본다. '-이다'는 '앎(지식)'을 대변하고, '있다'는 '삶(존재)'을 대변한다. 인도유럽어는 결국 '있다'(삶과 존재)를 '-이다'(앎과 지식)로 환원하는 경향이 있다. 그래서 삶보다 앎이 우선하고, 결국 기계 언어의 총아인 과학에서 그 문명의 최종적인 결실을 맺는다. 그러나 한글은 '-이다'와 '있다'를 구분한다. '있다'(존재)는 '-이다'가 알지 못하는 세계(존재)를 전제하고 있다. 그런 점에서 앎은 항상 삶보다 적을 수밖에 없다(앎<삶). '있다'(존재)와 '-이다'(존재자) 사이에는 알지 못하는 무한대의 거리가 있다.

[표 40] 존재와 존재 이유

존재/존재자	존재/이유	자연/자유	자연/과학	생성/구성	불교/기독교
존재: 선물 (자연적 존재)	존재 (자연)	자연 (신체)	자연 (생명)	생성/생멸 (제행무상 諸行無常)	불교적 존재 (제법무아 諸法無我)
존재자: 현재 (제도적 존재자)	존재 이유 (why)	자유 (철학)	자연과학 (기계)	구성/해체 (육하원칙)	기독교적 존재자(절대자)

10

'알-나-스스로-하나' 철학

1) '알-나-스스로-하나'의 순우리말 철학

앞장에서 유교의 수신제가치국평천하(修身齊家治國平天下) 대신에 〈검소-겸손-자유-창의〉를 전제로 하는 〈자신(自身)-자신(自信)-자신(自新)-자신(自神)〉의 철학을 주장했다. 여기서 자(自)라는 글자의 뜻은 '스스로' '저절로' '~부터' 그리고 '자연'의 뜻을 함의하고 있다. 따라서 자연(Sein)의 의미와 인위(sein-sollen)의 의미가 동시에 들어있다.

필자의 '알-나-스스로-하나' 철학은 '한자한글문화권'의 철학이라고 할 수 있다. 물론 '알-나-스스로-하나' 철학은 '인도유럽어문화권'의 철학과도 통할 수 있다. 그런 점에서 동양은 물론이고 세계 철학과의 소통을 감안한 철학이다.

[표 41] 한글(순우리말) 철학과 세계철학

한자한글문화권 (알-나-스스로-하나)			인도유럽어문화권 '무상(無象)-상(相, 象)'		세계종교	미래종교
나	알	자신	불교사상 (四相)	서양철학 (주체-대상)	유·불·선· 기독교	네오(neo) 샤머니즘
나	알(알을(몸)	자신(自身) 겸소(儉素)	아상 (我相)	주체(개체)- 초월적 주관- 절대	天(陽)-기독교 (창조주- 피조물)	자기-자신 (ego-self)
너 (남, 님)	얼(감)	자신(自信) 겸손(謙遜)	인상 (人相)	대상(對象,타자, thing)/ 상호주관성/相對	地(陰)-불교 (無上正等覺)	토테미즘 (totemism)
우리 (we)	울(닭) 을	자신(自新) 자유(自由)	중생상 (衆生相)	主客一體(心物 一體)/초월내재, 내재초월	人(太極) 유교(君子)	정령숭배 (animism)
생명 萬物萬神	일(밝) 놀이	자신(自神) 창의(創意)	수자상 (壽者相)	心情交感/心物 存在/공동존재/ telepathy	天地人(三太 極, 三一)선도	샤머니즘 (shamanism)

*사람(人)=삶(生)=사랑(愛, 仁, 慈悲, 道)=유·불·선·기독교=천지인삼재=人中天地一風流道

*세계는 기운생동(氣運生動)하는 하나(One)이다

세계의 어느 나라 철학자든 철학자라면 자신의 말, 즉 자신이 발을 딛고 살아가는 땅에서 형성되는 철학('이 땅에서 철학하기')을 구성해낼 때 진정한 철학자가 될 수 있다. 이러한 점에서 한글(순우리말)로 된 주체철학의 구성은 현재를 살아가는 한국철학자들의 숭고한 책무임에 틀림없고, 그렇게 구성된 철학이 세계적인 지평에서 기존의 동서철학과 소통되어야 함은 물론이다. 그러한 점에서 필자는 '알-나-스스로-하나'의 철학을 세계에 내놓는다.

한편 '알(올)-나-스스로-하나(흔)' 철학은 순 우리말로 구성된

[표 42] '알나' 철학과 천지인·원방각·아리랑

한자한글문화권 (알-나-스스로-하나)			천지인 사상	아리랑	원방각
나	알(을)	스스로 (자신)	천지인	아리랑	원방각
나	알(알 을(몸)	자신(自身) 검소(儉素)	天(태양) 환웅(桓雄) 니마/님/임	아(알, 을) 태양	○(·, 子)
너 (남, 님)	얼(감)	자신(自信) 겸손(謙遜)	地(지구) 곰(熊) 고마/물/땅	리 (태양 빛이 땅을 비춤)	ㅁ(一, 丑)
우리 (we)	울(닭) 을	자신(自新) 자유(自由)	人(사람) 단군(檀君) 왕검/임금	랑(사랑) 사람들이 함께 살아감	△(ㅣ, 寅)
생명 (살림살이)	일(밝) 놀이	자신(自神) 창의(創意)	천지인 '하나(훈)'	함께 살아가는 '하나(공동)존재'	원방각 '하나'

철학으로서 전통적인 천지인(天地人) 사상과도 어울리는 철학이다. 이 철학은 사람이 태어나서(알에서 태어난 존재로서) 독립적인 존재(인격)로 성장하는 것과 자연과 하나님을 깨닫는 과정을 한글로 체계화한 것이다. 이것은 또한 한글창제의 자음과 모음의 철학적 원리인 원방각(○ㅁ△/· 一ㅣ/子丑寅) 사상과도 일치한다는 점에서 특기할 만하다. 한국의 대표적 민요인 아리랑(알랑)도 이것으로 해석할 수 있다.

'알-나-스스로'는 '하나'에서 완성된다. 여기서 완성은 본래존재(자연적 존재, 심물존재)로 돌아감을 의미한다. '하나'는 '기운생동하는 세계로서의 하나'를 의미한다. 필자의 철학은 철저하게 생성론을 바탕으로 하고 있다. 이것은 세계를 '살아있는 생명체'로 이해하는 '살림살이'의 태도를 의미한다. 살림살이의 의미는 '사람이 살을 사는(사르는) 것이 삶'이라는 의미를 지니고 있다. 살을 사는 것은 우주적 소리와 하나가 됨을 뜻한다(촉각=청각). 아울러 '세계를 살린다(살림)'는 의미, '살이'로서의 삶이 신체적 존재론임을 뜻한다.

'알'은 우리말의 깊은 곳에 자리한 생명사상은 물론이고, 그 생명이 어디서부터 비롯되었는지를 의미하는 말이기도 하다.

'알'이라는 단어는 매우 신화적인 단어이기도 하다. 알은 생명이면서 동시에 태양을 의미한다. 말하자면 인간이 태양계의 가족이라는 것을 상기시키는 말이다. 알은 난생설화(卵生說話)와 관계됨으로써 생명을 중시하는 사상을 드러내기도 하지만, 빛을 내는 등 그런 사물인 태양, 황금을 상징하는 우리말이다.

'나'라는 말은 '알'과 동시적으로 형성된 말이다. '나'는 '나다(태어나다)'라는 동사에서 생겨난 명사로 결국 '난(태어난) 존재'의 의미가 있다. 우리말 '나무'라는 말은 '나다'라는 동사의 명사형으로 '남(난 존재)'의 대명사이다.

우리말 '나다'라는 말은 한자로 '날 생(生)'의 뜻이지만 영어로 자연을 의미하는 단어인 'na-ture(네이처: 나의 틀/태어나는 틀/생겨나는 틀)'과 발음으로 같을 뿐만 아니라 의미도 통한다. 'ture(투르, 틀)'는 우리말 '틀'의 발음과 통하면서 어떤 바탕이나 체계를 의미하는 단어이다. 그런 점에서 문화를 의미하는 단어인 'culture(컬

처, 나누는-틀 혹은 도구)'의 의미가 있다.

'알-나'는 다분히 생성적(태어나는, 생겨나는) 우주관의 산물이다. 이에 비해 문화(文化)는 다분히 생성적인 하나의 우주를 도구로 나누는(분류하는, 명명하는) 존재적 의미를 함의하고 있다.

알(생명)-나(나다, 태어나다, 생겨나다, 生)/네이처(na-ture: 나의 틀, 태어나는 틀, 생겨나는 틀)=생성론

문화(文化, 文=언어, culture: 칼처(나누는 틀-도구)=존재론

그런 점에서 필자가 앞서 제안한 '자신'의 철학과 '알-나'의 철학을 통합하면 결국 '알-나-스스로-하나'의 철학이라는 체계가 구성된다. 이 철학은 물론 [표43]에서 보듯이 세계의 철학과 비교되는 것은 물론이고 의미소통과 번역이 될 수 있다.

한자한글문화권에 속한 필자의 철학은 인도유럽어문화권과도 대응 혹은 대조되면서 서로 소통할 수 있는 자생철학이라고 할 수 있다.

2) 동서문명의 원(原)소리로서의 '아(A)'에 대하여

동서문명의 소리의 원형, 혹은 원(原)소리는 무엇일까. 자크 데리다는 '원(原)문자'를 사용했다. "데리다는 모든 흔적이 지니는 차

연의 성격이 곧 문자라고 생각하면서 이를 좁은 의미의 글자(la letter)나 문자(l'écriture)와 구별시키고자 희랍어에서 취한 '그람 (le gramme)'이라는 새로운 낱말을 간혹 쓰고 있다. 그런데 그는 그런 미세한 구분을 철칙으로 삼지 않고 그의 전 저작을 통하여 문자를 〈l'écriture〉나 〈le gramme〉으로 통용하여 쓰기도 하고, 또 경험적 문자와의 구별을 위해 인간 사고의 문자성의 선험성을 표시하기 위하여 '원문자(l'archi-écriture)'라는 개념을 즐겨 쓰기도 한다. 어쨌든 글자는 문자의 한 요소에 지나지 않는다. 글자는 문자의 한 부분적 표지이다."[64]

그가 이렇게 하여 이성주의를 탈출하는 것은 실은 현존(음성)을 이성중심주의의 원인으로 지목한 데 따른 것이다. 사람의 음성(音聲)은 자연의 소리와 달리 인간의 속성인 그 무엇(인간적인 것, 혹은 이성)이 들어가 있긴 하다. 그러나 음성 자체가 직접적으로 이성주의의 원인이 되는 것은 아니다. 우리는 말을 말씀(말+씨=말에 씨가 있는 것, 말씀=말+쓰임=쓰임이 되는 말)이라고 하기도 한다. 말씀에는 이미 쓰임(利用)의 의미가 들어가 있다는 의미가 된다. 그래서 언뜻 보기에 이성주의의 원인이 된다고 말할 수는 있다. 그러나 말의 소리가 이성주의의 원인이 된다는 것은 어불성설이다. 이성주의의 원인은 말의 소리(phone)에 있는 것이 아니라 말씀에 투사된 인간의 이성(logos), 혹은 도구적 이성에 그 원인이 있다.

---

64 김형효, 『데리다의 해체철학』(민음사, 1993), 127쪽.

따라서 소리가 이성주의의 원인이라고 생각하는 '말소리중심주의(logophonocentrism)'는 이성주의의 탓을 소리에 덮어씌우는 것에 지나지 않는다. 이성주의의 원인은 그야말로 문자(letter, l'écriture)에 있다. 문자(특히 명사)는 고정불변의 세계(존재)를 지향한다. 문자가 없으면 이성주의와 논리는 들어설 여지(장소)가 없다. 데리다는 반이성주의를 실천하기 위해서 종래의 문자 개념 속에 음성문자(음성기표)를 집어넣고, 다시 '해체적 문자학(Grammatology)'을 통해 반이성주의로 피신한 듯 자기기만과 자기모순에 빠져있다. 그는 음성의 기표성을 문자학에 포함시켜 놓고, 문자학이 마치 음성도 포함하고 있는 것처럼 속이고(위장하고) 있다. 여기서 음성의 현존성을 따로 빼냄으로써 이성주의와 분리하여 데리다의 문자학을 극복한 것이 바로 필자의 '소리철학, 포노로지'이다.[65]

동서양문명을 비교문화인류학적으로 접근해보면 동서문명의 소리의 원형, 원(原)소리를 찾을 수 있다. 발성은 인간의 성대(聲帶)와 구강(口腔)구조의 산물이다. 소리의 원형인 'ㅇ'을 비롯한 목구멍소리와 아설순치후(牙舌脣齒喉) 음의 결합이 음성(音聲)이라고 볼 수 있다.

목구멍에서 발성되는 소리의 원형은 'ㅇ'이다. 말하자면 'ㅇ'과 'ㅏ'의 결합인 '아(a)'자가 동서문명의 원소리임을 동서문명 비교를

---

65 박정진, 『철학의 선물, 선물의 철학』(2012, 소나무), 『소리의 철학, 포노로지』(2012, 소나무), 『일반성의 철학과 포노로지』(2014, 소나무) 등 참조 바람.

통해 알 수 있다([표 43] 참조). '아'자는 삶에 있어서 기본적으로 필요한 '긍정/부정'에서부터 알(생명), 알다(진리), 신(神=엘, 알라)에 이르기까지 문화총체성을 보여주었기 때문이다.

'아'자는 동서양을 막론하고 어떤 것을 부정(닫힘)/긍정(열림)할 때에 동시에 사용되었으며, '하나(oneness)' 혹은 '시종(始終)/종시(終始)'의 의미를 가졌다. '아'자의 좋은 예는 '아침(처음)'이다. '안'('아+ㄴ')자는 부정/닫힘의 의미로 사용되었음을 볼 수 있다. '안'자는 특히 '아니(an)'(부정)의 의미와 함께 '닫힘'('안팎'의 '안')의 의미도 함께 있다. '알'자는 '알(al)/알다(know)'의 의미도 있다. 알(卵/생명, 魂/열림: 바이칼의 알혼섬)에는 '태양(빛)' '구체(球體)' '아리랑(알+리+랑)/아리수(한강)' '태양=祭天金人의 金人', '불(알/아기)'의 의미도 있다.

'알'의 변음인 '엘(el)'은 '이스라엘(Israel)'의 '엘'의 의미인 신(神)을 의미하고, '알라'도 '알라신(Allah)'을 의미한다. 그리스어 알레테이아(aletheia)는 '진리(眞理)/탈은폐(脫隱閉)'를 의미한다. '알(脫)레테'는 망각의 여신인 레테를 부정한다(벗어난다)는 의미에서 진리(탈은폐)가 된다.

'A'는 알파벳의 첫 자모이다. 성경의 최초의 인간인 아담(Adam)과 유대인의 조상인 아브라함(Abraham)도 'A'자로 시작한다. 'A'자는 집 모양을 뜻한다. 이것은 문명의 시작, 혹은 집을 의미한다.

동서양의 의식의 원(原)소리는 아(a), 안(an), 알(al)이다. 〈아-안-알-엘-알레테이아(목구멍소리: ㅇ/ㅎ/ㆆ): 의식(남성)-아버지-

[표 43] 동서문명의 원형소리로서의 '아'자

	아(a)	부정(닫힘)/ 긍정(열림)	하나(oneness), 始終	아침(처음)
아(A)/ (아래아)	안(an)/아니	부정(닫힘)	하나, 終始	안팎(內外)
	알(al)/알다 (know)	알(卵/생명, 魂)/열림 바이칼: 알혼섬	태양(빛), 球體 *아리랑/아리수 (한강)	태양=金人 *(불)알/ 아기(알+이)
	엘(el)	신(神)	이스라(엘)	유일신(유대교)
	알라(Allah)	신(神)	(알라)신	유일신(무슬림교)
	아레테이아 (aletheia)	진리 (脫隱閉)	아(脫)+레테 (망각의 여신을 벗 어남)	은폐(존재)-탈은폐 (현상)
	A(아)	첫 알파벳 (al-phabet)	아담(Adam)	아브라함 (Abraham) A(집) 모양
	아+하=하 (喉音+牙音)	아설순치후- (牙舌脣齒喉)	을/알/얼/울/을/일 (한글원형)	물질/정신/공간/ 시간/사람
	할(하늘), 한	하늘, 한(혼/큰)	할(하늘)아버지	할(하늘)머니
의식	아-안-알-엘-알레테이아(목구멍소리: ㅇ/ㅎ/ㅎ): 의식(남성)-아버지-낮			
무의식	맘(몸)-맘마-엄마(입술소리: ㅁ/ㅂ/ㅍ): 무의식(여성)-엄마(옴)-밤			
옴(옴) (무의식)	옴마니밤메훔(온 우주에 충만한 지혜와 자비가 실현될지어다)			
소리철학	알나한(알-나-하나): 알에서 태어난 '나'가 '큰 나'가 되다			

낮〉이다. 이에 반해 무의식적 원소리는 〈맘(몸)-맘마-엄마(입술소
리: ㅁ/ㅂ/ㅍ): 무의식(여성)-엄마(옴)-밤〉이다.

아(a)는 한글(한자한글문화권)과 영어(인도유럽어문화권)에서 공
통어근(혹은 접두어)을 느낄 수 있다. '아'자는 의식의 층위에 있는
소리이다. 〈아-안-알-엘-알레테이아〉는 〈의식(남성)-아버지-낮-

권력)의 상징적 의미가 있다. 이에 반해 한글의 '아래 아(·)자'와 함께 〈아래아(·)-옴(옴)〉은 〈무의식(여성)-엄마(옴)-밤-비권력〉의 상징적 의미가 들어있다.

'옴마니밤메훔(온 우주에 충만한 지혜와 자비가 실현될지어다)'은 무의식의 소리의 좋은 예이다. '옴마니밤메훔'의 '옴마니'는 '어머니(엄마)'를 의미하는 것 같다. '밤메훔'은 '어머니에게로 돌아간다'의 의미가 있는 것 같다. 티베트인들은 옴마니밤메훔 글자를 산등성이 곳곳에 새겨 놓고 있다. '아'는 낮(日)의 속성이 있고, '옴'은 밤(暗)의 속성이 있다.

한편 세계적으로 엄마(어머니)를 부르는 소리는 거의 같다. 맘(몸)-맘마-엄마(입술소리: ㅁ/ㅂ/ㅍ: 마마, 파파, 마더, 파더)이다. 이것은 목구멍소리에서 입술을 떼면 바로 형성되는 소리이다. 맘마는 흔히 갓난아이에게 '밥'으로 통한다. 엄마(맘마)=맘마=밥인 셈이다. 필자는 일찍이 맘마를 비롯하여 입술소리(ㅁ/ㅂ/ㅍ)가 한민족의 의식주와 관련되고, 맛, 멋, 말, 마당(한마당)이 한민족미학의 원형임을 밝힌 바 있다.[66] 입술소리는 무의식적인 차원의 용어임을 밝혔다.

동서양문명을 '알(생명)'과 '알레테이아(진리)'로 구분하면 둘 사이에는 '존재'와 '현상'의 차이가 있다([표 44] 참조). 알은 존재(본

---

66 박정진, 『한국문화와 예술인류학』(미래문화사, 1990), 248~251쪽.

래존재, 존재론)에 속하며, 알레테이아는 진리(현상학)에 속한다. 이 둘을 통합하는 길은 '한(하나, 한 나, 큰 나)'에 있다. 인간(人間) 속에는 신이 있고, 신(神) 속에는 인간이 있다. 신과 인간은 서로 왕래하는 관계에 있다. 신과 인간은 이분법(二分法)이 아니라 이중성(二重性)의 관계에 있다.

여기에서 본래 신의 속성을 가진 무위적(無爲的) 신인간(神人間)과 나중에 신의 속성을 달성하는 인위적(人爲的) 인간신(人間神) 사이에 엄청난 괴리감을 느끼게 된다. 무위적 신인간은 자연(무위자연)과 연결되고, 인위적 인간신은 기계(자연과학)로 연결된다.

스스로 신(神)을 발신(發信)하고, 그 발신한 신을 믿은 인간은 그 신을 거두어들여 안에 감출 때가 되었다. 신을 현상한 인간(현상학적 인간)이 신을 본래의 자리(자연의 자리), 본래 존재의 자리로 돌려놓는 존재론(존재론적 인간)의 지혜가 필요한 것이 과학기술문명의 시대를 사는 현대인의 책무이다. 만약 인간을 위해서 생긴 신이 인간이 만든 과학기술에 의해서 버림받게 된다면 인류가 이룩한 문명은 자연으로부터 큰 재앙을 맞을지도 모른다. 기독교의 절대유일신-인간신(人間神)이 아니라 도학(道學)의 만물만신(萬物萬神)-신인간(神人間)으로 되돌아가야 인류의 살 길이 열린다. 필자의 〈알-나-한: '알'에서 깨어난 '나'는 '큰 나'로 돌아간다〉는 철학은 인류의 미래철학일 뿐만 아니라 존재론의 미래이기도 하다. 〈알-나-하나(한)=신체적 존재론〉이다.

[표 44] '알, 나, 한(하나)/알레테이아, 진리, 존재'로 본 동서철학

알-나-한(하나): '알'에서 깨어난 '나'는 '큰 나' (하나/一=한나/一切=큰나/一卽一切)로 돌아간다			순환 여성-남성-여성
동양	서양		
알	나	한(하나)	
알(생명) (al)	알레테이아(진리) (aletheia)	한(큰 나)	한-알(喉音)
신(神)-신비(神祕)	진리(眞理)	자연적 존재	우상-존재
존재(본래존재)	현상학	신체적 존재론	
아(a-: 부정, 시작)와 알(al: 생명, 태양) 사이에 공통어근 a를 발견할 수 있다.			

3) 상생상극-주역으로 본 동서양문명의 차이

동서양문명을 상생상극(相生相克)과 주역(周易)의 의미로 보면 어떤 양상으로 설명할 수 있을까. [표 45] 상생상극-주역으로 본 동서양문명론을 보자. 우선 상생은 자연이고 상극은 문명이다. 상생은 수목화토금(水木火土金)의 순서이고, 상극은 수화금극목(水火金木土)의 순서이다. 이것을 주역으로 설명하면 상생은 기제(旣濟=水/火)이고, 기제는 삶을 의미한다. 상극은 미제(未濟=火/水)이고 앎을 의미한다. 상생은 〈無=歌舞(신체)=소리(音)=至今=비실체=죽음(運命)〉의 의미맥락 속에 있게 된다. 그리고 상극은 〈힘=쓰기(문자)=물질(量)=永遠=실체=욕망=運命愛〉의 의미맥락에 있게 된다.

또한 상생은 〈동양(無爲自然)=자연=평화=여성〉의 의미맥락 속에 있게 되고 상극은 〈서양(자연정복)=문명=전쟁=남성〉의 의미맥락

[표 45] 상생상극-주역으로 본 동서양문명론

상생상극론	주역	동서양문명의 특징	전쟁과 평화	수학으로 본 문명
相生(자연) (水木火土金)	旣濟 (水/火)=삶	無=歌舞(신체)=소리(音)= 至今=비실체=죽음(運命)	동양(無爲自然)= 자연=평화=여성	0(虛/無/空)=道學 無사상
相克(문명) (水火金木土)	未濟 (火/水)=앎	힘=쓰기(문자)=물질(量)= 永遠=실체=욕망(運命愛)	서양(자연정복)= 문명=전쟁=남성	0/1/∞(虛無)=哲學 허무주의(虛無主義)

속에 있게 된다. 상생은 수학적으로 〈0(虛/無/空)〉, 상극은 〈0/1/∞ (虛無)〉의 의미맥락 속에 있게 된다. 필자의 소리철학-신체적 존재 론에 따르면, 동양의 음양론(陰陽論)을 서양에 적용하면 양음론(陽 陰論)이 되고, 이것은 또한 음양론(陰量論)이 된다. 동양의 무(無)사 상을 서양에 적용하면 허무주의(虛無主義)가 될 수밖에 없다. 서양 에 철학(哲學)이 있다면 동양에는 도학(道學)이 있다. 그래서 서양철 학은 현상학(존재자)이고, 동양철학은 존재론(본래존재)이다.

4) 위인성신(爲人成神)

한편 앞장에서 제안한 필자의 '자신'철학은 '위인성신(爲人成神)' 으로 축약된다. 위인(爲人)은 '自身-自信-自新'에 해당하고, 성신(成 神)은 '自神'에 해당한다.

위인성신(爲人成神): 自身, 自信, 自新, 自神

'위인성신'은 필자가 어느 날 갑자기 돈오(頓悟)하면서 동서철학을 관통하는 깨달음에 도달하여 지은 '7언(七言) 대련(對聯)' 작품에서 비롯됐다.

新進代謝補充理

爲人成神交心中

날마다 새롭게 진화하면 하늘의 이치와 만나고

사람과 신이 마음 깊은 곳에서 하나로 통한다.

위인성신의 의미를 해석하면 여러 층위의 의미가 가능하다.

爲: 하다, 되다, 살다, 생각하다, 위하다

人: 사람: 나(인중천지일), 남(천지중인간): 僞(人爲), 仁

成: 生成, 構成, 完成/性, 姓, 聖, 誠

神: 神, 鬼神/僞(人爲)→ 仁/남→ 님

① 사람을 위해(목적인) 신이 생성(구성)되다

② 사람 때문에(궁극인) 신이 생성(구성)되다

③ 사람으로 하여금(질료인) 신(형상인)이 되게 하다

④ 사람으로 하여금 신을 완성케(작용인) 하다

⑤ 사람(나)이 되는(생성) 것이 신이 되는(생성) 것이다

⑥ 사람 짓(나)을 함으로써(구성) 신을 완성하다(구성)

⑦ 사람이 신(님)이 될 것을(이라고) 생각하다(상상)

자연＝신＝존재＝심물존재(心物存在)＝만물만신(萬物萬神)＝나

결국 사람은 자연에서 태어난 존재로서 자연과 다름을 주장하지만(위대한 문명을 건설하지만) 결국 자연(본래자연)으로 돌아가서 '기운생동(氣運生動)하는 신(神)'과 하나가 됨을 의미한다. 신과 하나가 되는 것은 본래존재로 돌아감(復)을 의미한다. 이것이 바로 '죽음을 넘어서는 안심입명의 길'이다.

5) 철학의 십계명

철학을 지망하는 사람들이 기본적으로 익혀두어야 할 수칙, 혹은 십계명과 같은 것을 생각해볼 수 있다. 이는 마치 과거에 출가하여 승려나 사제가 되려는 사람들이 지켜야 하는 계율(戒律)과 같은 것이다.

1. 자연은 진리가 아니다. 자연은 존재이다. 존재는 진리가 아니다(자연＝존재). 모든 진리는 존재자(인간이 고안해낸 현존재의 존재자)이다. 진리를 추구하는 인간의 대뇌는 인간을 위하는 동시에 인간을 기만하는 세포이다(爲人欺人). 세포는 처음부터 내부적으로 자

기를 지켜야 하는 동시에 외부적으로 자기를 열어야(위험에 노출시켜야 하는) 하는 모순의 운명을 타고났다(인간은 세균에 약하다). 인간의 모든 체계(문화체계)는 세포의 모순에서 벗어나지 못한다. 그래서 진리를 찾는 데서도 신진대사(新進代謝)가 중요하다.

2. 진리에는 존재진리와 소유진리가 있다. 존재진리는 "존재는 진리가 아니다."를 설명하기 위한 '진리 아닌 진리'를 말한다. 하이데거가 몰두한 진리이다.

3. 소유진리에는 추상진리, 초월진리, 지향진리가 있다. 추상진리는 수학과 같은 진리이다. 비트겐슈타인이 몰두한 진리(그림언어=논리원자=기계언어)이다. 초월진리는 철학과 종교가 함께 있는 진리이다. 칸트와 헤겔이 몰두한 진리(순수이성, 절대국가)이다. 지향진리는 욕망과 같은 진리이다. 쇼펜하우어와 니체가 몰두한 진리(의지, 욕망)이다.

4. 추상진리의 목적은 기계(도구, 무기, 기계인간)이다. 초월진리의 목적은 신(인간신)이다. 지향진리의 목적은 욕망의 충족 혹은 욕망의 금욕이다. 추상-초월-지향진리는 결국 같은 현상학적 진리이다.

5. 추상진리의 절정인 자연과학은 자연을 추상(기계)으로 환원시키는 진리이다. 초월진리의 절정인 신은 인간신(人間神)이 되던가,

거꾸로 신인간(神人間, 萬物萬神)이 되던가 해야 한다. 인간은 스스로 신이 되던가, 혹은 신을 해체하고 부처가 되어야 한다. 지향진리의 욕망은 sex-free에서 출발하였기 때문에 욕망을 계속해서 충족시키던가(free-sex: 무한대의 욕망), 욕망을 억제하든가(禁慾: 무한소의 욕망) 둘 중에서 하나를 택할 수밖에 없다. 도덕은 욕망과 금욕 사이에 있다.

6. 추상진리와 초월진리와 지향진리의 관계는 수학적으로 ∞(무한대, 무한소)와 1(존재, 존재자)과 0(존재, 존재자)으로, 신(God)과 정신(Geist)과 유령(Ghost)으로, 존재와 존재자와 욕망으로 설명할 수 있다. 이들은 서로 바꾸어질 수 있는 관계에 있다.

① $\infty = 1/0$, 혹은 $0 = 1/\infty$

② ghost=god/geist, geist=god/ghost,

③ 욕망=존재(존재자)/존재자(존재)

7. 자연과 본능이야말로 존재이다. 자연생태계는 중용을 실천하는 본래존재(本來存在)이며 심물존재(心物存在)이다. 중용(중도, 중화, 균형잡기)이야말로 최고의 진리이다. 기독교의 타력신앙과 불교의 자력신앙의 균형잡기야말로 중용의 실천의 대장관이다. 문명(존재자)과 자연(존재)은 화해하고 가역왕래하지 않으면 안 된다. 그래서 고도로 발달한 문명은 원시반본을 하면서 스스로를 절제

(겸소, 겸손, 자유, 창의)하여야 한다. 그래서 자연의 성(性, 姓, 聖, 誠)과 문명의 명(明, 命, 名, 銘)은 서로 왕래하여야 한다. 인간은 동물의 본능을 감추는(멸시하는) 동시에 진리와 도덕을 만드는 현존재가 되지 않을 수 없었다. 현존재란 시간과 공간이라는 제도를 만든 인간의 다른 명칭이다.

8. 진리에도 남자의 진리와 여자의 진리가 있다. 남자의 진리는 대뇌의 진리이고, 여자의 진리는 신체의 진리이다. 남자의 진리는 양(陽, 凸)의 진리이고, 여자의 진리는 음(陰, 凹)의 진리이다. 남자의 진리는 전쟁과 패권(지배)의 진리이고, 여자의 진리는 평화와 생존(번식)의 진리이다. 남자의 진리는 가상(관념, 추상)의 진리이고, 여자의 진리는 존재(실재, 구체)의 진리이다. 남자의 진리는 이(理)와 이성(理性)과 유(有)의 진리이고, 여자의 진리는 기(氣)와 감정(感情)과 무(無)의 진리이다.

9. 존재(자연)는 진리가 아니다. 존재는 신체적 존재(살=삶=사랑의 존재)이다. 세계는 신체로서의 만물만신(萬物萬神)이며, 심물일체(心物一體)이다. 여기에 이르면 죽음조차도 생명에서의 추락(퇴락)이라고 생각하지 않을 수 있게 된다. 최종진리는 길도 아니고 진리도 아니고 생명이다.

10. 인간문명은 최종적으로 위인성신(爲人成神)으로 요약된다. 위

인(爲人)은 자신(自身), 자신(自信), 자신(自新)이고, 성신(成神)은 자신(自神)이다. 내가 바로 신 혹은 부처임을 깨닫는 것이야말로 철학의 종착역이다.

6) 삶(생명, 존재)과 앎(지식, 이용)의 고고학

니체는 '도덕의 계보학'을, 그의 추종자인 미셸 푸코는 '권력의 계보학'을 썼다. 이것은 가부장-국가사회, 즉 부계사회를 중심으로 인류문명을 계보학·고고학적으로 보는 데 그치고 있다. 여기에는 원시고대의 모계사회의 특성인 생명과 공동체사회에 대한 배려가 빠져 있다. 필자는 이에 '생명(자연-여성-비권력)과 이용(문명-과학-권력)의 고고학'을 간략하게 정리한다. 인류의 삶과 앎의 발전단계와 교차를 순차적으로 보여주고자 한다.

1. 알(생명): 아(原소리)+ㄹ(舌音, 기운생동)=알(알맹이, 태양)

2. 씨(생명): 각시에서 씨(氏)가 생성됨[씨(氏: 각시 씨, 갓, 가시= 여자)는 모계사회의 '씨'개념에서 유래했다(氏: gsjig에서 후에 어미 -g가 탈락함. 지(枝: 가지 지: ksjig)도 '가지'를 의미하면서 혈통과 분가를 의미한다. 즉 가지치기는 원래 여자에 속한다. 즉 姓과 氏는 모두 여자-모계사회에서 유래했다. 성(姓=女+生)은 글자 그대로 여

자(女)에게서 난(生)것을 의미한다.]

  *씨와 알, 씨알(생명)은 모두 생명=여성을 나타낸다.

  3. '씨'에서 '씀'의 발생:

  ① 씨(알=생명), 말씨/글씨/솜씨(재주)

  ② 쓰기(writing, 文子-文化)/씀(using, 사용하다, 이용하다, 도구-
    기술과학)/말씀(하나님의 말씀, Logos).

  ③ 써 이(以, 用): 가지고, 이로써(함으로써)

  이로써 '씨알'(생명, 자연, 자연적 존재)에서 '쓰기'와 '씀'이라는
기록과 이용과 소유(문화, 문명, 소유적 존재)의 의미가 발생한다.

  4. 종교(신앙)의 발생(발명): 대뇌의 용량이 크게 늘어난 영장류
인 호모사피엔스는 가상의 존재(세계)인 신(神, 鬼神)을 설정하고,
그것과의 대화를 통해 자신의 세계에 대한 이해를 넓혀간다.

  5. 문자(文子)의 발명: 음성언어(記意 겸 記標)에서 문자언어로 발
전했다. 문자언어에서 특히 기표(記標)의 강화가 이루어지고, 나아
가 기표연쇄(記標連鎖)가 이루어진다. 기표연쇄에는 환유의 연쇄와
은유의 연쇄가 이루어지고, 전자는 과학과 기술로, 후자는 시와 예
술로 발전한다. 이로써 인류의 문화와 문명이 언어의 발명을 통해

서 꽃을 피우게 된다. 이것은 가부장제를 가속화한다. 인류문명사에서 문자와 이성의 발전은 피드백과 시너지 효과를 이룬다.

6. 성씨(姓氏)-가부장제(권력)의 발생(반란): 인구의 증가와 더불어 더 이상 모계제(모계사회)로 삶을 이끌어갈 수 없었던 인류는 가부장제를 실시하게 된다. 가부장제(남성의 반란)와 더불어 이전에 여성적인 것에 속했던 알-씨-성씨가 남성적인 것에 속하는 것으로 반전된다. 가부장제와 함께 전 지구적인 범위에서 태양숭배사상(solarization)이 만연하게 된다. 이 시기는 육체에 비해 정신적 자아(Mental Ego)가 보다 고상한 것으로 등장하는 시기이다. 태양의 시기가 바로 '토테미즘의 심리학'으로 보면 '높은 의식(밝)'의 단계이며, 이는 육당 최남선(崔南善)이 말하는 '밝 문화'의 단계이다. 본래 태양은 여성이었지만(태양=여성) 이 시기에 남성으로 변전한다. *마누라: 태양 같은 여인: 마(진실로), 누(여자), 라(태양)

가부장제 이후 여성은 남성혈통(자손)의 지속(번식)과 권력을 위한 이용의 대상으로 전락한다(박씨, 김씨, 이씨, 리처드, 사뮈엘 등).

7. 가부장제와 종교의 결탁(동맹): 가부장제-국가의 발생과 더불어 지구상에는 오늘날 고등종교라고 지칭하는 유·불·선·기독교가 문화권별로 형성된다. 종교(사제권력)와 국가(정치권력)는 서로 결탁을 하여 자신의 권력을 유지하게 된다. 처음에는 제정일치(祭政一致) 사회였으나 점차 제정분리(祭政分離) 사회로 옮아간다. 종

교적 인간의 원형화 · 보편화가 이루어진다.

8. 언어(상징)의 사용으로 상상력의 급격한 증대: 언어의 분화와 사용량이 급격하게 늘어나는 것과 함께 사회가 점차 복잡해지고, 문화와 문명이 크게 발전한다. 언어의 은유적(隱喩的) 사용(음성=음파=소리)과 환유적(換喩的) 사용(표상=표기=기술)이 일상생활에서 혼용됨으로써 인간은 보다 활발한 상상력과 상징하는 힘을 갖게 된다.

9. 시(詩)와 예술(art), 과학(science)의 발생: 시=은유(metaphor, phor=phone), 과학=환유(metonymy, nymy=name). 인류문화의 많은 부분을 은유와 환유라는 관점에서 서술할 수 있다. 요컨대 시는 은유의 기표연쇄(記標連鎖)이고, 과학은 환유의 기표연쇄(記標連鎖)에 속한다.

10. 존재(사물)의 대상화: 주체-객체(나-너, 즉자-타자, 창조주-피조물, 세계의 二分化, 二分法)의 프레임은 인류의 보편적인 사유체계(프레임)이며, 이것은 보편적인 문장구조(주어+동사+목적어+보어+부사구)에 잘 반영되어 있다. 인도유럽어 문화권은 명사(개념: 실체: 주어와 목적어)를 중시한다. 한글 문명권은 동사(氣: 기운생동, 비실체)를 중시한다. 한자 문명권은 양자의 사이에 있다.

11. 주체(subject)의 혁명: 주체는 '대상에의 종속(subject to

object)'에서 '대상의 주인(subject over object)'으로 입장을 전환한다. 대상(object)이라는 말 속에 이미 주체(subject)의 선험, 초월, 지향적 입장과 목적의식이 있다. 이데아(idea, 본질, 존재)라는 말속에는 이미 '초월'과 '대상'과 '목적'의 의미가 내재해 있다. 그래서 서양철학은 모두 현상학이다.

현상학은 인간의 지평(地平)에서 현상학적 환원을 하거나 현상학적 회귀를 하는 사유체계를 의미한다(天地中人間). 이 속에 '자연적 존재'(자연)에 대한 인간현존재(존재자)의 지배가 내재해 있다. 인간이 만든 모든 문화와 문명은 '자연적 존재(자연)'에 비해서는 '제도적 존재자(문명)'이다.

서양에 철학(현상학)이 있다면 동양에는 도학(존재론)이 있다. 철학은 앎은 위주로 하고, 도학은 삶을 위주로 한다. 앎은 대뇌활동에 비중을 크게 두고, 삶은 신체활동에 비중을 둔다.

앎은 '앎=힘', 지식과 과학에 그 초점을 두고, 삶은 '무위자연(無爲自然)', 수신(修身)에 초점을 둔다.

12. 인간 개인으로 볼 때, 시적(詩的)-예술적(藝術的) 인간과 기술적-과학적 인간으로 일반적으로 구분된다. 양자가 종합된 인간이 종교적 인간이다. 종교의 집회가 말씀(symbol, 經典)과 의례(ritual, 祭祀)로 구성된 것은 좋은 예이다.

13. 인간사회에 국가와 도덕(道德)과 법(法)과 예악(禮樂)의 등장:

주체(주인, 지배자)와 대상(노예, 피지배자)의 공동생활을 위한 재화와 용역의 분배 및 균형 잡기로서 도덕과 윤리가 등장하고 이에 따라 계급-계층의 분화가 이루어진다. 이를테면 왕-귀족-평민-노예의 사회적 역할분담과 위계체계가 완성된다.

14. 과학기술시대의 등장: 자연에 대한 인간의 지배로서의 기술과 과학이 더욱 고도화된 형태로 등장한다. 자연적 존재는 인간에 의해 사물화되고, 사물화된 존재는 기계로 존재 변화를 하게 된다. 자연은 자연과학적인 형태로 존재하게 된다.

15. 자연은 자연 그대로서 선(善)하다. 인간에 의해 친구(友, friend)와 적(敵, enemy)이 발생하고, 적대감이 심화되어 악(惡, evil)이 발생한다.

16. 자연에 대한 과대한 이용으로 자연이 황폐화되었다. 홍익인간(弘益人間)에서 홍익자연(弘益自然)으로 되돌아가야 할 때가 되었다.

17. 인간은 신체적 존재이다. 이때의 신체는 정신(주체)의 대상으로서 육체(물질)가 아니라 자연의 타고난 존재(본래존재)로서의 신체이다. 인간의 신체 속에 신(神)과 존재(存在)가 있다. 이것이 생명의 회복이다. 만물만신(萬物萬神) 사상과 인중천지일(人中天地一) 사상과 풍류도(風流道)의 부활이 필요하다.

[표 46] 앎과 삶의 고고학

앎과 삶의 고고학: 믿음(종교, 대중적 앎과 삶)	
앎(말씀, 지식, 과학, 이용, 이데아)	삶(알, 생명, 도덕, 수신, 자연)
대뇌-이성(理性)-남성	신체-욕망(慾望)-여성
본질(essence, idea, 동일성)	존재(existence, life, 실존성)
지배-권력(가부장-국가)의 발생	피지배-백성(민중)의 발생
철학: 서양의 현상학(現象學)	도학: 동양의 도학(道學)
천지중인간(天地中人間)	인중천지일(人中天地一)
남자가 여자(존재)를 궁금해 함	여자가 남자(존재자)를 낳고 키움
앎과 삶은 교차되는 것이다. 이는 음양상보(陰陽相補)와 같다.	

7) '하나'의 상징성에 대하여

필자는 앞에서 '알(올)-나-하나(흔)' 사상을 말한 바 있다. 그런데 이 말은 천부경의 '천지인(天地人) 하나' 사상에 대입시킬 수 있는 것은 물론이고, 도덕경의 '도법자연(道法自然)', 성경의 '나는 길이요, 진리요, 생명이다'와 의미가 상통하는 것을 발견할 수 있다.

"나는 길(道)이요, 진리(法)요, 생명(自然)이다."(성경)

"도법자연(道法自然)"(도덕경)

"알-나-하나"(박정진)

[표 47] 길-진리-생명, 도법자연, 알-나-하나

天地人-하나	天	길(道)	진리(眞理)	생명(生命)	聖經
	人	道	法	自然	道德經
	地	알(을, 卵)	나(알다, 앎)	하나(혼)	박정진
나(하-되)다	삶	(태어)나다 nature	(일, 놀)하다 doing(play)	(완성)되다 becoming	동사적 존재 (Being)

언어 문화권은 인도유럽어문화권과 한자한글문화권으로 나누고, 종교는 원시종교(도교, 선교)와 고등종교(유교, 불교, 기독교)로 나누었다. 여기서 원시종교란 자연종교를 의미한다. 천지인사상이든, 도법자연의 사상이든 모두 순환론에 바탕하고 있다. 말하자면 편의상 천지인을 갈라놓았지만 이들은 서로 상통하고 교차될 수 있음을 의미한다. 이러한 천지인 구조는 하늘과 땅 사이에서 수직(vertical)으로 서서(stand) 두발로 걸어가는(bi-pedalism) 인간의 삶의 조건이라고말할 수 있다. 말하자면 생물로서의 삶의 조건이 이러한 구조를 만들었다고 할 수 있다. 동시에 천지인 가운데

[표 48] 천부경과 도법자연으로 보는 인류의 종교

天地人(析三極)-道法自然(三生萬物)	人法天	기독교	고등종교 (지배-피지배)	인도유럽어 문화권
	人法地(物)	불교도		
	地法天(心)	유교	원시(자연)종교 (공동체사회)	한자한글 문화권
	天法道	도교(선교)		

어느 것을 더 중심적으로 생각하느냐에 따라 문화가 다양하게 전개되었음을 알 수 있다. 그런데 성인들의 말은 결국 '하나'(보편적이고 일반적인 혹은 일반적이고 보편적인)에 도달했음을 알 수 있다.

한국인이 일상적으로 말하는 '하나'라는 말에는 다원다층의 의미가 있다. 한국인은 '하나'를 '혼'이라고 말하기도 한다. 이 '혼'에는 여러 의미가 있다.

"한사상의 '혼'에는 한국, 한겨레, 한글, 한식, 하나님(혼님)', 한얼의 의미와 함께 한자로는 '韓, 漢, 汗, 旱, 寒, 咸, 桓, 丸' 등으로 쓰인다. 다시 말하면 국가, 민족, 사상, 생활전반에 관한 우리의 정체성(identity)을 규정할 때 쓰는 말이다."[67] 물론 여기에 '한(恨)'과 '칸'(khan)도 포함할 수 있을 것이다.

'한'의 사전적인 의미는 '一(one)' '多(many)' '同(same)' '中(middle)' '不定(about)' 등 다섯 가지 뜻으로 요약된다.[68] 여기에 '한'의 새로운 의미로서 무한대(無限大, ∞), 무(無, nothingness, nothingless, 0), 영원(永遠, eternity)' 등 무량(無量)의 의미도 포함할 수 있을 것이다.

"이러한 '한'의 개념은 종래 서구 중심의 철학사상이 제1원인(the first cause)이나 충족 이유(sufficient cause)를 설정, 거기서 다른 존재들을 유추하는 시원적 방법론에 의존하는 데 반해 비시원적으로 사고하고 사물을 생각하는 특징을 가지고 있다. 한사상은 다양

---

67 박정진, 『한국문화와 예술인류학』(미래문화사, 1990), 274쪽.
68 김상일, 『한사상』(온누리, 1986), 8~9쪽.

한 의미를 포용하고 있기 때문에 그것 자체가 상징이다."[69]

'한'이라는 말에는 천부경(天符經)의 무시무종(無始無終)의 의미도 계승되고 있다고 볼 수 있다. 이것은 서양문명이 추구하는 동일성(同一性), 혹은 실체성(實體性), 유시유종(有始有終)과는 다른 의미이다. '한'은 한국문화의 집단적 정체성이면서 집단적 무의식이라고 할 수 있다. '한'에는 불교적 의미의 체상용(體相用)에서 체(體)에 해당하는 어떤 존재성이 잠재되어 있다고 볼 수 있다.

필자는 30년 전 '한'의 상징성에 대해 논의하면서 상징이 역동적(力動的, 易動的)인 삶에 있어서 역동적인 장(場, 磁場)에 해당하는 상징(symbol)임을 밝힌 바 있다. 더욱이 상징을 기(氣)와 연결시켜서 '상징-기(氣)'를 서양문명의 '언어-사물'에 대칭시킨 바 있다.

"그것(한)은 '축어적 해석'(一)이면서 '확장으로서의 해석'(多), 그리고 그 사이의 '불확실성(不定)'과 '중간(中, middle)' '같음(同, same)' 등을 함께 포함하고 있다. 이것은 상징의 다차원성과 다름이 없다. '한'은 고정된 상징(이것은 언어이다)보다 상징작용, 즉 역동적 상징이다. 서양철학이 시원적 사고 특성을 가졌다고 하는 것은 어떤 관념이나 개념에 결정성을 부여하는 것을 의미하는데 이것은 다름 아닌 서양문명의 '언어-사물' 중심의 사고틀과 맥을 같이 한다. 이에 비해 결정성을 부정하는 '한'은 동양문화의 '상징(氣)' 중심의 사고 틀과 상통한다. 상징이야말로 지시적 의미전달

---

69 박정진, 같은 책, 274~275쪽.

기능을 하면서도 개인(詩人)과 집단(민족)이 특별히 부여하는 의미를 싣고, 시각적으로 독립성을 보이는 사물과 언어가 하나가 되게 하는 주술적 기능을 한다. '한'은 우리민족의 집단상징의 원형이다."

'나는 길이요, 진리요, 생명이다' '도법자연' '알-나-하나'사상을 인도유럽어문명권과 한자한글문명권, 그리고 이 둘의 교차지역으로서의 중앙아시아문명권을 설정하는 것과 함께 각 문명권의 특징을 비교해 보면 참으로 유의미한 결과를 얻을 수 있다.[70]

우선 중앙아시아 지역을 인류의 5대 고등종교(유대교, 기독교, 이슬람교, 힌두교, 불교)들이 발생한 지역으로 특징지을 수 있다. 유교(儒敎)는 동아시아, 특히 동이족이 살았던 동북아시아와 연결되는 중국 산동지방에서 발생한 종교라고 할 수 있다. 그런 점에서 유교는 도교(道敎)와 함께 선도仙道)의 새로운 버전이라고 말할 수 있다.

우선 유럽은 진리(眞理)를 숭상하고, 중앙아시아는 생명(生命)을 숭상하고, 동양(동아시아)은 길(道)을 숭상하는 것으로 나타났다. 이것은 또한 앎(지식-이용-욕망), 알(卵-생명-순환), 앎(지혜-道-自然)으로, 그리고 앎(지식)-알다-존재(Being)-과학(학문), 생성(생멸)-나다-생성(becoming)-종교, 삶(살림)-되다-도(Tao)-윤리(도덕)로 연결된다.

이것은 최종적으로 도구적(道具的) 인간, 존재적(存在的, 生滅的) 인간, 도덕적(道德的) 인간의 특징으로 나타난다.

---

70 박정진, 같은 책, 275쪽.

한'의 상징성은 인류문명과 종교, 그리고 삶의 여러 유형들과도 서로 상통하는 사상임을 알 수 있다. 인도유럽어(서양)-기독교불교 문명에 '악(惡)-죄의식(죄책감, 原罪)의 상징'[71]이 있다면, 한자한글(동양)-선도도교문명에는 '한(恨)-수치심(羞恥, 禮義)의 상징'이 있다.

[표 49] 인류문명권으로 본 길-진리-생명, 도법자연, 알-나-하나

인도유럽어문명권 (유럽중앙아시아)	한자한글문명권(아시아대륙)	
유럽	중앙아시아(수메르문명권)	동양(동아시아)
진리(眞理)	생명(生命)	길(道)
앎(지식)-알다	생성(생멸)-나다	삶(살림)-되다
Being	becoming	Tao
과학(학문) 기독교 "악(惡)의 상징"	종교: 세계 5대종교 유대교 기독교 이슬람교, 힌두교, 불교	윤리(도덕) 선도, 도교, 유교 "한(恨)의 상징"
Science	Belief	Conscience
유신유물무신론	유신유심범신론	심물일체자연
法(법칙, 법률, 실체, 자아, 用)	法(불법, 제행무상, 비실체, 제법무아, 體)	道(인법지, 지법천, 천법도, 道法自然)
앎(지식, 이용, 욕망)	알(卵, 생명, 순환)	앎(지혜, 道, 自然)
도구적(道具的) 인간	존재적(生滅的) 인간	도덕적(道德的) 인간
"나는 길(道)이요, 진리(法)요, 생명(生命)이다." (道法自然)="알(을)-나-하나(한, 혼)"="알나한"		

71 폴 리쾨르, 양명수 옮김, 『악의 상징』(문학과 지성사, 1994), 참조.

Abstract

신체적 존재론 –신체는 존재이다

이 책에서 세계 최초로 전개되고 있는 신체적 존재론은 정신(주체)의 대상으로서의 육체나 물질로서의 신체를 말하는 것이 아니다. 신체가 육체로 오인될 위험이 있음에도 불구하고 굳이 신체적 존재론을 고집하는 까닭은 신체에 대한 종래의 유물론적 관점을 벗어나는 것은 물론이고, 이것의 대립적인 위치에 있는 유심론적 관점을 동시에 벗어나려는 의도가 깔려있다.

신체라는 것은 유심과 유물의 이분법의 어느 연속선상에 있는 것이 아니라 아프리오(a priori)의 성격을 갖는 본래존재(존재의 본래모습)이다. 쉽게 말하면 여자(어머니)의 몸(자궁)에서 태어난 존재로서의 의미를 강조하는 것이 신체적 존재론이다. 필자의 신체라는 개념은 독일의 초월적 관념론을 벗어나는 것은 물론이고, 프랑스의 현상학적인 합리론마저 벗어나는 것이다.

철학사적으로 보면 프랑스의 '현상학적인 의미의 신체'와 하이데거의 '존재론적인 의미의 신체'를 융합한 '신체적 존재'의 의미라고 할 수 있다. 한국의 전통철학으로 보면 몸과 마음이 하나로 있는 '몸'의 의미를 계승하는 것이라고 할 수 있다. 마음과 몸은 정신과 육체와 대응되는 의미가 아니다. 몸과 마음은 편의상 나뉜 것일 뿐 둘은 본래 하나이다.

우리는 몸에서 일어나고 있는 마음의 현상이, 혹은 마음에서 일어나고 있는 몸의 현상이 몸의 것인지, 마음의 것인지 알 수 없다. 그것은 이중적이면서 동시에 존재론적이다. 우리 몸은 분명 자연이다. 인간이 언어로 규정한 것이 아니라는 점에서 그렇다.

자연과학과 스포츠과학기술의 발달로 우리 몸은 흔히 육체(물질)로서 기계적으로 작동하는 존재처럼 취급되기 일쑤다. 설사 보는 이에 따라 기계적인, 혹은 물질적인 측면이 있다고 하더라도 몸이 기계인 것처럼 결정론에 빠져든다면 미래에 신체적 인간의 존엄과 가치는 점점 상실될지 모른다.

신체는 근본적으로 기계와 다른 연원을 가지고 있으며 기계가 아니라는 점을 상기시키지 않으면 어머니의 자궁에서 재생산된 존재의 의미가 미래에 공장에서 생산될지도 모르는 인조인간(AI, 인공지능)보다 더 가치 있는 존재임을 보장받기 어려울 것이다. 인간은 적어도 우주의 태초에서부터 오랜 진화적인 과정—개체발생은 계통발생과 같다—을 거쳐서 오늘에 이른, 아주 특이한(singular) 존재임에 틀림없다.

오늘날 고도로 발달한 도시의 복합사회(complex society)에 살기 전에 인간은 대체로 상징(symbol)과 의례(ritual)를 통해 문화를 계승하거나 정체성을 확립하면서 살아왔다. 의례란 의례적 상징(ritual symbol)이며, 기호적(언어적)인 상징과는 달리 신체적 동작(행위)를 수반하는 상징체계이다.

인간은 의례 이외에도 사냥이나 체육, 그리고 무예(이것은 전쟁 기술로 사용된다)라는 신체적 행위를 통해 살아왔다. 고대로 올라갈수록 신체적 동작을 수반하는 문화체계 위에서 살았다. 그런 점에서 인간은 언어(기호)를 사용하는 존재이면서 동시에 신체적 존재임에 틀림없다.

인간의 삶이 점차 기계화되고, 기계의 힘을 빌리지 않고는 살 수 없을 뿐만 아니라, 심지어 인공지능이나 기계인간이 태어날 개연성에 직면해 있는 것이 현대인의 삶이다. 아마도 21세기를 지나면 더욱더 기계적 환경 속에 내몰려질 것이 예상된다. 바로 그렇기 때문에 인간이 신체적 존재라는 사실을 상기해야 할 필요와 의무가 있는 게 오늘의 인간상황이다. 신체가 바로 존재인 것이다. 이 책의 특징은 다음과 같다.

1. 스포츠와 무예의 상징 · 신화적 성격을 고취시키는 한편 그 성격을 회복함으로써 신체적 존재로서의 인간을 부각시키는 데에 중점을 두었다.

2. 신체적 존재로서의 인간에 대한 철학적 고찰을 통해 '현상학적인 신체'의 현상성과 '존재론적인 신체'의 존재성을 연결함으로써 신체만이 그 매개(영매)역할을 할 수 있음을 보여주고자 하였다.

3. 신체적 존재론에 이르는 철학적 접근방법은 다양하다. 현상학, 존재론, 해체론, 그리고 몸(몸=마음)철학과 축제론에 이르기까지 다양한 경로가 있다.

4. 신체적 존재로서의 인간이 가장 적나라하게 드러나는 사건과 계기가 바로 축제이다. 축제야말로 신체적 존재론의 문화적 핵심임을 증명하였다.

5. 특히 후반부에 현상학적인 굴레와 신체적 존재론을 통해 몸(마음)이야말로 존재 그 자체임을 강조하였다. 동양의 도학(道學)의 전통은 예로부터 수신(修身)과 수양(修養)을 강조해왔다. 수신과 수양은 신체적 존재로서의 인간이 신체를 자기완성의 도구로 사용하면서 동시에 자기목적적인 성격을 지니고 있음을 말한다.

6. 이 책은 신체적 존재론의 입장에서 종래의 '진선미(眞善美)-지덕체(智德體)'의 관점을 '미선진(美善眞)-체덕지(體德智)'로 역전시켜서 설명했다.

7. 동양의 수신제가치국평천하(修身齊家治國平天下)의 성리학적 전통 위에 새로운 덕목으로서 검소, 겸손, 자유, 창의의 바탕 위에 자신(自身), 자신(自信), 자신(自新)을 통해 끝내 스스로 신이 되는 자신(自神)의 경지에 이를 것을 제안하는 새로운 도덕론을 제시하였다. 이것은 위인성신(爲人成神)으로 요약된다.

8. 이러한 신체적 존재로서의 인간성을 계승발전 시키기 위해서는 스포츠와 무예의 활성화가 요구됨을 역설하였다. 신체적 존재론은 문화적으로는 무(武)가 문(文)에 우선하는 보다 근본적인 존재임을 주장하는 무문(武文)철학의 기반 위에 있다.

9. 인류평화를 도모하는 스포츠 제전으로서 올림픽이 있다면 무예분야에서도 세계무예마스터십대회(무예올림픽)가 활성화되는 데에 무예인과 세계인의 협력이 요청된다. 특히 세계에서 하나뿐인 무경(武經)인 '무예도보통지(武藝圖譜通志)'의 나라인 한국에서 무예올림픽의 성화가 채화되는 것은 인류문화사적인 맥락에서도 매우 상징적인 의례가 될 것이다.

10. 결론적 잠언: "우리(인간)가 찾는 신은 처음부터 유물이고, 기계였던가? 그렇다면 우리가 찾지 않는 신은 우리의 신체란 말인가? 진정한 존재는 우리가 몰랐던 것이 아니라, 결코 보지 못했던 신체였다. 그 신체는 그동안 사유(앎)를 단지 담고 있다고 비하된

신체이다. 그래서 우리는 우리의 신체를 기계로 바꾸고 있는 문명에 대해 경각심을 가져야 한다. 기계가 우리의 또 다른 신체가 되고 만 현대에 이르러 깨달은 사실은 신체야말로 존재라는 점이다. 나는 신체이고, 신체야말로 신과 만나는 지점(집)이며, 신체야말로 존재이고 신이다. 自身, 自信, 自新, 自神이여! 신이 죽은 게 아니라 우리 모두에게 '내가 신이다.' 신체는 존재의 시종(始終)이자, 종시(終始)이다. 더 정확하게는 무시무종(無始無終)이자, 무종무시(無終無始)의 존재이다."(박정진)

천지인 사상과 세계 무예 마스터십 대회

1) 단군의 홍익인간 사상과 현대적 전개

홍익인간 사상은 한민족에겐 단군 시대로부터 전해 내려온 인류 평화 사상이며 공생·공영하는 사상이라고 할 수 있다. 『삼국유사』에 이미 "홍익인간(弘益人間), 재세이화(在世理化)"라는 말이 나온다. "보다 넓게 인간을 유익하게 하고 세계를 윤리 도덕으로 다스려야 한다"는 의미가 새겨있다. 한국인이면 누구나 이를 잘 알고 있다.

『삼국유사』「고조선(古朝鮮)·왕검조선(王儉朝鮮)」의 단군 신화 내용을 보자.

『위서(魏書)』에 이렇게 말했다.

"지금으로부터 2,000년 전에 단군 왕검이 있었다. 그는 아사달(阿

斯達; 경經에는 무엽산無葉山이라 하고 또는 백악白岳이라고도 하는데 백주白州에 있었다. 혹은 개성開城 동쪽에 있다고도 한다. 이는 바로 지금의 백악궁白岳宮이다)에 도읍을 정하고 새로 나라를 세워 국호를 조선(朝鮮)이라고 불렀으니 이것은 고(高)와 같은 시기였다.”

또 『고기(古記)』에는 이렇게 말했다.

“옛날에 환인(桓因; 제석帝釋을 말함)의 서자(庶子) 환웅(桓雄)이란 이가 있었는데 자주 천하를 차지할 뜻을 두어 사람이 사는 세상을 탐내고 있었다. 그 아버지가 아들의 뜻을 알고 삼위 태백(三位太伯)을 내려다보니 인간들을 널리 이롭게 해줄 만했다. 이에 환인은 천부인(天符印) 세 개를 환웅에게 주어 인간의 세계를 다스리게 했다. 환웅은 무리 3,000명을 거느리고 태백산(太伯山) 마루턱(곧 태백산은 지금의 묘향산妙香山)에 있는 신단수(神檀樹) 밑에 내려왔다. 이곳을 신시(神市)라 하고, 이분을 환웅 천왕(天王)이라고 이른다. 그는 풍백(風伯)·우사(雨師)·운사(雲師)를 거느리고 곡식·수명·질병·형벌·선악 등을 주관하고, 모든 인간의 360여 가지 일을 주관하여 세상을 다스리고 교화했다.

이때 범 한 마리와 곰 한 마리가 같은 굴속에서 살고 있었는데 그들은 항상 신웅(神雄), 즉 환웅에게 빌어 사람이 되기를 원했다. 이때 신웅이 신령스러운 쑥 한 줌과 마늘 20개를 주면서 말하기를 ‘너희들이 이것을 먹고 100일 동안 햇빛을 보지 않으면 곧 사람이 될 것이다’라고 했다. 이에 곰과 범이 이것을 받아서 먹고 삼칠일(21일) 동안 조심했더니 곰은 여자의 몸으로 변했으나 범은 조심을 잘못해서 사람의 몸으로 변하지 못했다.

웅녀(熊女)는 혼인해서 같이 살 사람이 없으므로 날마다 단수(壇
樹) 밑에서 아기 배기를 축원했다. 환웅이 잠시 거짓 변하여 그와 혼
인했더니 이내 잉태해서 아들을 낳았다. 그 아기의 이름을 단군 왕
검(檀君王儉)이라 한 것이다. 단군 왕검은 당고(唐高)가 즉위한 지 50
년인 경인년(庚寅年. 요堯가 즉위한 원년元年은 무진戊辰년이니, 50년
은 정사丁巳요 경인이 아니다. 이것이 사실이 아닌지 의심스럽다)에 평
양성(平壤城, 지금의 서경西京)에 도읍하여 비로소 조선이라고 불렀
다. 또 도읍을 백악산(白岳山) 아사달(阿斯達)로 옮겼는데 아사달은
궁홀산(弓忽山, 일명 방홀산方忽山)이라고도 하고 금미달今彌達이라고
도 한다. 그는 1,500년 동안 여기에서 나라를 다스렸다.

주(周)나라 호왕(虎王. 무왕武王의 '武'자를 휘諱한 것)이 즉위한 기
묘(己卯)년에 기자(箕子)를 조선에 봉했다. 이에 단군은 장당경(藏唐
京)으로 옮겼다가 뒤에 돌아와서 아사달에 숨어서 산신(山神)이 되
니, 나이는 1,908세였다고 한다."

古朝鮮[王儉朝鮮]. 『魏書』云: "乃往二千載有壇君王儉, 立都阿斯達(經云
無葉山, 亦云白岳, 在白州地, 或云在開城東. 今白岳宮是), 開國號朝鮮, 與高
同時." 『古記』云: "昔有桓因(謂帝釋也). 庶子桓雄, 數意天下, 貪求人世. 父
知子意, 下視三危太伯, 可以弘益人間. 乃授天符印三箇, 遣往理之. 雄率徒
三千, 降於太伯山頂(卽太伯, 今妙香山)神壇樹下, 謂之神市. 是謂桓雄天王
也. 將風伯·雨師·雲師, 而主穀·主命主病·主刑·主善惡, 凡主人間三百六十

餘事, 在世理化. 時有一熊一虎, 同穴而居, 常祈于神雄願化爲人. 時神遺靈
艾一炷·蒜二十枚, 曰: ‘爾輩食之, 不見日光百日, 便得人形.’ 熊虎得而食之,
忌三七日. 熊得女身, 虎不能忌, 而不得人身. 熊女者, 無與爲婚, 故每於壇樹
下呪願有孕. 雄乃假化而婚之. 孕生子, 號曰壇君王儉. 以唐高卽位五十年庚
寅(唐高卽位元年戊辰, 則五十年丁巳非庚寅也. 疑其未實), 都平壤城(今西京),
始稱朝鮮. 又移都於白岳山阿斯達, 又名弓(一作方)忽山, 又今彌達, 御國
一千五百年. 周虎王卽位己卯, 封箕子於朝鮮, 壇君乃移於藏唐京, 後還隱於
阿斯達爲山神, 壽一千九百八歲.”

　무교는 제정일치와 시대를 같이한다. 이 말은 무당이 바로 통치
자(왕)라는 말에 다름 아니다. 그러한 점에서 우리 민족의 고대 축
제는 무교와 맥을 통하고 있고, 그러한 점에서 단군은 일종의 나라
무당인 셈이다. 무교는 후에 제사 중심에서 정치 중심의 왕국으로
진화(進化, 化生轉化)하는 양상을 보인다. 이것이 바로 단군 신화에
잘 나타나 있다. 단군 신화는 우리 문화의 원형을 살펴볼 수 있는
귀중한 담론이면서 무교와의 친연성을 보이는 신화 담론이다.

　축제와 단군 신화의 연관성을 무교적으로 해석하면 다음과 같다.

　① 천신(天神)을 위시한 여러 신령에게 제를 올린다(天祭). 제사를
올리는 데는 주재자(중재자)가 있어야 하는데 그 인물이 바로 무당
이다. 무당은 인류의 종교가 처음으로 사람을 내세워 하늘과의 중
재자로, 다시 말하면 하늘의 말(神託)을 받아 전하고 해석하는 해석
자로서 역할을 맡긴다. 해석자가 나타남으로써 그 이전의 정령 숭

배나 토테미즘과는 근본적으로 다른, 하늘과 땅의 중재자로 사람(人)을 설정하는 천지인(삼재 혹은 삼위일체) 사상을 배태한다. 무당은 본래 여무(女巫)였는데 후에 남무(男巫)로 변한다.

② 천신인 환인(하느님)의 아들 환웅이 풍백·우사·운사 등 신령을 거느리고 이 땅에 내려와 웅녀와 결합하여 단군을 낳았고, 단군이 고조선을 세웠다(제정일치 사회). 환웅은 태백산 신단수에 내려오는데 여기서 나무가 하늘과 땅을 연결하는 매개 역할을 하는 것은 알다시피 세계수(世界樹, cosmic tree)의 신화소(神話素)이다. 환웅이 웅녀와 결합하여 단군을 낳았다고 하는 것은 당시 북쪽 산림 지역의 토템이었던 곰과 범 집단—반족(半族, moiety)이라는 주장도 있음—의 권력 경쟁을 유추하게 하고, 곰이 환웅의 여자로 간택된 것은 곰 토테미즘에서 샤머니즘, 샤머니즘에서 고대 국가로의 발전을 의미한다.

여기서 환인은 여신일 가능성이 크다. 환웅이 환인의 서자라고 하는 것은 모계 사회를 이해하지 못한 유학자가 유교식으로 표현한 것이라는 것이다.[72] 고려 시대에도 서자는 모계를 따라 고대의 모계 계승을 하는 것으로 나타나 있다. 세계의 천신(天神) 또는 태양신은 대개 여신에 속했는데 그것이 후대에 부계 사회의 도래와 함께 남신으로 변하면서 여신은 다시 지상의 것—물(水)·산(山)·땅(地)—으로 대체된다.

---

72 김정학, "단군신화와 토테미즘", 『역사학보』 제7호(1954).

환웅을 서자로 취급한 것은 바로 부계적 해석이었으며, 서자는 또한 원시의 말자(末子) 상속제와도 관련이 있다고 주장하는 학자도 있다. 여무가 남무인 단군으로 바뀌는 사정과 제정일치에서 제정 분리의 단계로 넘어가는 것을 말해 준다. 이때 남자는 정치를, 여자는 제사를 맡다가 다시 제사마저도 남자가 맡게 되는 과정을 후대에 거친다.

③ 앞에서 언급된 『위서』「동이전(東夷傳)」에 나오는 천제(天祭)는 은(殷)나라 역으로 정월(正月: 寅月)이니, 이후 달력으로는 축월(丑月)인 음력 12월이 된다. 아마도 추수 감사제적 성격을 보이긴 하지만 동시에 천신(하느님)에 대한 감사의 축제였다. 말하자면 이때는 이미 천신에게 제사를 지내는 것은 여러 제사의 공통이었다. 영고(迎鼓)는 흔히 달맞이·봄맞이·용궁맞이·천궁맞이·안방맞이처럼 '마지굿(마지[맞을 迎]+굿[북 鼓])'이라고 보는 것이 정설이고, 이것을 오늘의 오구(娛救·娛鬼·悟鬼·遙求)와 연결시켜 영고를 오구(오게 하는[올 來]+굿[鼓])라고 주장하는 학자도 있다. 둘 다 신을 초청(迎神)하여 축제를 벌인다는 의미이다.

④ 연일 밤낮으로 먹고 마시고 가무(飮食歌舞)한 것으로 보아 축제의 정도와 규모가 짐작되는데, 아마도 보편적으로 인류 원시 사회에 널리 퍼진 축제 이상의 것이었을 것으로 짐작된다. 우리 민족의 축제적 인간상을 증명한다. 무당이라는 것은 인류의 보편적인 현상이다. 그런데도 유독 동북아 시베리아 샤머니즘이 부각되는 것은 추위와 굶주림 등으로 스트레스와 강박 관념이 심해 축제가

격렬했기 때문인 것으로 보인다.

⑤ 제천 의식은 고려 시대에는 팔관회(八關會, 일종의 천제)로 계승되었으며 연등회 등 불교 축제로 이어진다.

⑥ 무속 신화의 본풀이가 왕조 시대로 옮기게 되면 상고대(上古代) 신화가 된다. 왕조의 본풀이가 바로 왕권 신화가 된 것이다.

⑦ 무교의 흔적은 왕을 지칭하는 말인 신라 2대 남해왕(南解王)을 남해 차차웅(次次雄)이라고 명명하는 데서도 드러나는데, '차차웅' 혹은 '자충(慈充)'은 불교가 들어오면서 '중(僧)'으로 변하고, 당집(堂)은 절을 하는 곳이라고 하여 '절(寺)'로 변한 것이다. 마치 고대 왕국이 국가 권력의 모형이었듯이 무교는 종교의 모형이 되고, 무교는 다시 불교를 비롯한 다른 고등 종교로 변형된다.

⑧ 무교를 논하면서 우리가 간과하기 쉬운 것은 바로 무교가 신인 동형 동성설(神人同形同性說, anthropomorphism)의 시발이라는 점이다. 흔히 신인(神人) 혹은 인신(人神)·신선(神仙)이라는 것은 모두 여기에 속하는 것인데, 하늘과 땅의 중재자·해석자·메신저 역할을 하는 것은 때로는 땅에 대해서는 하늘의 역할, 하늘에 대해서는 땅의 역할을 하는 것이기도 하다. 중재자라는 것은 실은 실권자가 될 수도 있다. 이런 하늘과 땅의 중간자적 입장은 후에 고등 종교의 창시자에게 길을 열어주는 것이기도 하다. 어떤 점에서는 석가·공자·예수·마호메트는 큰무당이라고 할 수 있다. 이들이야말로 신인이며 인신이다. 단군은 우리 민족에게서 처음으로 탄생한 큰무당이었으며 이러한 사상은 후에 우리나라에서 인내천(人乃天)

의 동학(東學) 사상으로 발전한다. 어떤 점에서 동학의 교주인 최제우야말로 우리나라가 최근세에 배출한 예수와 같은 인물이다. 주체적이고 실존적으로 신을 느낄 수 있는 것이 바로 인신 혹은 신인이며, 고대의 신선 다음으로 우리에게 다가온 신은 바로 인내천인 것이다.

⑨ 무교는 귀(鬼)와 신(神)을 섬기면서도 실은 인간을 중심으로 신을 섬기는, 혹은 인간의 기원이나 정성에 의해 신을 움직일 수 있는 길을 열었다. 무교는 여러 신을 인정하면서도 정령 숭배나 토테미즘과 같이 무생물에서부터 동식물에 이르기까지 흩어져 있던 신앙을 사람을 중심으로 재배열하여 적어도 인간에 의해 신의 세계, 상상계의 세계가 질서를 갖거나 재편성되는 계기를 맞게 된다. 경우에 따라서는 인간이 신을 좌지우지할 수 있게 되었다. 무교에 의해서 신을 섬기기만 하는 두려움의 단계에서 신과 교섭하는(주고받는) 단계로 발전하게 된 것이다. 그러한 점에서 그 후의 어떤 종교도 무교의 변형에 속한다고 할 수 있다.

⑩ 무교가 인류 역사상 끼친 가장 큰 공적은 처음으로 '하늘과 땅과 사람'이라는 천지인 삼재 사상을 유형화하였으며 그 가운데에 사람을 놓았다는 점이다. 흔히 천지인 사상은 후에 유교 문화 체계에 의해서 형성된 것처럼 생각하기 쉬운데, 실은 샤머니즘에서 이미 형성된 것을 유교 문화 체계가 '천지 우주관'을 집대성하면서 그곳에 편입한 것이다. 다시 말하면 무교의 '천지인 우주관'이 바탕이 되어 유교의 '천지 우주관'이 확립된다. 이것이 발전하여 음양으

로, 그리고 음양오행 사상으로 확장된다. 천지 우주관은 으레 유교의 것으로 생각하지만 무교에서 태동한 것이다.

무교는 지상에서 두 발로 수직보행(bipedalism)하며 위로는 하늘을 쳐다보고 아래로는 땅을 밟으며 생활하는 인간이 상정할 수 있는 우주론이다. 여기에 시시각각 삶의 방향을 정해야 하는 동물로서의 인간의 삶의 조건이 요구하는, 좌우 방향을 택하는 것이 더해져서 음양오행 사상이 된다. '무(巫)'자의 상형을 보면 하늘(一)과 땅(一) 사이에 수직으로 서있는 사람(丨)이 있고 그 사람은 좌(人)와 우(人)에서 춤을 추는 형상을 하고 있다. 무교가 인간이 수직으로 서있는 모습이라면, 음양오행 사상은 인간이 수직으로 서서 좌우로 팔을 벌리고 있는 형상이다. 음양오행 사상이란 인간을 중심(주체)으로 사방이 배치된 형상이다. 음양오행 사상은 짝수로 확장되는데, 이 때문에 하늘과 땅, 음과 양은 중요시하지만 자칫 인간이 개입하는 천지인 삼재와 그중 인간에 해당하는 삼(三)과 일(一)을 무시하기 쉽다.

⑪ 샤머니즘이야말로 3·1의 원리에 입각한 것이고 이 원리가 가장 잘 나타나 있는 것이 우리 민족의 세계 최고(最古) 최대 경전인 고조선의 『천부경』에 잘 나타나 있다. 알다시피 『천부경』은 『삼일신고(三一神誥)』『참전계경(參佺戒經)』과 함께 우리 민족의 경전이다. 3·1의 원리는 '합일(合一)'의 통합의 원리가 되기도 하고, '일생이(一生二)'의 분열의 생성의 원리가 되기도 한다. 또 '일이이(一而二)' 혹은 '이이일(二而一)'의 원리가 되기도 하고, 1과 2의 가역반응

(1↔2)의 원리가 되기도 한다. 유교의 음양오행학에 정통하려면 바로 이 인간을 음양 생성의 어디에 놓느냐가 가장 중요한 관건이 된다. 대체로 음양학에서 착오나 오류가 생기는 경우는 이것의 이치를 잘 모르는 경우가 대부분이다. 음양은 사람에 따라 길흉화복(吉凶禍福)이 바뀐다.

2) 주기형(主氣形)의 한국 문화

한국 문화를 원형론의 입장에서 고찰하면 가무와 술을 좋아하는 주기형(主氣形)이라고 할 수 있다. 이것을 서양의 문화 유형에서 찾는다면 디오니소스형이라고 할 수 있다. 『삼국지·위서』「동이전」 '부여(夫餘)' 조에 보면 다음과 같은 구절이 있다.

은나라 역으로 정월에 하늘에 제를 지낸다. 이때는 나라 안이 크게 모인다. 며칠씩 먹고 마시고 노래하고 춤춘다. 이름하여 영고(迎鼓)다. 이때에 형벌을 중단하고 죄인들을 풀어준다.

以殷正月祭天. 國中大會, 連日飮食歌舞, 名曰迎鼓. 於是時斷刑獄, 解囚徒.

또 같은 책 '마한(馬韓)' 조에 보면 다음과 같이 나와 있다.

항상 오월에 파종이 끝나면 귀신에게 제사를 지내고 여러 무리를 이루어 노래와 춤을 추고 술을 마시면서 밤낮으로 쉬지도 않고 춤을 추는 사람이 수천 명이었다.

常以五月下種訖, 祭鬼神. 群聚歌舞飮酒, 晝夜無休. 其舞數千人.

동양의 고전적(古典籍)들에 우리나라를 지칭하는 말인 소위 '동이족(東夷族)' 사람들의 특징으로 우선 "제사와 가무와 술을 즐긴다"는 것을 들고 있다. 이것은 바로 종교적-예술적 태도의 원형인 것이다. 그리고 M. 엘리아데를 비롯, 샤머니즘 연구가들에 따르면 고대 동북아시아의 종교적 특징으로 '샤머니즘'을 들고 있다.

이러한 주기형의 문화적 원형이 합리성을 강화하게 된 것이 바로 신라와 삼국의 풍류도(風流道), 즉 화랑도(花郞道)일 것이다. 우리가 흔히 고대 우리의 토착 종교를 말할 때 국선도(國仙道)·신선도(神仙道)·화랑도를 많이 예로 든다. 이들은 대체로 샤머니즘과 같은 뿌리를 가지고 있는 것으로 연구되고 있고 특히 신선도는 흔히 샤머니즘과 같은 뜻으로 쓰이기도 한다. 또 화랑과 샤머니즘의 관계는 현재적으로도 굿판이나 놀이판에서 쓰이는 '화랑(화랭이·파랭이·화래기)' 관련 용어에서도 엿볼 수 있다. 또한 신라 향가의 명가수들 중에 이름난 승려가 많았고 이들 중에는 화랑 출신들이 많았음도 불교와 화랑도와 샤머니즘과의 관계에 대해 어떤 암시를 주고 있다.

최치원(崔致遠)이 쓴 「난랑비서(鸞郞碑序)」에는 다음과 같이 쓰여 있다.

나라에 현묘지도가 있는데 그 이름은 풍류이다. 그 교의 원천에 대한 설명은 선사에 잘 준비되어 있다. 실지로 삼교가 포함되어 있고 많은 민중과 접하여 교화하였다.

國有玄妙之道, 曰風流. 說敎之源備詳仙史, 實乃包含三敎, 接化群生.

『삼국사기』에 의하면 신라 33대 성덕왕 때 김대문(金大問)이 쓴 『화랑세기(花郞世記)』에는 분명히 "화랑자, 선도야(花郞者, 仙徒也)" 라고 명시되어 있다. 화랑은 바로 선도라는 얘기다. 화랑도는 신라 24대 진흥왕 때 창설되었으며 그 이름은 국선도, 풍월도(風月道), 풍류도, 낭도(郞道), 단도(丹道) 등으로 불렸다.

위에서 '가무를 좋아하는 것'과 '화랑도'는 원천이 같은 것으로 보인다. 후자가 좀 더 이성적으로 발달한 종교-도덕적 형태일 것이다. 종교적 경전에서 인문적 경전으로 발달한 인류사의 보편적 과정으로 보면 결코 군자라는 '깨달은 인물'이 종교적인 성품과 멀다고만은 할 수 없을 것이다. 우리나라를 '도인(道人)의 나라' '은자(隱者)의 나라'라고 부르는 문헌은 적지 않다. 여기에다 동이족과 친연성이 큰 은(상商)나라의 경우 바로 '제사 문화'를 가장 큰 특징으로 보이는 고대 문화인 것이다.

공자의 조상도 은나라의 후예인 송(宋)나라 출신이고, 이 때문에 제사나 의례에 관심을 많이 보였다는 것은 잘 알려진 사실이다. 공자의 원시 유교는 차라리 예(禮)와 악(樂)의 문화였다고 하는 편이 옳다. 그렇다면 바로 고대의 샤머니즘을 인문학적으로 승화시킨 것이 유교일 것이다. 유(儒)라는 것이 바로 예악을 기초로 하면서도 천문과 점을 치는 무리였다. 유교의 이상적 인간상인 군자는 제사 문화와 이질적인 것만은 아닐 것이다.

인류에게 있어서 종교-축제 문명은 과학-이성 문명보다 앞서 있었던 문명이고, 더 근본적인 것이었다는 점에서 문명의 저층(底層), 혹은 무의식에 깔려 있는 것이라고 볼 수 있다. 따라서 종교 문명을 바탕으로 하지 않고는 과학 문명이 그 힘을 발휘할 수 없는 게 사실이다. 이는 마치 이성이라는 것이 상상력의 힘을 빌리지 않고는 제대로 원활하게 작동하지 못하는 것과 같다.

어떤 점에서는 종교 문명과 과학 문명은 절대성이라는 것을 공유하고 있고, 이성이라는 것도 상상력에 포함되는 것일 뿐만 아니라 상상력이 없이는 작동하지 못하는 성격의 것이다. 종교와 과학을 위해 절대적으로 필요한 추상과 우상이라는 것도 상상력의 산물이다. 말하자면 가상 실재다. 추상에 형상의 옷을 입힌 것이 우상이고, 우상에서 형상의 옷을 벗기면 추상이 남는다. 만약 진리라는 것이 추상이라면 그 추상은 반드시 형상의 옷을 입은 우상을 필요로 한다. 종교는 우상을 필요로 한다.

흔히 종교학자들은 단군 사상을 토테미즘과 샤머니즘 단계의 종교로 보고 부족 국가 혹은 민족 종교의 차원으로 보는 데 익숙한 탓으로 오늘의 고등 종교에 비해 낮은 단계의 종교나 사상으로 보는 경향이 있다. 이는 종교의 실존적인 의미를 잘 모르기 때문이다. 인류의 종교를 진화론적 관점에서 보면 애니미즘-토테미즘-샤머니즘-고등 종교의 순서로 놓게 된다. 그런데 이들을 시간적·역사적 선후 관계가 아니라 현재에도 함께 혹은 동시에 기능하고 있는 구조적·기능적인 관계로 보면 전혀 의미가 달라진다. 지금도 이들 원시 사상이나 신앙들은 인간 사회에서 벌어지고 있는 각종 사물과 사건을 해석하는 데 유효한 관점을 제공한다. 과학 기술 만능 시대인 오늘날도 애니미즘과 토테미즘과 샤머니즘이 살아있다는 것은 불가사의한 일이다.

과학과 고등 종교는 시대정신을 공유하고 있는 제도이고 서로 연관을 맺고있다는 것은 이해가 가지만, 혹여 샤머니즘은 고등 종교와 오십보백보라고 칠 수도 있지만, 애니미즘과 토테미즘은 무슨 뚱딴지 같은 소리냐고 비아냥거림의 대상이 될 수도 있다. 그러나 과연 우리 사회에 애니미즘과 토테미즘이 없다는 것을 자신할 수 있을까? 만약 기독교의 성령이라는 것이 현대판 애니미즘이라고 생각하면 용납될 수 없을까? 예수 또한 '예수 토템'이라고 말하면 불경스러운 것일까?

애니미즘, 즉 물활론(物活論)은 세계를 유기체로 바라보는 것에 깃들어 있고, 토테미즘은 예수를 성인(saint)인 동시에 희생물(sacrifice)로 보는 관점에 숨어있다. 토테미즘에는 종교적 숭배의 대상이 되는 것과 인간의 생명을 유지하게 해주는 음식의 대상이 되는 것에 대한 공통의 외경심이 자리하고 있다. 어떻게 보면 서로 생존을 다투면서 음식의 대상이 되었기 때문에 토템이 될 수도 있었을 것이다.

토테미즘에는 식욕과 성욕·권력욕, 그리고 초월과 해탈을 내용으로 하는 성스러움이 동시에 내포되어 있다. 그런 점에서 개체 발생이 계통 발생과 같다는 생물학적 진리가 종교에도 적용됨을 볼 수 있다. 이는 개체의 생존이 집단의 생존으로 연장됨을 뜻한다. 고등 종교에도 애니미즘·토테미즘·샤머니즘의 요소가 다 들어있다.

토테미즘은 또한 집단의 소속과 정체성을 표시하는 인지·분류 체계 혹은 상징 기호가 되기도 한다. 오늘날 국가를 비롯한 인류 사회의 각급 단체와 기구들은 자신의 정체성을 표시하기 위해 동식물들을 휘장이나 기호 체계로 사용하는 것을 볼 수 있다. 천지인 사상으로 볼 때 세계는 서로 소통하고 교감하는 '커뮤니케이션 체계'로서 '하나의 세계(the Oneness)'다. 먹고 먹히는 생존 경쟁의 세계는 인간에 이르러 문화적으로 권력 경쟁의 세계를 취하면서도 그것을 넘어서 성스러움으로 승화된다.

인간의 삶은 누구나 예외 없이 천지중인간·인중천지일의 삶을 교대하면서 살아간다. 때로는 현상학적 존재로, 때로는 존재론적 존재로 살아갈 수밖에 없다. 그래서 철학적으로 현상학과 존재론의 화해가 필요하다. 천지인이 하나가 되는 것이야말로 인류 평화 사상의 정점이라고 말할 수 있다.

[표 50] 천지인과 상징체계

天	聖(saint) 종교/초월·해탈	성찬식(communion) 상징 제의/토테미즘/샤머니즘	공의(共義) 신앙, 숭배	교감(sympathy)· 소통(communication)의 공생(symbiosis) 체계 *토테미즘(totemism)을 기반으로 함
人	姓(surname) 국가/권력욕	소통(communication) 국가 종교(nation religion)	공영(共榮) 정치, 지배	
地	性(sex) 생물/식욕·성욕	공동체(community) 애니미즘(animism)	공생(共生) 음식, 생식	

　　전쟁의 도구로서 출발한 무예가 도리어 평화의 제전의 주체가 된다면 이는 인류 문명을 평화로 이끄는 원동력이 될 것임이 분명하다. 여기에 정치와 종교, 과학과 철학이 하나 되면 인류 문명이 하나의 꽃이 되는 세계일화(世界一花)가 될 것임에 틀림없다. 과학(science)이 철학의 양심(conscience)과 하나가 되면 고대의 제정일치가 현대판 신정일치(神政一致)로 부활하게 된다. 이것은 문명의 원시반본이다.

　　『천부경』의 천지인 철학은 인류를 구원하는, 인류를 자각케 하는 철학이다. 그런 점에서 문명의 동서, 역사의 고금을 하나로 통합하는 철학으로 새롭게 부상하게 된다. 세계 무예 마스터십 대회, 무예 올림픽을 통해 인류가 평화로 돌아간다면 이보다 더 큰 문명의 원시반본은 없다.

3)『천부경』으로 본 동서양 문명의 전개 양상

고고인류학적 연구 결과는 현재로서는 인류는 아프리카에서 탄생했고, 인류의 문명은 지금의 중동 지역, 혹은 중앙아시아 파미르 문명 지역이라고 말할 수 있다. 대체로 마지막 빙하기인 뷔름 빙하기가 지나면서 빙하가 녹아 해수면이 높아지자 지구의 고원 지대로 인류가 이동하지 않을 수 없었고, 다시 간빙기에 해수면이 낮아지자 지구촌의 사방으로 퍼져서 오늘의 문명권이 되었다.

인류의 문명은 대체로 공통의 요소를 지니고 있다. 언어에서는 물론이고 문명의 이기 측면에서도 그렇다. 언어는 공통의 모어(母語)가 있었을 것이고, 다시 사방으로 이동하면서 나름대로 조어(祖語)를 가지게 되었을 것으로 보인다. 그 증거는 현재 사용되고 있는 영어와 한글에서도 어간(語幹, 語根)이 같았을 것으로 보이는 단어가 수천 개에 이르고 있는 것에서도 알 수 있다. 언어권은 현재 크게 인도유럽어 문명권과 한자 문명권으로 나뉠 수 있는데 이것은 또한 동서양 문명권과도 유의미한 분포를 보이고 있다. 인도는 언어권으로 보면 서양인데 문명권으로 보면 동양에 속하고 있다.

흔히 인도를 동양 문명이라고 말한다. 이는 유럽 문명권과 대립적인 사상(바라문 사상·불교 사상)을 가지고 있기 때문인데, 실은 이러한 대립은 유럽 기독교와 인도 불교의 대립적인 성격 때문이기도 하다. 그러나 기독교와 불교는 이원 대립적인 위치에 있기도 하지만 동시에 하나의 쌍으로 볼 수도 있다. 말하자면 유무대립(有

無對立)과 같은 관계를 말한다. 이에 비해 동아시아 한자 문명권은 음양상보(陰陽相補)의 관계에 있다고 말할 수 있다. 이것을 두 문명권에서 역지사지로 보면 유무대립은 유무상생(有無相生)으로, 음양상보는 음양대립(陰陽對立)이 될 수도 있다.

흔히 고등 종교라고 말하는 불교와 기독교가 발생하기 이전에 유라시아 대륙은 대체로 원시 종교, 혹은 신선교라고 말하는 무교가 유행한 문명권이었다. 바로 무교 문명권에서 성경으로 섬기던 경전이 『천부경』과 『삼일신고』 『참전계경』이다. 이 시대는 흔히 환단(桓檀)시대라고 말하는데, 『환단고기(桓檀古記)』는 그 시대의 기록으로서 한민족에게는 일종의 구약(舊約)이라고 할 수 있다. 환단 구약 시대의 사상을 한마디로 말하면 천지인 사상이다.

무교의 천지인 사상을 고등 종교로 대입하면 기독교·불교·유교다. 기독교의 성령(聖靈)과 불교의 깨달음(成佛)과 유교의 군자(君子)는 같은 개념이다. 이들은 모두 자기 몸에서 천지인이 하나가 되는 존재다.

[표 51] 천지인 사상과 고등 종교

무교 (巫敎)	天 (父)	기독교	하늘 중심 종교-사랑(愛) 성령에 충만함	구교(舊敎), 신교(新敎)	초종교·초국가 종교 통일
	人 (子)	유교	인간 중심 종교-인(仁) 군자가 됨	유교, 신유교(新儒敎)	
	地 (母)	불교	만물 중심 종교-자비 깨달음(成佛)에 도달함	소승(小乘)· 대승(大乘) 불교	

4) 삼등산(三登山)과 세계무예마스터십대회의 성화 채화

낙천적이고 평화를 사랑하는 한민족은 예로부터 농경의례로서 축제를 좋아했다. 한민족은 한·중·일 동아시아 삼국 중에서도 특히 집단 가무와 함께 술을 좋아하는 민족'으로 알려져 있다.『삼국지·위서』「동이전」은 이를 잘 말해 주고있다.

한민족에게 전해 내려오는『천부경』은 그러한 한민족의 고대 사상을 집약한 인류 최고(最古)의 경전이라고 할 수 있다.『천부경』은 천지인·정기신(天地人精氣神) 사상을 토대로 하고 있는 경전인데 한국인이면 모르는 사람이 없을 정도이다. 그래서 한국의 산천에는 천·지·인을 섬기는 사상과 종교의 흔적들이 많이 남아있다.

특히 충청북도 충주에는 천산(天山)·인산(人山)·지산(地山)이라고 말할 수 있는 천등산(天登山, 해발 807m)·인등산(人登山, 667m)·지등산(地登山, 535m)이 있다. 이들 산은 흔히 삼등산(三登山)이라고도 말한다. 삼등산의 전설은 천지인 사상과 음양오행 사상이 결합한 민간 전설이라고 말할 수 있다.[73] 흔히 이 일대를 산태극수태극

---

73 삼등산이란 산척면의 천등산과 인등산, 동량면의 지등산을 지칭한다.

조선 세조 때 황규라는 지사가 명당을 찾아 팔도강산을 두루 돌아보고 다닐 때, 이곳 천등산에 와서 하룻밤을 묵은 일이 있었다. 황 지사가 밤에 잠을 이루는데 어디선가 세차게 달리는 말굽 소리에 잠이 싹 달아났다. 황 지사가 방문을 열고 밖을 내다보았더니 한 마리의 갈색 준마에 백의 신선이 타고 한 골짜기로 들어가고 있었다. 더욱 기괴하게 생각한 황 지사가 그 뒤를 암행하여 보았더니, 선인이 한산 제당으로 가서 말을 내리더니 갈장을 들어 산봉을 가리키며 입을 열었다. "천상 천하 만물이 생성하는 것은 하나의 음양의 섭리인데, 천지 사이에 서있

(山太極水太極)을 이루는 지역⁷⁴이라고 말하기도 한다.

삼등산이 있는 충주는 택견의 도시로 자리 잡으면서 우리나라의
무예 도시가 되었고, 이제 세계 무예의 중심 도시로 발돋움하였다

는 우리의 모습도 하나의 음양의 법도를 벗어나지 못하고 있느니라. 그러므로 지
금 내가 말하는 세 곳의 명산을 다스리는 것은 하늘의 뜻이요, 이곳에 사는 억조
창생을 위한 땅의 뜻이요, 선악의 구별은 우리의 할 일이니라" 하고는 "천동이 너
는 저 천산에 올라가 양을 맞아들이고, 인동이 너는 인산에 올라가 혈을 이루도
록 하고, 지동이 너는 지산에 올라가 음을 누르도록 하여라. 앞으로 이 삼산의 정
기가 상통되거든 천등산 밑에는 갈마음수혈을 만들고 인등산 밑에는 용비등천
혈을 만들고 지등산 밑에는 옥녀직금혈을 만들어라" 하고 일렀다. 그러자 세 신
동들이 제각기 보라색 구름을 타고 세 곳으로 흩어져 갔는데, 잠시 후 백의 신선
이 갈장을 높이 들자 남쪽에서는 파란빛이, 중앙에서는 보랏빛이, 북쪽에서는 황
금빛이 올라가며 응징하였다. 백의 신선이 그 3개 명당을 갈장으로 가리키며 고
개를 끄떡이더니 홀연히 사라졌다. 황 지사가 세 곳의 명당자리를 보고 크게 기
뻐하여 삼등산의 명당도를 그려서 가슴에 품고 하산하려는데 느닷없이 하늘에
먹구름이 모이면서 소나기가 퍼붓기 시작했다. 황 지사가 급히 여관으로 돌아가
려고 하는데 산봉에서 벼락 치는 소리가 나서 깜짝 놀라 눈을 번쩍 떴다. 비몽사
몽의 한바탕 꿈이었다.
황 지사가 재빨리 자리에서 일어나 밖으로 나와 산정을 바라보니 한곳에는 파란
색, 또 한곳에서는 보라색, 또 한곳에서는 황금색의 광선이 반짝이더니 서서히
꺼지는 것이었다. 날이 밝자 황 지사는 이 세 산을 올라 제각기 명당혈을 찾아다
녔다. 황 지사는 백의 선인의 말을 기억하고 산세도를 그려놓고 세상에 발표하기
전에 병들어 죽고 말았다. 따라서 이 삼등산의 명당자리는 지금껏 정확한 위치를
아는 사람이 아무도 없다고 한다(http://www.chungjutour.co.kr/climbmnt/
chundngsan.html).

74 천등산·인등산과 부산(婦山, 해발 780m)의 세 산자락을 돌아 충주호로 나가는
물길이 삼탄(三灘)에서 유난히 급하게 휘며 산태극수태극의 형상을 그린다. 산
자락과 물길이 태극의 형상을 이룬다는 말이다. 삼탄은 1959년 충북선 충주~봉
양 간 철도가 개통되며 삼탄 유원지가 되었다. 마을 사람들은 "어릴 때 마을 어르
신들이 천등산·지등산·인등산 자락에 천하 명당이 숨어 있다고 하셨어요. 산
태극수태극을 이루는 자리가 으뜸 명당이라고 하는데, 삼탄 유원지가 바로 그 자
리입니다"라고 말한다.

고 할 수 있다. 택견이 유네스코 인류 무형 문화유산이 되었고, 세계무술연맹 본부와 국제무예센터 본부도 충주에 설립되었다. 이에 따라 충주 세계무술축제(1998년), 전국무예대제전(무예분야 전국체전, 2007년 시작, 13회 개최)이 개최되었고, 제도적 뒷받침을 위해 전통무예진흥법(2008년 제정, 2009년 시행)이 정부에 의해 마련되었다.

그리고 세계무예마스터십대회가 청주(제1회, 2016년)와 충주(제2회, 2019년)에서 연이어 개최되기에 이르렀다. 세계무예마스터십위원회(WMC)도 아울러 설립되었다. 청소년을 위한 세계청소년무예마스터십 대회(제1회 진천, 2017년)도 개최되었다. 충주는 이제 명실상부한 세계 무예의 중심 도시가 되었다.

충주에서 시작된 세계무예마스터십대회의 성화는 올림픽의 성화가 그리스의 올림피아 신전에서 채화되는 것처럼 충주 삼등산에서 채화되는 것이 무예마스터십대회의 발생과 의의를 기리는 당위성을 갖게 될 것이다. 올림픽은 그리스의 고대 신화 체계에 따라 승자를 제우스 신에게 바치는 제의 축제이지만, 한국인이 주창한 무예마스터십은 한민족의 고대 사상 체계에 따라 승자를 환인·환웅·단군에게 바치는 제의 축제가 되어야 한다. 환인·환웅·단군은 천·지·인을 상징한다. 즉, '환인=천, 환웅=지, 단군=인'이다.

그리스에서 출발한 올림픽은 엘리트 스포츠이지만, 한국에서 출발한 세계무예마스터십은 민족·문화 무예 축제로서 앞으로 세계적인 신체 축제가 될 것이다. 스포츠를 비롯한 모든 축제와 스펙터

클의 이면에는 드라마가 내재해 있지만 무예만 한 드라마는 없다. 무예는 생사를 걸고 하는 몸 운동이기 때문이다. 무예에는 신화와 역사가 의례적인 형태로 삽입되어 있으며, 그것의 의례와 드라마를 통해 민족 문화의 정체성을 표상하고 있기도 하다. 그런 점에서 무예는 하나의 무술로서의 기술이 아니라 종합적인 문화인 것이다.

인류의 문화적 보편성 가운데 하나는 전쟁을 통해서 그 문화의 총체성과 정체성이 발현된다는 것이며, 전쟁에 대한 서사시·전쟁 문학과 담론을 통해서 자연스럽게 각 문화는 전통을 실질적으로 이어갔다는 점이다. 서양의 『일리아스』와 『오디세이아』, 동양의 『삼국지』는 그 대표적인 예다. 인류 문화는 전쟁을 통해서 영웅과 신화를 탄생시켜 왔다. 신화는 인류 문화의 가장 오래된 형태이며, 이것이 전쟁과 무예를 통해서 집약되어 왔다는 점은 특기할 만하다. 그런 점에서 무예의 부흥을 통해서 한국의 신화도 복원되어야 함을 역설하지 않을 수 없다.

현대는 현대대로 현대의 신화를 요구하고 있다. 고대의 신화는 현대의 역사 혹은 철학과 같은 기능을 한다. 따라서 현대의 역사와 철학도 결국 신화가 되어야 제대로 기능을 할 수 있다고 생각된다. 그러한 점에서 신화의 신체적 연행 혹은 실천이라고 할 수 있는 스포츠 무예의 제의를 회복하는 것은 결국 민족 문화의 부흥과 함께 세계 평화에 이바지하게 될 것이다.

단군의 홍익인간 사상에는 세계적 사상으로 발전할 가능성이 잠재해 있다. 단군의 홍익인간 사상과 천지인 사상은 현대적으로 재해석되면 산업화로 인해 공해에 시달리고 있는 지구인으로 하여금 자연과 더불어 살아가게 하는 '홍익자연(弘益自然)' 사상으로 발전할 가능성을 내포하고 있다. 왜냐하면 지구는 인간만이 사는 곳이 아니고 천지 만물이 함께 살아야 하는 장소이기 때문이다.

무예마스터십의 발상지인 충주의 천등산·인등산·지등산의 순서로 번갈아 채화되는 성화 채화 의식은 천·지·인을 상징하는 제의가 된다. 고대의 천지인 사상의 회복과 부활은 세계 평화를 이루는 역사적·철학적 바탕이 될 것임에 틀림없다. 성화 채화를 텔레비전으로 지켜보는 세계인들에게 천지인 사상은 저절로 심어질 것이고, 인간을 본래의 존재(본래존재)로 돌아가게 하는 메시지를 발신함으로써 과학 물질 문명에 병든 현대인의 양심을 깨우치고 천명을 다하는 삶을 촉구하게 될 것이다.

세계무예마스터십대회와 충주 성화 채화 의식은 인류가 천지인 사상으로 하나가 되는 지구적 계기가 될 것이며, 하느님 아래 인류가 하나라는 사실과 인류의 대동단결을 촉구하고, 영구 평화를 이루는 데 크게 기여하게 하여야 할 것으로 생각된다.

· 박정진 박사 논문 총목록

1980년 : 『도시화에 따른 대도시근교 씨족집단의 사회경제적 변화연구』(영남대학교 대학원 문화인류학과 석사학위 논문)

1989년 : 「상징-의례에 대한 理氣철학적 고찰」 『한민족』 제1집, 200~228쪽, 한민족학회, 교문사, 서울.

1989년 : 「BSTD모델에 대한 상징인류학적 조명」 『두산 김택규 박사 화갑 기념, 문화인류학 논총』 241~254쪽, 두산 김택규 박사 화갑 기념 논문집 간행위원회, 신흥인쇄소, 대구.

1994년 : 「才人의 계보연구-한국기층문화론을 중심으로」 『비교민속학』 제11집, 최인학 박사 화갑 기념 논문집, 245~381쪽, 비교민속학회.

2007년 : 「신데렐라 콤플렉스에 대한 신 해석」 『문학/사학/철학』(2007년 봄 창간호) 14~40쪽, 대발해동양학한국학연구원·한국불교사연구소.

2007년 : 「정전법으로 풀어본 한국문화·인류문화(1)」 『문학/사학/철학』(2007년 여름호) 196~209쪽, 대발해동양학한국학연구원·한국불교사연구소.

2007년 : 「정전법으로 풀어본 한국문화·인류문화(2)」 『문학/사학/철학』(2007년 가을호) 59~100쪽, 대발해동양학한국학연구원·한국불교사연구소.

2007년 : 「정전법으로 풀어본 한국문화·인류문화(3)」 『문학/사학/철학』(2007년 겨울호) 81~112쪽, 대발해동양학한국학연구원·한국불교사연구소.

2008년 : 「성(性) 성(姓) 성(聖): 성에 대한 생문화적 접근 (1)」 『문학/사학/철학』(2008년 봄호) 37~75쪽, 대발해동양학한국학연구원·한국불교사연구소.

2008년 : 「성(性) 성(姓) 성(聖): 성에 대한 생문화적 접근 (2)」 『문학/사학/철학』(2008년 여름호) 79~119쪽, 대발해동양학한국학연구원·한국불교사연구소.

2008년 : 「단군신화에 대한 신 해석 (1)」 『문학/사학/철학』(2008년 겨울호) 201~235쪽, 대발해동양학한국학연구원·한국불교사연구소.

2009년 : 「단군신화에 대한 신 해석 (2)」 『문학/사학/철학』(200년 봄호) 109~170쪽, 대발해동양학한국학연구원·한국불교사연구소.

2009년 : 「단군신화에 대한 신 해석 (3)」 『문학/사학/철학』(2009년 여름호) 184~243쪽, 대발해동양학한국학연구원·한국불교사연구소.

2009년 : 「예술인류학으로 백남준(白南準) 비디오아트 읽기(1)-네오샤머니즘(neo-shamanism)에서 에코페미니즘(eco-feminism)까지」『문학/사학/철학』(2009년 겨울호) 157~229쪽, 대발해동양학한국학연구원·한국불교사연구소.

2010년 : 「예술인류학으로 백남준(白南準) 비디오아트 읽기(2)-네오샤머니즘(neo-shamanism)에서 에코페미니즘(eco-feminism)까지」『문학/사학/철학』(2010년 봄호) 179~278쪽, 대발해동양학한국학연구원·한국불교사연구소.

2010년 : 「예술인류학으로 백남준(白南準) 비디오아트 읽기(3)-네오샤머니즘(neo-shamanism)에서 에코페미니즘(eco-feminism)까지」『문학/사학/철학』(2010년 여름·가을호) 188~214쪽, 대발해동양학한국학연구원·한국불교사연구소.

2010년 : 「예술인류학으로 백남준(白南準) 비디오아트 읽기(4)-네오샤머니즘(neo-shamanism)에서 에코페미니즘(eco-feminism)까지」『문학/사학/철학』(2010년 겨울·2011년 봄호) 99~128쪽, 대발해동양학한국학연구원·한국불교사연구소.

2011년 : 「폭력의 근원에 대한 인류학적 상상」『제6호 비폭력연구』101~134쪽, 경희대학교 비폭력연구소.

2018년 : 『굿으로 본 서울올림픽의 의례성』(영남대학교 대학원 문화인류학 박사학위(Ph. D) 논문), 학위등록번호: 영남대2017(박)083.

2018년 : 「서양철학에 영향 미친 성리학 및 도학(道學)」『'동양은 어떻게 서양을 계몽하였는가?-오리엔탈리즘에 대한 재성찰과 평가』(한국동서철학회: 춘계학술대회, 한국외국어대학 교수회관)

2019년 : 「'둥지의 철학'은 한국자생철학의 둥지가 될 것인가」『동서횡단의 철학자 박이문 (朴異汶) 선생의 '둥지 철학' 조명』(한국동서철학회, 추계학술대회, 제3부: 주제발표-한국의 철학자 집중연구, 충남대학교 문원강당 및 세미나실)

2019년 : 「동서양 비교철학으로써 철학적 자아 찾기」(심원철학회 주최 심원(心遠) 김형효 (金炯孝) 선생 1주기 추모 학술발표회, 한국학 중앙연구원, 세미나실)

·증산사상 관련 논문

1987년 : 「기철학적 입장에서 본 증산교(1)」『증산사상연구』제13집 증산사상연구회.

1988년 : 「기철학에서 본 증산교(2)-예술인류학적인 기의 해석」『증산사상연구』제14집 증산사상연구회.

1988년 : 「증산교의 사상으로 본 88서울 올림픽」『증산사상연구』제14집 증산사상연구회.

1989년 : 「기철학에서 본 증산교(3)」『증산사상연구』제15집 증산사상연구회.

1990년 : 「신의 존재양태의 증산」『증산사상연구』제16집 증산사상연구회.

1991년 : 「신의 재현과 우주시대 개막」『증산사상연구』제17집 증산사상연구회.

1992년 : 「증산사상의 특이성-불교사상과 대비하여」『증산사상연구』제18집 증산사상연구회.

1993년 : 「상천법지로 본 과학과 종교와의 만남」『증산사상연구』제19집 증산사상연구회.

1994년 : 「기를 통해 본 증산교의 문명사적 의미」『증산사상연구』제20집 증산사상연구회.

·차 관련 논문

2012년 : 「여말선초(麗末鮮初) 두문동(杜門洞) 차인들의 선차(仙茶)정신」『제7회 세계선차문화교류대회』(논문집)

·심중(心中) 박정진(朴正鎭) 연보

1. 평범한 출생과 성장

1950. 11. 17 : 한국전쟁이 발발한 그 해 가을(음력 10월 8일), 대구시 달성동 오두막에서 아버지 함양인(咸陽人) 박재명(朴在明, 1926년 6월 9일(음력)~2006년 3월 23일)과 어머니 아주인(鵝洲人) 신병기(申炳琪, 1930년 11월 16일(음력)~1994년 7월 13일)의 장남(2남 2녀 중)으로 태어남. 어머니가 태몽으로 '고래 꿈(개천에서 올라온 고래가 덮치는 꿈)'을 꾸었다고 함. 그 후 대구시 중구 동인동 3가 220번지, 일본 적산가옥으로 이사하여 삶. 3세 때 설사 복합병으로 목숨을 잃을 뻔했음. 당시는 6.25전쟁 중이어서 약을 구할 수도 없었는데 때마침 미(美) 8군에서 흘러나온 페니실린을 구해서 구사일생으로 목숨을 건짐.

1957. 3. : 대구 동인국민학교에 입학함.

1958. 3. : 대구시 신천동에 신설된 대구 신천국민학교에 전학함. 어릴 때부터 항상 홀로 생각에 잠기는 소년이었음. 학업성적은 중상위에 속했으며 특히 사회과목에 남보다 뛰어났으나 사회성은 없었다고 함. 자주 동네 아이들에게 매 맞고 집에 들어오는 소심한 소년이었음. 5, 6학년 때 담임인 이정화 선생님으로부터 정의감과 국가관, 근면성과 남성다움을 배우고 일생동안 잊지 못할 큰 영향을 받음. 대구 신천국민학교 제1회 졸업생으로 졸업, 6년 개근상을 수상함.

1963. 3. : 대구 경상중학교에 입학함. 중학교에 들어가면서 말없던 소년이 갑자기 말문이 열리기 시작하면서 사내다워졌다고 함. 그러나 여전히 근본적으로는 내성적인 문학소년이었음. 이때부터 김소월의 시집과 괴테의 '젊은 베르테르의 슬픔' 등 시와 소설을 읽기 시작하면서 문학에 심취함. 때로는 시집을 읽기 위해 학교를 조퇴한 적도 있었음. 경상중학교 석인수 교장의 근면성에 감동을 받음.

1966. 3. : 대구고등학교에 입학함. 청춘의 질풍노도 시대를 독서와 운동으로 극복하면서 인격수양을 도모함. 이때부터 간간히 자작시를 쓰기 시작함.

1969. 3. : 부모의 권유로 서울 한양대학교 의과대학 의예과에 입학함. 처음으로 부모와 떨어져 홀로 유학생활을 시작함. 의과대학 입학 동기는 아버지가 갑작스럽게 신경성 질환으로 입원하게 됨에 따라 의사가 되기로 결심함. 그러나 해부학 시간에 실험용 시체를 보고 충격을 받음. 그럴수록 시에 심취함. 심약한 그는 결국 의과대학이 적성에 맞지 않음을 알고 전과하기로 결심함. 당시 한국사회는 민주화의 열기가 대학가에 넘쳤으며, 박정희 군사독재와 맞서 청년문화운동이 일어나고 서울의 대학가는 공부보다는 민주화운동에 열

중하였음. 서울을 비롯한 지방의 각 대학은 민주주의운동에 열을 올렸지만, 그렇다고 생산적이고 주체적이고 자생적인 민주주의 이념을 창안한 것은 아님. 사회는 극도의 혼란과 무질서 속에서 갈피를 잡지 못하고 분열되었음. 특히 남북분단 상황에서 북한은 남한의 이러한 상황을 적화통일의 계기로 삼으려고 광분함. 사회는 극심한 좌우 이데올로기의 대립 속에 병들어 갔음. 의과대학을 졸업한 뒤 병든 사람을 치료하는 것보다 인문 사회학적인 공부를 해서 사회를 구원하겠다고 결심함. 한국문화의 정체성과 세계문화의 동향에 대한 관심이 컸으며, 인간의 삶 전체에 대한 철학적 사색에 열중함. 특히 한국문화가 외래 문화에 접했을 때 쉽게 사대주의에 빠지는 습성이 있으며, 이로 인해 내분과 파당적 상황에 자주 빠지게 됨을 한탄함. 스스로 생각하지 못하는 한국인, 스스로의 법(law)과 로직(logic)을 세우지 못하는 한국인의 삶의 특성에 주목하게 됨. 특히 한국에 자생철학이 없음을 알고, 한국문화에 대한 심각한 회의에 빠짐. 이러한 문제의식을 가지고 공부를 하기 위해서는 인문학으로의 전과가 불가피하였음. 당시 한양대학교 국문과 교수로 재직하고 있던 시인 박목월 선생과 진로를 상의함.

1972. 3. : 한양대 국문과로 전과하기 위해 여러 차례 박목월 시인을 만남(그 전에도 교내 백일장에 투고하여 박목월 선생을 만나는 기회를 갖기도 하고 습작을 지도 받았음). 당시 목월 선생은 전과를 반대하면서 의사의 길을 가면서 시인이 될 것을 권함. 목월 선생은 어느 날 '국경의 밤'을 지은 김동환과 같은 서사 시인이 될 소질이 있다고 격려함. 결국 국문과로 전과를 결행함.

1972-74 : 국문과 전과 후 국내외 대표적 시와 소설을 읽는데 전력투구함. 이광수, 김동인의 여러 작품을 섭렵함. 까뮈의 '이방인'과 샤르트르의 '구토' '자유의 길' 등 실존주의 작가의 작품에 심취함. 닥치는 대로 문학 철학 서적을 남독하면서 거의 2년을 보냄. 이때 동서고금의 고전을 섭렵하는 열정을 보임. 시인과 철학자가 되는 두 길에서 어느 길에도 진입하지 못하고 피곤한 심신을 추스르기 위해 고향인 대구로 귀향함. 당시 헤르만 헤세의 '데미안' '나르치스와 골드문트' '싯달타' '향토' '차륜 밑에서' 등의 작품에 심취함.

1974-76 : 졸업 후 취직도 하지 못하고 쓸쓸하게 고향인 대구에서 낙향하여 끝없는 허탈, 방황에 빠짐. 친구들의 권유로 2년 간 외부고시를 준비하였지만, 정작 공부에는 등한하였으며, 시를 쓰고, 철학책을 가끔 사보면서 마음을 추스름. 친구들의 권유로 대구 매일신문사 입사시험에 응시했으나 필기시험에 합격하고, 면접에서 떨어짐. 심각한 고뇌와 묵상에 빠짐. 현실과 이상 사이에서 방황하다가 가톨릭 세례를 받음(대구 복자성당). 세례명 '그레고리'.

1976. 3. 3 : (주)문화방송 경향신문사에 공채로 입사하여 경향신문 대구 주재기자로 부임함. 지방 주재기자 생활을 약 2년 하다가 다시 학문에의 뜻을 세워 영남대 대학원 문화인류학과 진학을 준비함.

1978. 3. 3 : 대구 영남대학교 문화인류학과 대학원에 입학함. 여기서 인류학의 길을 열어준 은사인 김택규(金宅圭) 교수와 강신표(姜信杓) 교수를 만남. 한국의 향토 민속 문화에 해박한 김택규 교수와 동서양 철학에 관심이 많은 강신표 교수로부터 영향을 받음. 강신표 교수는 대학원에 입학하던 그해 이화여자대학교로 옮기는 바람에 직접 강의를 듣지 못했으나 그 후 서울에서 신문기자 생활을 하면서 사적인 친분을 쌓음. 이러한 친분이 초기 저작 중 하나인『무당시대의 문화무당』에서 강신표 교수와 김용옥 교수를 비교하는 계기가 됨. 김용옥 교수와도 친분을 유지하면서 영향을 주고받음. 그 후 다분히 철학적인 성향을 가지며 철학인류학 분야에 관심을 가짐. 계속 〈인간은 어떻게(무엇으로) 사는가?〉에 관심을 가짐. 신문기자 생활과 인류학도의 길을 병행함.

1978. 11. : 막냇동생 박창진(朴昌鎭)이 서울에서 대학교 입학을 위한 재수를 하던 중 원인 모를 병으로 객사함. 이때 인생의 어처구니 없음과 죽음에 대한 명상을 시작함. 특히 인생의 목적을 설정하는 것이 덧없음을 느끼고, 목적론적 사고를 하는 것이 인생의 전부가 아니라는 것을 뼈저리게 느낌.

1979. 2. 20 : 단양(丹陽)인 우경옥(禹敬玉)과 결혼함. 우경옥은 우수기(禹守基)와 최재윤(崔載允)의 2남2녀 중 차녀로 태어났음.

2. 공부하는 기자

1980. 4. 4 : 장남 박준석(朴埈奭) 태어남.

1980. 9. :「도시화에 따른 대도시 근교 씨족집단의 정치경제적 변화연구」로 영남대학교에서 석사학위를 받음.

1982. 4. 4 : 차남 박우석(朴祐奭) 태어남.

1981-86 : 경향신문 본사로 올라와 서울에서 기자생활을 시작함. 한편 한양대학교를 비롯, 서울교육대학교, 대구대학교 등에서 인류학 강의를 하면서 문화평론가로도 활동을 겸함.

1986. 8. 31 : 영남대학교 대학원 인류학과 박사과정을 수료함. 그러나 서구의 패러다임이나 이데올로기에 종속되어 주체성도 없는 학위논문 제출을 포기함. 자신의 철학도 없이 외래 이데올로기에 빠져 체질적으로 사대하는 한국민족에 대해 심각한 회의에 빠짐. 그 후 한국민족의 정체성을 확인하기 위한 기반 확충작업으로 서양 철학자들의 수많은 책들을 섭렵함. 데카르트, 스피노자, 라이프니츠, 루소, 칸트, 니체, 프로이트, 베르그송, 후설, 그리고 특히 실존주의 철학자인 키에르케고르, 샤르트르, 카뮈 등 수많은 철학자와 사상가, 문학가들의 책을 봄.

1988. 7. 14 : 지식산업사 김경희 대표의 인도로 국선도(國仙道)에 입문함. 서울 용산구 남영동 국선도협회 총본원에서 덕당(德堂) 김성환(金性煥) 정사(正師)를 만남. 여기서 전통 수련법인 선도(仙道)를 알게 되고, 선도의 원류가 화랑도(풍류도)였음을 확실하게 인식함.

1988. 8. 15 : 새로 창간한 세계일보사로 자리를 옮김. 세계일보사에서 문선명(文鮮明) 선생을 역사적으로 조우하게 되는 일생일대의 행운을 얻음. 문선명 선생은 한국사에서 처음으로 자생종교를 수출한 인물이면서 근대에 들어 한국이 낳은 세계적 종교지도자·문화선각자임. 한국은 역사적으로 계속해서 외래 종교와 철학을 들여와 항상 그것에 종속되는 나라가 됨. 예컨대 불교가 들어오면 '한국의 불교'가 되는 것이 아니라 '불교의 한국'이 되고, 주자학이 들어오면 '한국의 주자학'이 되는 것이 아니라 '주자학의 한국'이 되었으며, 기독교가 들어오면 '한국의 기독교'가 되는 것이 아니라 '기독교의 한국'이 되는 그러한 양상으로 결국 한국이라는 주체성은 없는 것. 이러한 사대종속적 입장에서 탈피, 기독교를 자생통일교로 만들어 수출한 인물이 문선명 선생임을 이해하게 됨. 한국인이 세계 종교의 분포에서 사대종속-노예 상황에 빠져있음을 뼈저리게 느낌. 그 정도가 얼마나 심각한지, 그러한 종속상태를 종속상태로 느끼는 것이 아니라 선진문화로 착각하는 사대성에 절망함. 한국인의 이데올로기적 종속성과 노예성은 한국문화의 여성성-수동성-자기 부정성과 관련되는 역사체질적인 것으로 파악함. 한국문화에는 결국 남성성-능동성-자기 긍정성이 부족함을 뼈저리게 느낌. 종합적으로 한국문화의 '아버지(가부장) 부재'의 문화로 드러나게 됨을 파악함.

1989. 1. 28 : 첫 시집이자 첫 저작인『해원상생, 해원상생』(지식산업사)을 펴냄. 이 시집은 한민족이 서로 원한을 풀고 상생하자는 뜻의 시집이었음. 같은 해 철학논문 2편을 씀. '상징-의례에 대한 理氣철학적 고찰'(『한민족』제1집, 200~228쪽, 한민족학회, 교문사, 서울.) 'BSTD모델에 대한 상징인류학적 조명'『두산 김택규 박사 화갑 기념 문화인류학 논총』(241~254쪽, 두산 김택규 박사 화갑 기념 논문집 간행위원회, 신흥인쇄소, 대구.)

1990. 1. 20 : 야심작『무당시대의 문화무당』(지식산업사)을 펴냄. 그의 첫 예술인류학적 작업이었음. 후에『한국문화와 예술인류학』을 쓰는 계기가 됨. 시와 철학과 예술에 대한 종합적인 사유를 시작하면서 철학(과학), 예술, 종교의 현상학적 관계에 대해 관심을 가지기 시작함. 특히 동양의 전통철학인 이(理)-기(氣)철학의 관점에서 이들의 관계에 사유를 집중함.

1990. 3. :『사람이 되고자 하는 신들』(문학아카데미) 펴냄. 사람 위에 군림하는 초월적인 신이 아니라 사람과 함께 지상에 내려오고자 염원하는 신을 상정함. 여기엔 한국 자생종교인 동학(東學)의 인내천(人乃天) 사상이 스며 있음.

1990. 3. :『한국문화 심정문화』(미래문화사) 펴냄. 한국문화론을 철학적으로 정리하기

시작한 첫 결과물임. 이 책에 '시간의 이중적 가치'(179 197쪽)라는 제목의 철학적 논문을 실었음.

1991. 11. 3 : 국선도협회 총본원에서 3년간의 수련을 마치고 진기단법(眞氣丹法)으로 승단함(제223호). 이로써 국선도인(풍류도인)이 됨. 국선도 수련은 재래의 신선(神仙)사상과 전통적으로 내려온 기(氣)를 체득하게 되는 계기가 됨. 나중에 기(氣)철학을 바탕으로 하는 새로운 철학을 정립하는 데 도움이 됨.

1992. 1. : 세계일보사 문화부장이 됨.

1992. 2. : 월간 『현대시』 신인상 수상으로 늦깎이 시인이 됨. 당선작은 '황색나부의 마을'. 추천심의위원인 이형기, 김광림 시인은 심사평에서 그를 프랑스의 시인 '앙리 미쇼'에 견주면서 '에망그롱족'에 견줄 만한 작품이라고 평함.

1992. 3. : 『한국문화 심정문화』의 개정증보판인 『한국문화와 예술인류학』(미래문화사)을 펴냄. 이 책은 국내에서 예술인류학을 처음으로 거론한 책일 뿐만 아니라 세계 인류학계에서도 예술과 인류학을 융합한 첫 책으로 평가됨. 자민족 문화 연구의 한 방법으로서 '자기고백'을 제창하였으며, 느낌(Feeling)을 학문적 용어로 사용할 것을 역설함. 인류학적 민족지를 쓰는 데도 느낌을 중시하여야 한다고 주장함. 철학인류학자인 레비스트로스의 영향을 크게 받아 여기서 '다원다층의 음양적 의미'를 분석하는 '예술인류학'을 제창함. 이것은 대칭적 사고를 하는 원시고대인의 신화적 사고(원시인의 철학)를 오늘에 되살리려는 시도였음.

1992. 6. : 『천지인 사상으로 본 서울올림픽』(아카데미서적) 펴냄. 대한민국이 건국 이후 치른 최고 최대의 국제적인 스포츠 제전인 올림픽을 전통 '천지인 사상'과 롤랑바르트의 '다차원의 문화해석의 틀'을 이용하여 입체적으로 분석함. 집약된 인류학적 연구모델인 '심볼(symbol)-적응(adaptation)'을 적용한 첫 연구 결과물임. 특히 상징의 다원다층의 의미 분석에 치중함. 상징은 여러 층위로 이분되는 성질을 가지고 있고, 마지막 최종 아래에는 삶을 위한 생존의 근거인 에콜로지(ecology)가 있음을 주장함.

1992. 7. : 『잃어버린 선맥(仙脈)을 찾아서』(일빛출판사) 펴냄. 국선도의 맥을 현재에서부터 역원적으로 찾은 역작이었음. 이 책은 고대에서부터 현대까지 신선사상의 인물을 찾는 한편 고조선의 국조인 단군이 선도의 원조임을 깨닫는 계기가 되었음. 모든 종교와 수도의 원형이 단군에 있음을 알게 됨. 유불선(儒佛仙) 삼교의 삼묘(三妙)를 터득함.

1992. 7. : 『선도와 증산교』(일빛출판사) 펴냄. 선도사상을 증산교와 관련하여 더욱 심도 있게 다룸.

3. 문필가로 거듭나다

1992. 6. 19 : 바르셀로나 올림픽 사전 취재를 위해 자동차로 피레네 산맥을 넘어 안도라 공화국으로 가던 중 언덕에서 추락함(8시 40분 바르셀로나 북방 70km 지점). 이때 일주일 동안 의식불명 상태에서 깨어나지 못함. 의식불명의 비몽사몽간에 인류문명의 과거와 미래에 관한 네 가지 현몽을 접함(예수와 부처, 예수의 제자인 베드로, 그리고 이름 없는 메시아 혹은 미래불이 현몽으로 나타났음). 헬리콥터로 긴급 수송되어 한달 간 바르셀로나 발데브론 병원에 입원함. 그 후 비행기로 한국으로 수송되어 서울 영동세브란스 병원에 입원함. 병원에서 척추수술을 받는 등 6개월의 장기 입원으로 위험한 고비를 여러 차례 넘기고 회복됨. 오랜 병상생활을 통해 인생이 결코 내일을 기약할 수 없는 허무한 것이며, 자신의 생각을 단상으로 정리하여야 한다는 사명감을 느낌. 이것이 후일 2백 자 원고지 3만 장 분량의 '박정진 철학노트'(경구33333)를 쓰는 출발이 되었음.

1992. 12. 31 : 영동세브란스 병원에서 퇴원함. 척추수술 등으로 노동부로부터 3급 장애 판정을 받음.

1993. 4. : 서울 강남구 일원동 수서공원과 대모산(大母山)에서 명상과 함께 피나는 재활 훈련으로 건강을 회복함. 그 후 신들린 듯 각종 글을 쓰기 시작함. 하루 1백여 장씩 원고를 쓴 적도 있음. 그 후 발간된 수십 권의 책들은 이때 쓰인 것임. 인근 수서공원에서의 명상과 대모산을 오르는 가벼운 등산과 산보를 통해 문필가로서 입신을 위한 기본적인 사색과 함께 사상적 기조를 형성함. 대모산에는 그의 자작시 '대모산' 시탑이 세워져 있음.

1994. 11. : 『아직도 사대주의에』(전통문화연구회) 펴냄. 한국문화의 체질적 사대주의와 문화적 종속상황에 대한 처절한 반성을 시도함. 특히 외래문화에 대한 맹목적 신앙을 반성함. 한국문화 속에 들어오는 모든 외래문화는 일종의 도그마가 된다는 사실에 놀람. 그런 점에서 한국인은 '종교적 인간'의 성격이 강함을 알게 됨.

1994. 3. : '고려원 시인선 22' 『시를 파는 가게』(고려원) 펴냄. 이때의 필명은 박수원(朴守園)이었음. 수원(守園)이라는 호는 정원을 지킨다는 의미로 강신표 교수가 지어주었음. 이 호는 춘원(春園) 이광수(李光秀)에서 비롯되는 것으로 춘원(春園)-소원(韶園) 이수락(李壽洛)-취원(翠園) 강신표-수원(守園) 박정진에 이르는 4대 째 이어진 호였음. 이수락 선생(1913~2003)은 성균관대 전신인 명륜학원 출신으로 대구향교에 홍도학원을 설립한 거유(巨儒)였음.

1994. 7. 13 : 어머니가 자궁암으로 돌아가심. 바르셀로나 올림픽 취재 도중 사고를 당해 중환자였던 아들을 간호하고 염려하던 끝에 무리하여 과거에 앓았던 암이 재발하였음. 어머니와의 영원한 이별을 통해 훌륭한 문필가가 될 것을 다짐함. 또한 '불교적 인연과 연

기가 현재'임을 깨닫게 됨. '어머니의 사랑이 자식을 살리는 대신 당신을 저세상으로 돌아가게 한 희생적 삶'임을 절감함. 모든 어머니의 아가페적인 사랑에 대해 절실한 사유를 시작함. 인류사에서 여성성의 의미와 희생적 사랑을 되새기는 계기가 되었음.

1997. 6. : 세계일보사를 퇴사하고 본격적으로 글쓰기에 몰두함. 본격적인 사회비판과 풍자적 글쓰기에 매달림.

1997. 6. :『왕과 건달』(전3권, 화담출판사) 펴냄.

1997. 10. :『창을 가진 여자』(전2권, 화담출판사) 펴냄. 후에 전자책(e-북)『서울 황진이』로 개작함.

1997. 12. :『어릿광대의 나라, 한국』(화담출판사) 펴냄. 후에 전자책(e-북)『드라마 사회, 한국』으로 개작함.

1998. 1. :『단군은 이렇게 말했다』(화담출판사) 펴냄. 후에 전자책(e-북)『광화문의 단군』으로 개작함.

1998. 7. : 사진기자 정범태(鄭範泰)의 일대기를 담은『발가벗고 춤추는 기자』(화담출판사) 펴냄.

1999. 3. : 사서삼경(四書三經)을 비롯하여 동양고전에 대한 이해를 높이기 위해 한문전문교육기관인 '민족문화추진회 국역연수부'에 입학함. 여기서 정태현, 성백효 선생을 만남. 중국의 고전을 접하는 계기가 되었으며, 동아시아 문화의 원류와 깊이에 대해 새삼 놀랐지만 중국문화를 사대하는 일에 빠지지는 않음. 중국문화와 한국문화의 차이에 대해 눈을 뜨게 됨.

1999. 8. : 명상집『생각을 벗어야 살맛이 난다』(책섬) 펴냄.

2000. 11. : 전자책(e-북)으로 명상집『생각하는 나무』(1권-26권)(www.barobook. co.kr) 펴냄. 한국 '아포리즘 문학'의 금자탑을 이룸.

2000. 11. : 전자책(e-북)『세습당골-명인, 명창, 명무』 펴냄.
전자책(e-북) 시집『한강은 바다다』 펴냄.
전자책(e-북) 시집『바람난 꽃』 펴냄.
전자책(e-북) 시집『앵무새 왕국』 펴냄.
『인류학자 박정진의 밀레니엄 문화읽기-여자의 아이를 키우는 남자』(불교춘추사) 펴냄.
전자책(e-북)으로도 펴냄.

전자책(e-북) 에세이 『문화의 주체화와 세계화』 펴냄.
전자책(e-북) 에세이 『문화의 세기, 문화전쟁』 펴냄.
전자책(e-북) 『오래 사는 법, 죽지 않는 법』 펴냄.
전자책(e-북) 『마키아벨리스트 박정희』 펴냄.
전자책(e-북) 『붓을 칼처럼 쓰며』 펴냄.

2001. 5. : 『도올 김용옥』(전2권)(불교출판사) 펴냄.

2001. 11. : 전자책(e-북) 소설 『파리에서의 프리섹스』(전2권) 펴냄.

2002. 2. : 민족문화추진회 국역연수부 26기 졸업.

2002. 3. : 민족문화추진회 일반연구부 입학.

4. 문화평론가, 철학인류학에 매진하다

2002. 4. : 새로운 사상으로서 '중학(中學)사상'에 대해 생각을 시작함. '중학'은 다분히 '동학(東學)'의 한계를 극복하고자 하는 의도에서 상정되었음. 예컨대 '중학'은 유교의 중용(中庸), 불교의 중도(中道)·공(空)사상, 노장(老莊)의 무위자연사상, 선도(仙道)의 선(仙)사상 등 유불선을 통합하는 것은 물론이고, 프랑스 대혁명의 사상인 자유·평등·박애사상 등 동서고금의 사상을 융합하고 집대성하여 새로운 시대의 전개에 따른 철학적·사상적 준비로 시도됨. '중학'사상은 계속 집필 중에 있음.

2002. 5. 13 : 서울 강남구 일원동 대모산에 주민들의 건의로 자작시 '대모산' 시탑을 강남구청에서 세움.

2002. 6. : 인터넷 홈페이지 www.koreanculture.co.kr(한국문화사전)을 개설.

2002. 6. : 전자출판사 바로북에서 CD 『한국문화사전』 펴냄.

2004. 2. : 『붉은 악마와 한국문화』(세진사) 펴냄.

2004. 9. : 『미친 시인의 사회, 죽은 귀신의 사회』(신세림) 펴냄.

2004. 6. : 시집 『먼지, 아니 빛깔, 아니 먼지』(신세림) 펴냄.

2004. 7. : 시집 『대모산』(신세림) 펴냄.

2004. 7. : 시집 『청계천』(신세림) 펴냄.

2005. 6. : 『대한민국, 지랄하고 놀고 자빠졌네』(서울언론인클럽) 펴냄.

2006. 3. 23 : 아버지 박재명 숙환으로 돌아가심.

2006. 3. : 『여자』(신세림) 펴냄. 우주적 여성성에 대한 단상을 정리한 에세이.

2007. 3. : 『현묘경-여자』(신세림) 펴냄. 우주적 여성성에 대한 심화된 단상을 정리한 에세이.

2007. 7. : 시집 『독도』(신세림) 펴냄.

2007. 3. : 『불교인류학』(불교춘추사) 펴냄.

2007. 8. : 『종교인류학』(불교춘추사) 펴냄.

2008. 2. : 장남 박준석 연세대학교 공과대학 건축과를 졸업.

2008. 9. 9 : '박정진 시를 사랑하는 모임'(박시모)과 '박씨 대종친회'의 찬조로 자작시 〈독도〉시비 건립함(울릉도 독도박물관 야외 독도박물원).

2008. 7. : 전자책(e-북) 『성인류학』(전3권) 펴냄. '성'(性, 姓, 聖)이라는 한글발음을 토대로 인류문명의 발전과정을 정리함으로써 철학과 종교에서 말하는 '성결학(hagiology)'과 '오물학(scatology)'이 결국 하나로 순환하는 것임을 주장하는 '일반문화론'에 도달하려는 철학인류학적 시도였음. 따라서 '일반성의 철학'을 도출하기 위한 철학인류학적 노력의 결실이었음.

2008. 9. : 전자책(e-북) 명상집 『죽음을 예감하면 세상이 아름답다』(전3권), 전자책(e-북) 명상집 『경계선상에서』(전7권) 펴냄. 『생각하는 나무』(전26권)를 포함하여 『화산(華山) 명상집』(전36권 완간)(www.barobook.co.kr) 펴냄.

2008. 10. : 시집 『한강교향시-詩로 한강을 거닐다』(신세림) 펴냄. KTV '북카페' 프로그램에서 한 시간 동안 방영.

2009. 1. : 차(茶) 전문 월간지 『茶의 세계』 편집주간을 맡음. 그 이전에도 불교전문 출판사인 불교춘추사에서 발행해오던 불교전문 월간지 『禪文化』와 『茶의 세계』 기획위원으

로 활동해오다 이때부터 편집주간으로 본격적인 활동을 시작함.

2009. 2. 1 : 『신천부경(新天符經)』 완성. 고조선의 '천부경'을 새롭게 해석한 것으로서 오늘의 '과학과 철학과 종교'를 종합한 입장에서 진리의 요체를 진언(眞言)으로 구성한 것임.

2009. 2. 11 : 세계일보에 「박정진의 무맥(武맥)」 연재 시작(2010년 11월 30일 제43회로 종료).

2009. 9. : 『예술의 인류학, 예술인류학』 『예술인류학으로 본 풍류도』(이담북스) 펴냄. 종래 『한국문화와 예술인류학』을 심화시켜 2권으로 출판.

2010. 5. : 『굿으로 본 백남준 비디오아트 읽기』(한국학술정보) 펴냄. 『굿으로 본 백남준 비디오아트 읽기』는 소리미술과 오브제, 퍼포먼스를 추구하는 백남준의 비디오아트를 '굿'이라는 개념으로 해석함.

2010. 11. : 『성인류학』(이담북스) 펴냄. 종래 3권의 전자책으로 출판되었던 것을 1권의 단행본으로 출판하면서 내용을 집약하고 개선함.

2010. 1. : 『단군신화에 대한 신연구』(한국학술정보) 펴냄. 중국한족이 부상하는 새로운 동아시아사의 전개에 따른 동이족의 정체성 확립이라는 관점에서 단군신화를 새롭게 정리·해석함.

2010. 2. : 차남 박우석, 경원대학교 전자공학부 졸업(2월 23일).

2011. 4. : 『박정희의 실상, 이영희의 허상』(이담북스) 펴냄. '국가론'(정치학)으로서 쓰임. 초고는 3년 전 쓰였으나 당시 사회적 분위기(좌파 민주화운동)로 인해 출판사를 찾지 못해 출판이 미루어짐.

2011. 9. : 차남 박우석과 신부 백지숙 결혼(9월 30일).

2011. 5. : 철학자 김형효(金炯孝) 교수(서강대 철학과 교수 및 전 정신문화연구원 부원장)를 인사동 문화클럽에서 조우하는 행운을 얻게 됨. 김 교수를 만나면서 그동안 잠들어 있던 철학에 대한 영감이 불꽃처럼 일어나는 계기를 얻게 됨. 강의를 듣고 자유롭게 질문과 대화를 하는 가운데 철학적 사유들이 결집되고, 책으로 집필, 출간되는 행운을 맞음. 철학 전문 출판사인 소나무출판사 유재현 대표를 만나면서 당시 집필 중이던 철학 원고들을 모두 책으로 엮어내는 은혜를 입음.

2012. 1. : 첫 철학인류학적 작업의 결과물 『철학의 선물, 선물의 철학』『소리의 철학, 포노로지』(소나무) 펴냄. 당시 인류학계와 철학계로부터 큰 관심을 불러일으킴.

2012. 3. : 장남 박준석과 신부 김순훈 결혼(3월 24일).

2012. 9. 3. : 통일교 창시자 문선명 총재 새벽 1시 54분(天基 3년, 天曆 7월 17일) 성화(聖和). 성화식 전후로 6회에 걸쳐 문선명 총재 생애 노정의 의미를 새기는 글을 집필함. 이날은 통일교-가정연합에서 말하는 기원절(基元節)을 172일 앞둔 날이었음.

2012. 11. 17. : 『세계일보』에 「박정진의 차맥(茶脈)」 연재 시작(2013년 8월 27일 제 66회로 마침).

2013. 2. : 차남 박우석, 한양대학교 경영대학원 졸업.

2013. 3. : 『빛의 철학, 소리철학』『니체야 놀자』(소나무) 펴냄. 이로써 먼저 출판한 『철학의 선물, 선물의 철학』『소리의 철학, 포노로지』(소나무)와 함께 철학인류학적 저서 4권을 묶어 '소리철학'으로 명명함.

2013. 9. 27. : 김형효 선생님과 철학대담을 시작하여 6개월간 지속함.

2013. 11. 12. : 세계일보 객원논설위원으로 개인 칼럼 「청심청담」 집필 시작.

2014. 4. : 김형효 교수 자택에서 제자들과 친지들로 구성된 '심원철학방'을 운영하기 시작. 2018년 12월까지 지속되었음.

2014. 1. : 첫 손녀 박지인(박준석-김순훈의 딸) 출생(1월 3일)

2014. 5. : 『일반성의 철학, 포노로지』(소나무) 펴냄. 이 책의 발간과 함께 『철학의 선물, 선물의 철학』『소리의 철학, 포노로지』(소나무)『빛의 철학, 소리철학』『니체야 놀자』(소나무) 그리고 '소리철학' 시리즈 제5권이 완성됨.

2014. 7. 1. : 『메시아는 더 이상 오지 않는다』(미래문화사) 펴냄. 통일교 문선명 총재의 성화식 기간 중 세계일보 기고문을 바탕으로 철학적·신학적 해석을 첨가하여 단행본으로 묶음.

2014. 7. 30. : 『새로 쓰는 부도지(符都誌)-지구 어머니, 마고(麻姑)』(마고출판사) 펴냄. 한국문화의 여성성을 승화시켜 '자기부정'이 아니라 '자기긍정'으로 한민족을 대반전시키려는 신화적 노력의 결정판. '소리철학' 시리즈와 함께 '한국문화의 철학과 신화'를 현대적인

모습으로 재탄생하게 하는 학자적 중간결산을 이루게 됨

2014. 9. : 첫 손자 박선우(박우석-백지숙의 아들) 출생(9월 29일)

2015. 8. : 『니체, 동양에서 완성되다』 펴냄. 서양 후기 근대철학의 분수령을 이룬 니체를 동양철학의 관점에서 포용하면서 더욱 더 완성도 높은 불교적 깨달음의 경지를 기술.

2016. 1. : 『메시아는 더 이상 오지 않는다』(행복한에너지) 개정증보판 펴냄.

2016. 9. : 『평화의 여정으로 본 한국문화』(행복한에너지) 『평화는 동방으로부터』(행복한에너지) 펴냄.

2016. 12. 27 : 세계일보사 평화연구소장 부임.

2017. 5. : 시집 『거문도』(신세림) 펴냄.

2017. 7. : 한국하이데거학회(59차)와 한국해석학회(119차)가 공동으로 주최한 2017년 한국현대유럽철학회 하계학술발표회(중앙대학교, 7월 14일)에 초대되어 「존재론의 미래로서의 네오샤머니즘」 발표. '서구 중심의 근대과학기술 문명이 여러 면에서 한계를 드러내고 있는 상황에서 동서철학과 문명의 가교 역할을 한 것으로 평가되고 있는 하이데거의 존재론이 우리나라에서는 어떻게, 어떤 모습으로 발전되는 것이 가장 바람직한가'라는 고민을 하고 있던 중 발표 논문을 쓰게 됨.

2017. 8. 8 : 『여성과 평화』(행복에너지) 펴냄.

2017. 8. 25 : 『위대한 어머니는 이렇게 말했다』(살림) 펴냄. 니체의 『차라투스트라는 이렇게 말했다』를 한국문화와 여성시대의 입장에서 패러디한 책이다.

2018. 2. 24. : 철학의 스승인 김형효 선생 별세. 너그러운 스승이자 훌륭한 대담자로 함께 해준 선생님의 상실로 한동안 망연자실에 빠짐.

2018. 4. 30 : 영남대학교 대학원에서 문화인류학 박사학위(Ph.D)를 받음. 「굿으로 본 서울올림픽의 의례성」 학위등록번호: 영남대2017(박)083.

2018. 6. 2 : 한국동서철학회로부터 '동양은 어떻게 서양을 계몽하였는가? 오리엔탈리즘에 대한 재성찰과 평가'를 주제로 춘계학술대회(한국외국어대학 교수회관) 기조강연 요청을 받고 「서양철학에 영향 미친 성리학 및 도학(道學)」을 발표.

2018. 11. : 『평화와 생명의 철학-네오샤머니즘』(살림) 펴냄. 인류문명이 패권주의를 넘어서 '평화의 지구촌'을 건설하기 위해서는 원시적 종교로 알려진 샤머니즘의 자연주의에서 많은 힌트와 삶의 자세와 지향을 얻어야 함을 역설. 네오샤머니즘이야말로 인류 구원의 철학임을 강조함. '소리의 철학'(일반성의 철학-여성철학-평화철학-에콜로지철학)의 결정판.

2018. 12. 1 : 한국동서철학회 추계학술대회(충남대학교 문원강당 및 세미나실) 제3부: 주제발표-한국의 철학자 집중연구-"동서횡단의 철학자 박이문(朴異汶) 선생의 '둥지 철학' 조명"에 발표자로 초대됨. 「'둥지의 철학'은 한국자생철학의 둥지가 될 것인가」를 발표논문으로 제출.

2019. 2. 25 : 심원철학회 주최 심원(心遠) 김형효(金炯孝) 선생 1주기 추모 학술발표회(한국학 중앙연구원, 세미나실)에 발표자로 초대됨. 「동서양 비교철학으로써 철학적 자아찾기」를 발표함.

2019. 6. : 경기도 연천군 '종자와 시인' 박물관 시비공원(경기도 연천군 연천읍 현문로 433-27)에 자작시 '타향에서' 시비가 세워짐.

2020. 5. : '인류학토크 박정진' 유튜브 개설(115강, 마로니에 방송)

2020. 12. : 『한국의 무예 마스터들』(살림), 『무예 자체, 신체 자체를 위한 신체적 존재론』(살림) 펴냄. 특히 '신체적 존재론'은 동서고금의 철학과 좌파 우파 철학을 넘어서 서양의 철학과 동양의 도학을 통섭한 자생철학으로서 한국의 철학을 세계적 지평에 올려놓은 철학서임.

2021. 1. : 『인류학자가 풀어쓴 차(茶)의 인문학 1』(차의 세계사) 펴냄.

무예 자체, 신체 자체를 위한 **신체적 존재론**

펴낸날	**초판 1쇄 2020년 12월 30일**
지은이	**박정진**
펴낸이	**심만수**
펴낸곳	**(주)살림출판사**
출판등록	**1989년 11월 1일 제9-210호**
주소	**경기도 파주시 광인사길 30**
전화	**031-955-1350** 팩스 **031-624-1356**
홈페이지	**http://www.sallimbooks.com**
이메일	**book@sallimbooks.com**
ISBN	978-89-522-4281-5 03150

※ 값은 뒤표지에 있습니다.
※ 잘못 만들어진 책은 구입하신 서점에서 바꾸어 드립니다.